JN257937

ALL JOY AND NO FUN

THE PARADOX OF MODERN PARENTHOOD

子育てのパラドックス

「親になること」は人生をどう変えるのか

ジェニファー・シニア
JENNIFER SENIOR
高山真由美 訳

英治出版

ラスティへ

ALL JOY AND NO FUN

by Jennifer Senior

Copyright © 2014 by Jennifer Senior

All rights reserved including the rights of reproduction in
whole or in part in any form.

Japanese translation rights arranged with
Janklow & Nesbit Associates
through Japan UNI Agency, Inc., Tokyo

序章　子育てのパラドックス

一方に、夢の子育てがある。もう一方に、ありふれた現実の子育てがある。そしていま、アンジェリーナ・ホルダー（アンジー）の目のまえには小さな疑問がある。三歳の息子イーライが、おもらししちゃった、と宣言したところだった。

「オーケイ」アンジーは顔もあげずにいう。時間に追われながら、昼食のパルメザン・チキンをつくっているところだ。病院での夜勤が午後三時にはじまる。「階上《うえ》で着替えていらっしゃい」

イーライはキッチンの椅子の上に立ち、ブラックベリーをつついている。「できない」

「どうして？」

「できない」

「できるでしょ。もう大きいんだから」

「できない」

アンジーはオーブン用のミトンをはずす。「ママはいま何してると思う？」

「ぼくのお着替え」

「ちがうでしょう。料理してるの。困ったわね」

イーライはめそめそ泣きはじめる。アンジーは料理の手を止める。苛立ちもあり、おかしさもあるが、何より途方に暮れている。育児の本にはこういう馬鹿げたやりとりのおきまりの手順が書いてあったはずだが、いま本をめくっている時間はない。昼食をつくって、皿を洗って、看護師の制服に着替えなければならないのだ。

「どうして自分で着替えられないの?」アンジーは尋ねる。「理由を教えてちょうだい」

「だってできないんだもん」

アンジーは息子をじっと見つめる。子供との逃げ場のない対決において、こういうときにたいていの親がするように、アンジーもすばやく計算している。ここで態度を軟化させたほうがいいのだろうか。イーライはほんとうは自分で着替えができる。しかも多くの三歳児とはちがい、シャツをうしろまえに着ることもなければ、ズボンの一方に両方の脚を入れてしまうこともない。だから理屈の上では、アンジーは譲歩しなくてもいいはずだった。

「じゃあ、階上《うえ》に行って新しい服を取ってくるだけならできるんじゃない?」よくよく考えた末にアンジーはいう。「緑色のパンツを持ってきて。下着用の箱に入っているでしょう?」

大人の見方からすれば、これはどちらも面子を保てるよい譲歩であり、ウィン・ウィンの取引だ。しかしイーライはこれでもイエスといわない。その場に留まり、アンジーのナップザックのほうへぶらぶらと歩いていく。「ゼイがこれ食べたいんじゃない?」イーライはグラノーラ・バーを引っぱりだしながらいう。ゼイは、弟のゼイビアーの愛称だ。

「いいえ、食べたがってない」アンジーは穏やかだが断固とした口調でいう。いちど決めた路線を変えるつもりはなかった。「ママがお願いしたことをやってちょうだい。聞いてる？」

イーライはまだバッグのなかを探っている。アンジーはそばまで行き、階段を指差した。

「手伝って！」イーライがいいはる。

「一人でできるでしょう」アンジーは答える。「服は全部決まった場所に入ってる。階上《うえ》に行って取ってきなさい」スリルに満ちた数秒が過ぎる。三歳児を相手にした瀬戸際政策だ。アンジーは共謀者を見るようにゼイに目を向ける。「お兄ちゃんが赤ちゃんみたいなこといってるんだけど、どうする？」

イーライはムッとするが、抵抗をやめ、ゆっくり階段をのぼりはじめる。一分ほどすると、キューピッドのように裸んぼで階段のてっぺんに現われ、清潔な緑色のパンツを下へ放る。

「見つけられたじゃない」アンジーは大声でいう。「えらいわね！」

アンジーはにっこり笑い、結婚式のブーケのようにパンツをキャッチする。


親になるまえは、アンジーも幼児が階段の上からパンツを放るところを見て大喜びすることになるとは思ってもみなかったはずだ。しかもそこに到るまでに苦心して交渉しなければならないとか、この手の――おかしくもあり、苛立たしくもある――交渉が毎日あたりまえのように必要とされるとは、やはり思いもしなかっただろう。子供ができるまえのアンジーは、精神科の看護師として夜勤をこなし、余暇にはサイクリングをしたり絵を描いたりした。週末になれば、夫とともにミネハハの滝までハイキングに出かけたりもした。自分の人生は自分だけのものだった。

しかし実際のところ、子供との暮らしをはじめるとなると、どんなに用意周到な人でも準備できることはほとんどない。あらゆる種類の育児書を買い、友人や親戚を観察し、自分自身の子供のころを思いだしたりはできる。だがそうした仮の体験と現実の子育てとのあいだには、何光年もの隔たりがある。これから親になろうとする人々に、自分がどんな子供の親になるかはまったくわからない。一生の気がかりができることの意味もわからなければ、シンプルなはずの多くの決断をあとからごちゃごちゃ考えなおすはめになったり、歯磨きをしているときでさえ何かほかのことを同時進行しなければならなかったり、頭のなかで紙テープに心配事が延々と印字されつづけたりするのがどんな気分かなど、事前にはいっさいわからない。親になるというのは、大人の生活においてまさに青天の霹靂《へきれき》なのだ。

一九六八年、社会学者のアリス・ロッシはこの唐突な変化を詳しく調査して論文を発表した。ロッシはこの論文をシンプルに「親への変化」と名づけ、子供を持つというのは、結婚まえの恋愛や、それまでの人生において——たとえば看護師になるために——受けた職業訓練などとはまったく共通項のない体験である、と述べている。赤ん坊は〝脆《もろ》く謎めいた〟状態で〝百パーセント依存〟してくるのだから、と。[1]

当時としては過激な意見だった。ロッシの時代には、学者たちのおもな関心は〝親が子供に与える影響〟のほうにあったからだ。ロッシが考えたのは、観察用の望遠鏡をぐるりと逆向きにして、反対の視点から問いを立てることだった。育児は大人にどんな影響を与えるのか？[2] 子供を持つことは、母親や父親の人生にどう作用するのか？　四十五年後のいま、わたしたちはまだその答えを探している。

わたしがこの問題について考えはじめたのは、二〇〇八年一月三日の夕方、息子が生まれたときだった。しかし本気で調査しようと思ったのはそれから二年以上経ってからである。社会科学の分野における奇妙な発見のひとつ――子持ちの人々が子供のいない人々よりも幸せなわけではない、むしろずっと不幸せなケースもあるという発見――を検証する記事をニューヨーク・マガジンに寄稿したときだった。

この発見は意識の奥底の抵抗を招くかもしれないが、じつは六十年近くまえ、つまりロッシの調査よりさらにまえからいわれてきたことでもある。最初のレポートは一九五七年、核家族がもてはやされた時期に書かれている。「親の危機」と題されたこの論説は、赤ん坊は結婚生活を救うよりもむしろ夫婦の絆を弱めると明言し、たったの四ページでそれまでの定説を打ち砕いた。ある母親の言葉が代表して引用されている。〝赤ん坊がどこから来るかは知っていましたが、どんなふうかは知りませんでした[3]（強調はレポートの執筆者による）〟。それから、レポートの執筆者が調査した母親たちの不満も挙げられている。

・睡眠不足（とくに生後の早い時期）[4]
・慢性的な倦怠感あるいは極度の疲労

・行動範囲がひどく狭まり、その結果、社会生活から切り離される
・外での仕事による満足感と収入をあきらめなければならない
・洗濯物とアイロンがけの量の増加
・〝もっとよい〟母親になれないことへの罪悪感
・週七日（昼も夜も）、長時間にわたり幼児の面倒を見なければならない
・こなせる家事の質と量の低下
・外見への不安（妊娠後太るなど）

父親たちはこれに加え、経済的なプレッシャーや、セックスの回数の減少や、〝親の役割への全般的な幻滅〟を挙げている。[5]

一九七五年にまたべつの重要な論文で示されたところによれば、子供たちが巣立ったあとの家の母親は不幸ではない。[6]従来の常識には反するが、むしろまだ子供たちのいる家に暮らす母親よりも幸せなのだそうである。一九八〇年代、女性がこぞって外で働きはじめたころに社会学者たちが出した結論はこうだ――女性の幸福にとって仕事はよい影響をもたらすが、子供がそのプラスの効果を打ち消してしまう傾向にある。[7]その後二十年の研究により、子供は父親よりも母親の心の健康を損ない、また、結婚している親よりも独身の親にとって精神的な負担になりやすいことが明らかになった。[8]

一方、心理学者や経済学者たちも、期せずして似たような結論を見いだしていた。二〇〇四年、

ノーベル経済学賞受賞者のダニエル・カーネマンを含む五人の研究者は、テキサスの九百九人の働く女性を対象に、どんな活動に最も喜びを覚えるか調査をした。子供の世話は、十九の項目のうち十六位だった。食事の支度よりも下。テレビを見ることよりも下。昼寝や買物や家事よりも下である。[9]マシュー・キリングスワース――カリフォルニア大学バークレー校とサンフランシスコ校の研究者――は現在も継続中の研究において、〝一緒にいて楽しい人のリスト〟のなかでも〝自分の子供〟はかなり下位にあることを明らかにした。[10]電話で話を聞いたとき、キリングスワースはこう説明した。「友人と過ごすほうが配偶者といるより楽しい。配偶者はほかの身内よりはましで、身内は顔見知り程度の知り合いよりまし。知り合いは自分の親よりましで、自分の親は自分の子供よりまし。子供と過ごす楽しさは、見知らぬ人々といるのと変わらない」[11]

まちがいなく物議を醸す発見である。しかしこれだけではない。ある研究者たちが、親に特有の感情について調べようとしたところ、大きく異なる――はるかに複雑な――回答が集まった。二〇〇八年から二〇一二年のあいだにギャラップ社がおこなった千七百万件の調査から、アンガス・ディートンとアーサー・ストーンという二人の研究者が発見したところによれば、十五歳以下の子供が家にいる親は、子供のいない人々よりも気持ちの浮き沈みが激しいという[12](この結果は最近発表されたばかりだ)。さらに、親としての実際の経験について重ねて尋ねると、大きな意義と見返りを感じていることがわかった[13]――多くの親にとって、それが子育てのすべてだった。

いい換えれば、子供はわたしたちの日々の生活に負担を強いるが、生活そのものを深めてもくれる。〝喜びはあるけど、楽しくはない〟とは子供が二人いる友人の言葉である。

〝子供はあなたを不幸にする〟。突き詰めればそういうことじゃないか、と皮肉交じりにいう人もいる。しかし、社会科学者のウィリアム・ドハティもいうように、子育ては〝ハイ・コスト／ハイ・リターンの活動〟[14]であると説明するほうがより正確だ。もしコストが高いとすれば、それは現代の子育てが昔の子育てと大きく異なるせいかもしれない。

子育てのたいへんさには、変わらない部分もある。カナダ・オンタリオ州のクイーンズ大学の研究者たちによれば、たとえば睡眠不足は、飲酒と同程度にわたしたちの判断力を鈍らせるという[15]（この比喩はすばらしく説得力があると思う）。こうした不変の困難については詳しく分析する価値があるし、本書中でもある程度は触れることになる。しかしわたしは現代の育児に特有の新しい現象にも興味を持っている。母親・父親としてのわたしたちの人生が昔よりはるかに複雑なものになったことに疑問の余地はなく、それを乗りきるための新しいガイドはまだない。基準がないのは非常に厄介だ。個人も社会も疲弊してしまう。

ここ何十年かのうちにあらゆる面で子育ての実際が変化したことは、はっきりと見てとれる。だがおおまかにいって、ものごとを複雑にしているいちばんの原因は以下の三つだろう。第一に「選択」だ。夫婦が子供の人数や、いつ子供を産むかを調整できるという贅沢を手に入れたのはそんなに大昔のことではない。それに、昔の親は現代の親ほど子供を尊重していたわけでもない。慣習だから、あるいは経済的に必要だから、あるいは家族や地域社会への義理があるからという理由（もしくはその三つ全部）から子供を持っていた。

しかしこんにちでは、大人は往々にして子供を人生最高の業績のひとつと見なしている。[16] 人生におけるほかの野心的な試みとおなじく、大胆な自主独立の精神で子育てにあたる。自分たちのニーズに合わせてきょうだいの間隔を空け、個人の哲学に沿って育児をする。実際のところ、たいていの大人は自分にしっかり準備ができたと思えるまで、子供を持とうとは考えもしない。二〇〇八年には、二十五歳から二十九歳までの大卒女性のじつに七十二パーセントにまだ子供がいなかった。[17]

こんにちでは大勢の人々が全身全霊をもって打ちこめる活動をみずから熱心に求めており、そのなかで子供の果たす役割に強い期待を抱いている。つまり、子供をなんの変哲もない人生の一部ではなく、自分の存在意義に通じる満足の源と見なしている。そこに働いているのは希少性の原則である——わたしたちは珍しいもの、より懸命に働くことで得られるものに大きな価値を置く（二〇一〇年には、六万千五百人以上の子供が生殖補助医療によって生まれている）。[18] 発達心理学者のジェローム・ケーガンは、現代の入念にすぎる家族計画のせいで、〝タイミングの悪い偶然を含めて家族に五、六人の子供がいた時代よりも、子供一人が過大な意味を持ってしまう事態は避けられない〟と書いている。[19]

この変化をどう読むか。現代の子育ては自己愛に満ちた仕事になった、という無情な解釈が一般的だが、それよりはほんの少し好意的な見方もある——現代の親のほうが、子供を持つことで手放さなければならない自由があることをはるかに強く自覚している、という解釈だ。

現代の子育てが複雑になった第二の原因は「仕事」だ。わたしたちの働き方が複雑になったせいである。一日の仕事が、帰宅して靴を脱いだあとまでずっとつづくようになった（スマートフォンは鳴りつづけ、自宅のコンピューターはつきっぱなし）。さらに重要なのは、大部分の母親が職に就き、労働市場への女性の浸透が家庭生活のルールを大きく書き換えたことだ。一九七五年には、三歳未満の子供を持つ女性の三十四パーセントが外で働いていた。[20] 二〇一〇年には、その割合は六十一パーセントに跳ねあがっている。

女性がベーコンを家に持って帰り（注／〝ベーコンを家に持ち帰る〟は生活費を稼ぐ意の慣用句）、それを焼いて朝食に出し、残った脂で子供の理科の課題のためにロウソクをつくる、などというのは目新しいことではない。しかしこうした状況下で子育ての責任をどう分担するかは、未解決の問題として残っている。政府も民間企業もこの現実に対応できず、個々の家庭に対処を丸投げしている。そして現代の父親はいままでのどの世代よりも育児に熱心ではあるが、やはり海図のない航路での試行錯誤を強いられている。女性のほうも、夫がこれを手伝ってくれるといって感謝すべきなのか、あれを手伝ってくれないといって怒るべきなのか、わからずにいる。男性もいまや幼児教室に顔を出すことを期待されるようになり、仕事との両立において妻とおなじように苦労している。

その結果、家庭内に苛立ちが募る。エルマ・ボンベック――わたしの母親の世代に人気を誇った、家庭生活を風刺したコラムニスト――の後継者が女性だけでないのは、偶然ではない。『とっととおやすみ』（アダム・マンズバック文、リカルド・コルテス絵、つちやあきら訳、辰巳出版）という絵本の著者も男性だった。世の親たちが熱狂したコメディアンのルイス・C・Kも男性だった。「うちの子供たちが小さかったときには、わざわざ子供たちを避けて歩いたもんだよ」二〇一一年の父の日に、ルイスはこういっていた。「どうして父親のトイレが長いか知ってるかい？　一人になりたいからだよ」[21]

しかし思うに、ほかの何よりも子育ての現実を変えた第三の原因がある。それは「子供の役割の変化」である。第二次世界大戦後、家庭においても社会においても、「子供時代」の意味が完全に変わった。

こんにち、わたしたちはさまざまな困難から子供を守ろうとやっきになっている。しかし歴史をふり返ってみると、大半の時代はそうではなかった。むしろ、子供は労働力だった。建国初期のころには、子供たちはきょうだいの面倒を見たり、畑で働いたりした。工業が発展してくると、鉱山や繊維工場、缶詰工場、露店などで働いた。改革者たちは長い時間をかけて子供の労働を禁じる法律をつくった。しかし変化はゆっくりとしたものだった。第二次世界大戦後に兵士たちが戻ってきたころ、ようやく「子供」の定義が現代の意味に近づいた。家族の経済は、親が住む場所と食事を与え、その見返りに子が家計の一部を支えるという相互依存のシステムの上に成り立つわけではなくなった。親子の関係は非対称になった。子供は働くのをやめ、親はそれまでの倍働くようになった。子供は従業員からボスになった。

歴史学者の大半はこの変化を、子供は〝役立つ〟存在から〝守るべき〟存在になった、と表現する。だが社会学者のビビアナ・ゼリザーはこれよりはるかに辛辣なフレーズで現代の子供を描写した。曰く、〝経済的に無価値でも、気持ちのうえではプライスレス〟[22]。

こんにちの親は、いままでのどの世代の親よりも多くの資本を――文字どおりの意味でも、感情面でも――子供に注いでいる。一日の仕事が五時で終わり、母親の大半が家にいた時代よりも、長く密な時間を子供と過ごしている。しかし「子育て」というこの新しい仕事においてすべきことはなんなのか、正確なところはわかっていない。「子育て」は唯一無二の活動（いってみれば、唯一無二の仕事）になったが、ゴールが明確であるとはとてもいえない。子供はもはや経済的資産ではなく、収支のつじつまを合わせようとするなら、未来の資産であると思うしかない。しかも怖ろしいほどの投資を必要とする。信念もいることはいうまでもない。さらに、現代の親は息子や娘の心の幸福にも責任を負っている。これは一見、賞賛すべきゴールに思えるかもしれないが、曖昧で、必ずしも現実的なわけでもない――子供に自信を持たせるのは、読み書きを教えたり、車のタイヤの交換の仕方を教えたりするのとはちがうのだから。

本書では、親としての体験をひとつひとつ、子の年代ごとに系統立てて分析し、現代の親が何にそんなに困難を感じているかを明確に言語化――ときには数値化――しようと試みている。例を挙げるなら、アンジーとイーライの苛立たしいやりとりだろうか。あのようなやりとりについては四十年以上研究されている。たとえば一九七一年には、ハーバード大学の三人の研究者が九十組の母親と幼児を五時間観察した結果、母親たちが平均して三分に一回は子供に命令したり、駄目といったり、〝理不尽な〟あるいは〝泣き声での〟お願いを受けたりしていた。[23] 一方、子供たちがいいつけに従う割合は平均して六十パーセント程度だった。これは精神衛生によいとはいいがたい。

ほかにも、背景理解の助けとなる研究は多くある。わたしは本書で、あらゆるソースからそうした研究結果を拾い、まとめようとしている。セックスについての調査も見たし、睡眠時間を計ったグラフも見た。注意力に関する本も読んだし、気を散らすものごとについてのエッセイも読んだ。結婚の歴史や、児童の扱いの移り変わりについても読んだ。思春期の子供が親に最も強く反発する時期（中学二年から高校一年まで）についてのレポート[24]から、仕事との両立において最も葛藤を抱えている人々（父親たち）に関する記録[25]まで、幅広い範囲の研究から着想を得た。そうした要素が日々の仕事をこなすあいまの実際の家庭生活のなかで――キッチンで、寝室で、あるいはお迎えの相乗り車のカープールにいるときや、宿題をさせているあいだに――どのように現われるかを示そうとした。

まえもって注意しておきたい点がいくつかある。

親である人々が本書を読んで、自身をよりよく理解する――その結果として、もっと気楽になれる――ことをわたしは心から望んでいるが、本書が子育てに役立つアドバイスを提供できているかというと、そこはお約束できない。じっくり眺めれば、いくらかそういうものが見つかる可能性はある。しかしそれはわたしのいちばんの目的ではない。本書は子供についての本ではなく、親についての本である。たとえば『すべてがわかる妊娠と出産の本』（H・マーコフ、A・アイゼンバーグ、S・ハザウェイ著、森田由美訳、竹内正人監修、アスペクト）には、妊娠にともなう母体の変化は説明されているかもしれないが、子供が三歳、九歳、十五歳になったときの変化までは書かれていない。子供の存在によって親の結婚や仕事、友人関係、夢、自意識が変更を迫られるようになったら、どういう心の準備をしたらよいのだろう？

もうひとつ、大事な注意点がある。本書は中流家庭についての本である。この本に出てくる家庭のなかには、ほかの家より多少苦労しているケースもあるかもしれないが、基本的にはみな――福祉相談員だろうと、シフト勤務の労働者だろうと、医師だろうと、セキュリティシステムの導入業者だろうと――経済的に厳しい現実と向きあっている。わたしが高級住宅地で過ごすことはほとんどない。高所得層の関心事はまたべつのところにあるからだ（本書に出てくるほとんどの子供は公立学校に通っている）。同様に、貧困地区に焦点を合わせているわけでもない。貧しい人々の親としての関心事もまた独自のものであり、日々自分や子供の食事や住む場所の心配をしなければならないというプレッシャーと不可分だからだ。貧困に苦しむ親には――最近でいうとジュディス・ウォーナー『完全なる狂気』（未邦訳／*Perfect Madness*）のような――もっとふさわしい本が少なからずある。[26]

子育ての個々の段階はそれぞれ似ても似つかないものなので（幼児期の大混乱と、思春期の子供を持つことで生じる心配やストレスはまったく異なって感じられるはず）、本書は子供の成長段階に合わせた構成になっている。

第1章と第2章では、子供が生まれたあとに経験せざるをえない根本的な変化に焦点を合わせている。自分が自分でいられる自由について（これは完全にひっくり返される）、そして結婚生活について（それまでの習慣や約束事が突然無視されるようになる）。

第3章では、幼い子供がもたらす独特の喜びについて語る。

第4章はまんなかの時期――小学生のころ――についての話である。子供の世界に競争が増え、そのための準備をさせなければならないという大きなプレッシャーが親にもかかる時期。平日の午後や週末の時間はたくさんの課外活動で消えていく。

第5章では思春期について述べる。思春期の子供が親に与える影響については、これまでまったくといっていいほど議論されてこなかった。現代のわたしたちは長期にわたり子供を保護し、世話をするので、子供が生物学的に大人へと変容を遂げるあいだもずっと一緒に暮らすことになる。それでいて、この厄介な時期についてはほとんど文献がない。時をおなじくして親だって自身の人生における重大な変化を――たとえば更年期とか、キャリアの見直しなどを――経験しなければならないのに。そう考えると、この時期について書かれた本がないのはなおさら不思議に思える。

しかし、親であることの困難を分析するだけが本書の目的というわけでもない。心理学者のウィリアム・ドハティのいう〝大きな報酬〟もまた、分析する価値がある――ただ、わかりやすく測定する方法はない。「意義」や「喜び」といったものは、社会科学の網の目をすり抜けてしまう。不満を表わす言葉はたくさんあるのに、このうえない喜びを表わす言葉はそれほど見つからない。そこで第6章、本書の最終章では、人生という大きな文脈における子育ての意味を見つめたい――喜びを感じることの意味、より大きな責任を引きうけることの意味、人生の全体像をかたちづくるために語り、記憶することの意味を。わたしたちはみな、自身の経験の総体である。その経験のなかでも、子育ては大きな要素のひとつだ。もしかしたら、最大の要素ですらあるかもしれない。

第1章 自由——子供ができると失うものは？

私は赤ん坊を明かりのほうへ掲げ、充血した目を細くして睨むように医師を見ながら硬い声でいった。「教えてください、先生。あなたはこの仕事のベテランなんでしょう」私は意味ありげに赤ん坊をちらりと見やった。「この子は私の人生を滅茶苦茶にする。睡眠も、健康も、仕事も、夫婦関係も壊滅させてしまう。それに……こんなに醜いじゃないか」……ごくりと唾を飲みこみ、なんとか気持ちをおちつけて、私はシンプルな疑問を口にした。「それなのに、私はなぜこの子が好きなんでしょう？」

——メルヴィン・コナー『もつれた羽』（未邦訳／*The Tangled Wing*）[1]

わたしが初めてジェシー・トンプソンに会ったのは、三月なかばだった。ミネソタに住む子持ちの人々にとってはつらい時期だ。国じゅうが春を謳歌しているのに、ミネソタでは子供たちが庭へ飛び出していけるようになるまで少なくともあとひと月はかかる。この週のあいだずっと、わたしはミネアポリスやセント・ポール近辺の幼児・家族教育教室に顔を出し、ざっと百二十五人の親の話を聞いた。ほとんどの親が、たいていおなじ話をした――もう神経はぼろぼろ、子供のおもちゃもおなじくぼろぼろ、工作粘土のプレイ・ドーは干からびたかけらになり、レゴ・ブロックは家じゅうに散らばっている、と。みんながみんな、思いのほか長時間にわたり飛行機のエコノミー席にとじこめられ、頼むからおろしてくれと思っている乗客のような顔をしていた。

ミネソタの幼児・家族教育《ECFE》プログラムはとても人気の高い、この州独自のものだ。[2] だからわたしはここに来た。所得に応じて料金の変わるスライド制で、無料となるケースもあり、就園まえの子供とその親なら誰でも週一回のクラスに参加できる。実際、大勢の親子が参加している。二〇一〇年には九万人近い親からの申込みがあった。教室のテーマはさまざまだが、親が学んだり、打ち明け話をしたり、ガス抜きしたりできるところは共通している。

講座の前半はよくある親と子供のグループ活動で、早期教育のプロが手伝うこともある。しかしほんとうに面白いのは後半だ。子供はプロの手に預けられ、親だけ別室に集まって、六十分のあいだふつうの大人に戻って至福の時を過ごす。コーヒーを飲み、髪をほどき、メモを見せあう。保護者指導員がディスカッションの司会をする。

ジェシーとはサウス・ミネアポリスの比較的小さなＥＣＦＥの教室で出会い、わたしはひと目で彼女が好きになった。美人だけれどそれを鼻にかけることもなく、好奇心旺盛なタイプで、少し気が散りやすかった。ディスカッションでは苦笑まじりの発言（「オプラ・ウィンフリーの児童福祉活動もたいしたことないわね」）をたびたびする一方で、もっと暗い、とげとげしい感情も臆せず表明し、また、そうした感情を研究者がラットを扱うかのようにみずから客観的に眺められることも示した。

たとえば、きのうの夜、家を抜けだして女友達に会いに行ったと話した——ジェシーには六歳にならない子供が三人いることを考えると、これは大きな勝利だった。「その瞬間に気がついたの。子供を置いて家出するときって、こんな気分なんじゃないかって。車に乗って……このままずっと運転してどこかへ行ってしまいたいと思う母親の気持ちがよくわかった」ジェシーは数分のあいだ、一人でいることを大いに楽しんだという。広い道路を走っているのは自分だけ。チャイルドシートに押しこめられた子供はいない。「そのとき、一瞬ほんとうに空想したわ。このままずっと運転しつづけたらどうなるだろうって」

ジェシーはこれを本気で考えていたわけではない。彼女は見るからにしっかりした母親で、だからこそこうしたつかのまの空想を打ち明けることもできるのだ。しかしジェシーがほとほと疲れきっており、少なからず圧倒されていることもまた事実である。ジェシーは自宅を拠点とした、ポートレート写真のビジネスを拡大しようとしているところだった。いまは自転車操業で、いちばん下の子供はまだ生後八カ月。子供たちをバレエ教室やサッカーチームに入れるような資金はなく、ましてや保育園に入れるような贅沢はできない。週に一度、午前中だけベビーシッターを頼むこともままならなかった。食料品店に買物に行くときには、毎回三人全員を車に積んで出かける。「自分でもわがままだとわかっているけど、ときどき、発作的にこんなふうに思うことがある。もうおむつを替えるのはいいや。週七日、一日二十四時間ずっと子供たちにつきまとわれるのもうんざり。電話してるあいだくらい邪魔しないで」

ジェシーは以前の生活で享受していた「特権」の一部を切望しているだけだ。しかし家のなかに幼い子供が三人いると、その特権を取り戻すのはむずかしい。こういう状態については、三十年以上まえにエルマ・ボンベックがすでにうまくいい表わしている。〝十月からこのかた、一人でトイレに入れたことがいちども
ない！〟[3]

あるときまでは自分の好きなように行動できる、自己決定のお手本のような生活をしていたのに、親になったとたんにいろいろと装備を背負わされ、ふつうの大人としての生活のリズムから完全に逸脱する。さまざまな調査研究のなかで育児の初期が最も薄幸な期間として取り沙汰されるのも偶然ではない。ゴルフでいうならバンカーのような年月であり、俯瞰すれば決して長くはないのに、実際に過ごしているあいだは終わりがないかのように思われる。それまであたりまえのものとして手にしていた自由――自分のことを自分で決める自由――があっさり失われるというのは、ECFEに参加する親たちのあいだでくり返し持ちだされる事実である。

子供二人の育児のために家に留まることにしたある父親は、同様の選択をした父親たちのグループに向けて、元同僚がキューバへ出張に向かうところに出くわしたときの様子をこんなふうにいっていた。「〝ワオ、うらやましいね〟と思ったよ」歯ぎしりをしながら、ほんとうはちっともうらやましがるような話じゃないのに、と断言しつつ、彼はこうつけ加えた。

自分よりはるかに自由な人々、もし家族がいなければ自分にもできたはずのことをやっている人々がやたらと目につくようになった。きみは家族がほしかったんだろう？と訊かれればもちろんそのとおり。子供たちと過ごすことに大きな喜びを感じているんだろう？と訊かれればそれも

そのとおり。だけど日々の暮らしのなかでは、ときどきそれが見えなくなる。したいことをしたいときにできるチャンスがあまりにも少ないものだから。

かなり最近になるまで、親自身のしたいことなど完全に度外視されてきた。しかし現代では、個人の願いが書きこまれた地図は昔よりはるかに大きくなっており、しかもわたしたちはその願いをかなえるよう努める権利がある（いや、むしろ義務ですらある）と教えられてきた。歴史学者のJ・M・ロバーツは、二〇〇〇年末に発表した論文にこう書いている。〝二十世紀には、人間の幸福はこの世で実現するはずだという考えがかつてないほど広まった[4]〟。これはもちろんすばらしいことだが、必ずしも実現可能なゴールではない。そして現実が期待どおりにならないと、わたしたちは往々にして自分を責める。〝私たちの暮らしは、満たされないニーズや、かなえられない願い、否定された可能性、選ばなかった道への挽歌でいっぱいになった〟とは、イギリスの精神分析学者アダム・フィリップスが二〇一二年の論説集『チャンスを逃すこと』（未邦訳／*Missing Out*）に書いた言葉である。[5]〝可能性の神話のせいで、リアリストは嘆き悲しむか不平をいうかしかないと感じるようになった〟。たとえスタート地点からしてまちがった願いでも、たとえかなうはずのない夢でも、追い求めることをしなければわたしたちは後悔する。〝わたしたちは自分の人生を、選ばなかった選択肢抜きには考えられない〟とフィリップスは書いている。そこでジェシーのように自分にこう問うことになるのだ。このままずっと運転しつづけたらどうなるだろう？

こんにちの大人には、「選択しなかった人生」におびえる理由が昔より余計にある。子供ができるまえに自分の可能性を探る時間が充分にあるからだ。二〇一〇年の全米人口動態統計の出生データを使って、全米結婚プロジェクトが最近作成した報告によれば、大学教育を受けた女性の初産の平均年齢は三十・三歳である。[6]このレポートには、大卒の女性は〝概して結婚後二年以上経ってから最初の子供を産む〟とも書かれている。[7]こうした先延ばしが可能なため、出産前と出産後の落差がより強く感じられるのだ。いまの親には、子供ができるまえのすばらしい人生の記憶がある。誰もが十年ほど独立した生活を営んでおり、そのあいだにいくつかの仕事に就いたり、何人かの恋人とつきあったり、さまざまな生活環境を試したりしている。たいていの親は、大学で過ごした時間の倍くらいをそんなふうにして過ごしてきたのである。

ＥＣＦＥの教室に参加した一週間、出産前と出産後についてジェシーほど率直に、説得力をもって語った人はほとんどいなかった。二十代前半のころ、ジェシーはドイツで英語を教え、イギリスのパブで働き、短期間、デルタ航空で客室乗務員の仕事をした。それがいまでは、バスルームがひとつだけついた、百五十平方メートル程度の平屋建てで毎日過ごしている（素敵なバンガローではあるけれど）。二十代後半のころに広告業界で仕事をしようと決め、最初の子供が生まれるまえはその仕事が軌道に乗っていた。いまは新しい、もっと家庭のある人間に優しい（とジェシーが思う）仕事をしている。以前はダウンタウンの静かなオフィスに通っていたのに、いまではテレビのある居間の向かいの騒々しい小部屋で仕事をする始末。「いまは悪戦苦闘してる」ジェシーはグループに向かってそう話した。「なんといっても、三十二歳になるまで夫と二人きりだったんだから」

子供ができると、それまで想像もしなかったさまざまな方法で生活が広がる。一方、やはり想像もしなかった方法で、自由な選択を妨害されもする。仕事においても、余暇においても、日々の生活においても。本書はまさにそこから――かたちを変えた生活をこまかく分析し、子供のいる生活がなぜそんなふうに見え、そんなふうに感じられるのか説明しようとするところから――はじまる。

盗まれた睡眠

午前八時に誰かの家庭を訪ねることの利点のひとつは――みながまだパジャマ同然の格好にぼさぼさの髪で歩きまわっているおかしな光景を看過できるならば――親の顔を見て、その朝だけでなくまえの晩の出来事も読みとれるところにある。ジェシーと最初にＥＣＦＥで出会ってから数カ月後、わたしがサウス・ミネアポリスの彼女の自宅を訪れたときには、土木技師であるジェシーの夫はとっくに仕事に出かけたあとだった。ジェシーは家にいて、すでに疲れていた――起きるのが早かったのか、寝るのが遅かったのか。実際はその両方だった。

「あなたが来る直前まで、すごく憂鬱な気分だった」ジェシーはドアをしめながらそう打ち明けた。紫と海老茶のストライプのタンクトップを着て、濡れた長い髪をポニーテールにまとめている。五歳のベラと四歳のエイブは二人とも陽気に歩きまわり、母親の疲労には気がついていないようだ。赤ん坊のウィリアムは階上《うえ》で眠っている。「いちばん下の子が朝早く目を覚まして」ジェシーが説明する。「そうしたら上の二人も起きちゃって。それからウィリアムがぬいぐるみの上に吐いたのよ」ほぼ同時にエイブがベッドでおもらしをした――つまり、シーツを交換して、エイブを風呂に入れなければならなかった。その後、ウィリアムが朝食の席で見事にジュースを噴きだした。「それが七時三十七分の話。すべてが崩壊するには早すぎると思いながら時計を見たから憶えてるの」

ジェシーが早起きをした理由はわかった。しかし昨夜遅くまで起きていた理由はまたべつの話だ。ジェシーにとって夜間は邪魔されずに仕事ができるチャンスであり、しかもきょうの午後までに仕上げなければいけない仕事があった。思い悩んでいることもあった——生活費を抑えるために、もうすぐ一家で郊外に引っ越すことになっていたのだ。理屈の上では、この引っ越しによってストレスが減るはずだった（「税金も半分、物価も半分だから」とジェシーはいう）。しかし、新しいコミュニティには知り合いが一人もいなかった。悩んだり仕事を進めたりするうちに時間が過ぎ、結局ジェシーがベッドに入ったのは深夜の三時だった。

日によっては、朝からあまりにも疲れていて、シリアルを入れたボウルとカップ一杯のミルクをキッチンカウンターに並べてすぐベッドに戻ることもある、とジェシーは認める。「充分睡眠の取れる母親もいないことはないのよ。いったいどうやって暮らしてるのって、いつも思う。わたしには無理だから」

親になったばかりの人々が感じる苦痛のなかで、最も不平を聞くのはやはり睡眠不足についてだ。しかしこれから親になろうという人はたいてい、どんなに警告を聞かされようと、最初の子供が生まれてくるまではどう生活が変わるのか完全には理解できない。たぶん、だからこそ、睡眠が奪われたらどう感じるかくらいわかっている、と思ってしまうのだろう。しかし、ときどき眠れない夜があるというのは、睡眠不足が継続する状態とは大きく異なる。国内でも有数の睡眠の専門家であるデイビッド・ディングスは、睡眠不足が長引いた場合、人々はおおまかに三つのタイプに分かれるという。うまく対処する人と、ぼろぼろになる人と、破壊的な反応を示す人である。[8] 問題は、子供が生まれてみるまで自分がどのタイプかわからないところだ（個人的なことをいえば、わたしは三番めのタイプだった——眠れない夜が二日つづいただけで、ドカン！ ヒステリックな疲労状態へとまっしぐら）。

どのタイプであろうと——ディングスによれば、タイプの分布は性別に関係なく均等であるらしい——睡眠不足が感情に与える影響は甚大である。テキサス州で九百九人の女性を調査したダニエル・カーネマンらによれば、子供と一緒に過ごす時間は洗濯よりも楽しくないとランクづけされているのだから。睡眠時間が六時間以下の女性は、七時間以上の女性とは異なる不幸を抱えている。[9] このふたつのグループの幸福の差は非常に大きい。年収三万ドル未満の人々と、年収九万ドルを超える人々の幸福度の差よりも大きい（新聞や雑誌で、〝一時間の余分な睡眠には、年収六万ドルアップと同等の価値がある〟としてこの発見が蒸し返されているのをときどき見かける。[10] 正確ではないが、あたらずとも遠からずといったところだ）。

二〇〇四年の全米睡眠財団の調査によると、生後二カ月以下の子供を持つ親の夜間の平均睡眠時間は六・二時間で、対象を十歳以下の子供を持つ親まで広げても六・八時間と、たいして改善されていなかった。[11] べつの研究結果はここまでひどくない。このテーマについて多くの研究をしてきた神経科学者ホーレー・モンゴメリー・ダウンズが最近になって明らかにしたところによれば、新生児の親のひと晩の平均睡眠時間は、子供のいない人の睡眠時間と変わらず七・二時間だった。[12] ただし決定的なちがいは、その睡眠が連続していないことである。

しかしどの研究を見ても、研究者たちの意見はだいたい一致している。親になったばかりの人々の睡眠パターンは、とぎれとぎれで、予測がつかず、体と心を回復するという睡眠の最大の効果を与えてくれない不快なものである。序章にも書いたとおり、ほんの短期間睡眠が不足しただけでも、アルコールの過剰摂取と同程度のパフォーマンスの低下を招く。「三カ月のあいだ、夜間に四時間しか睡眠を取らなかった場合の影響を想像してみてください」オハイオ州デイトンにあるケタリング医療センターの臨床部長で、睡眠に関する研究もしているマイケル・H・ボネットはいう。「おそらく思いつくのは、好ましくない副次的影響のリストでしょう。〝これと、これと、これが起こる〟といったような。しかしそれがほんとうに意味を持つのは、アルコールの研究と並べたときです。たとえば飲酒運転は、社会全体の合意のうえで処罰の対象になっているわけですから」[13]

ボネットは睡眠不足の人々について、苛立ちの度合いが高く、抑制の度合いが低い、とも述べている。これは冷静さを保つべき親にとってはとりわけ不都合な組み合わせだ。心理学では、ゆっくりじわじわと自制心が侵食されていく現象に「自己消耗」という名前がついている。二〇一一年に刊行された、心理学者ロイ・バウマイスターと、ニューヨーク・タイムズ紙のコラムニスト、ジョン・ティアニーの共著『WILLPOWER――意志力の科学』（渡会圭子訳、インターシフト）では、自制心は残念ながら有限の資源である、と論じられている。本書で挙げられた面白い研究結果のひとつに、〝被験者は意志力を使えば使うほど、その次に生じた誘惑に屈してしまう傾向がある〟というものがある。[14]

この発見を読んで、疑問がひとつ生まれた。親が多くの時間を眠気と戦って過ごしているならば——眠りたいという欲求は、成人の二大欲求のひとつである（もうひとつは食欲）[15]——その代わりに屈してしまうという次の欲求とはなんだろう？　少し考えてすぐ思いつく答えは、怒鳴ることだ。ひどい考えである。母親にとっても父親にとっても、いままで出会ってきたなかで最も傷つきやすい人間に向かって大声をあげるなんて、これほどいやなことはない。しかし、わたしたちはそれをしてしまうのだ。わたしもそう、とジェシーはいう。うらやましいほど穏やかな性格の女性なのに。「怒鳴って、怒鳴ったことを後悔して、自分に腹を立てる。どうして睡眠くらいちゃんと取れないのって」

暴君たち

ジェシーとわたしが腰をおちつけていたキッチンに、五歳のベラがやってくる。ジェシーは両手で娘の顔を包んで尋ねる。「どうしたの？」

「おなか空いちゃった」

「そういうときは、なんていうの？」

「何か食べるものをください」

「そうね」ジェシーは勢いよく冷蔵庫の扉をあける。ベラはじっとなかを覗く。エイブもやってくる。乳児のウィリアムはまだ午前中の昼寝のさいちゅうだ。「エイブ、あなたもヨーグルト食べる？」

「うん」

「はい、ください、ママ、でしょう」ジェシーは言葉を正す。「やっぱりママがいちばんだよ」そうつけ加えて笑い、ぐるりと目をまわしてみせる。明らかに過大な要求だが、夢を見たっていいではないか。「二人とも、アップルパイをつくる？」これはふつうのアップルパイではなく、子供たちが考えだしたものだ――ヨーグルトにアップルソースをかけ、シリアルを載せてシナモンをふりかける。〝アップルパイ・コンテスト〟をすることもある。誰がちょうどいい割合でおいしくつくれるか競うのだ。

「うん！」

　子供たちはダイニングルームへ向かい、わたしたちはキッチンに残った。少しのあいだは何事もなく静かだった。けれども数分後、ジェシーのオフィスに行こうとしてダイニングルームを通りかかると、エイブがヨーグルトのうえに粘土を載せようとしているのが目に入る。「エイブ、駄目！」ジェシーは叫び、食べられないドロドロの物体ができるのを防ごうと急いで駆け寄るが、まにあわない。「ママが全部拭くまで、テーブルに何も載せないで。わかった？」この午前中のうち、初めてジェシーの声に緊張した響きが忍びこんだ。それまでジェシーがあまりにも穏やかだったので忘れかけていたけれど、小さな子供たちのいる生活は、大騒ぎをどれだけ抑えこんでおけるかという、長期にわたる実験なのだ。ジェシーはヨーグルトをすっかり拭きとり、次いでウィリアムのハイチェアのうしろにシリアルとクラッカーが散乱しているのを目にして一瞬足を止める。朝食の時間にウィリアムがうしろへ放ったものだろう。いまわざわざ片づける必要があるだろうか？　いずれにせよ子供たちは新たな散らかしプロジェクトに着手しつつあった――ダイニングテーブルをいっぱいに使って粘土を転がし、ホットドッグをつくっていた。「あとでいいわ」ジェシーはそう決めて、そのままオフィスに入る。

精神分析学者のアダム・フィリップスは、二〇〇五年刊行のエッセイ集『正気を保つ』（未邦訳／*Going Sane*）のなかで鋭い所見を述べている。〝確かに、赤ん坊は愛らしいかもしれない。美しいかもしれない。熱愛の対象となるかもしれない。しかし赤ん坊は、大人であれば正気の沙汰ではないと見なされる性質をすべて持ちあわせている〟[16]。その性質を、フィリップスは次のように列挙する。赤ん坊には自制心がない。赤ん坊はわれわれの言葉を話さない。赤ん坊が自傷行為をしないように、定期的な監視が必要である。〝赤ん坊は、自分がこの世で唯一の人間であると思いたい人がまさに望むような生活を送っている〟。多くを望み、自制心をほんの少ししか持ちあわせない幼児についてもおなじことがいえる、とフィリップスはつづける。〝現代の子供は、最大限の欲求と最小限の秩序のなかで暮らしている〟[17]。フィリップスの観察によれば、子供は暴君なのである。

もしあなたが大人になってからの人生の大半をほかの大人のなかで――とくに職場、つまり社会的な暗黙の了解のある、理性にもとづいた対話を通貨として動く王国で――過ごしてきたのなら、考えるよりも感じるままに行動する人々と多くの時間をともに過ごすためには、いくらか調整が必要だ（子供と正気を失った大人との類似について書かれたフィリップスのエッセイを初めて読んでいたとき、偶然にも、当時三歳だったわたしの息子は自室でこう叫んでいた。「パンツなんか穿きたくない！」）。

しかし子供は、自分ではそれを度が過ぎているとは思わない。フィリップスはこう書く。〝常軌を逸している、と大人に思われているのを知ったら、子供はひどく驚くにちがいない〟。フィリップスの見解によれば、ほんとうの危険は子供が親の正気を失わせる点にある。子供の途方もない望みや行動やエネルギーはすべて、親が送ろうとしている秩序ある生活にとっては脅威となる。〝現代の子育てに関する実用書の大半は、いかに子供が正気を失うのを防ぐか、また、いかに子供のせいで大人が正気を失うのを防ぐかを書いている〟[18]。

これを読むと、責任者であるはずの親がなぜ自分の子供のことでたびたび無力感に苛《さいな》まれるのかよくわかる。未就学児にとって、室内での騒々しい体操は——ソファのクッションからクッションへ飛び移ることであろうと、テーブルを叩くことであろうと、スパゲティの皿を床に放りだすことであろうと——ふつうのことなのだ。しかし大人にとっては、モーリス・センダックの絵本のように、子供が突然オオカミの着ぐるみをまとったかに見える。大人は子供のいたずらを止めようとする。それが大人の仕事だからであり、また、文化的な生活とはそういうものだからだ。しかし親も、頭のどこかで直観的にわかっている——子供はわざと散らかしたり騒いだりして、限度を試しているのだ。フィリップスはべつのエッセイにこう書いている。〝親は必ずどこかの時点で子供に圧倒される。子供の要求が自分にできることの範囲を超えていると感じる。親はときとして子供の気持ちを挫かなければならない。この事実に耐えるのは、親として非常にむずかしいことのひとつである〟[19]。

大人が幼児の行動に苛立つ理由には、生物学的な根拠がある。額のすぐ内側にある脳の一部、前頭前皮質が、大人の場合には完全に発達しているのに対し、幼児ではほとんど発達していない。前頭前皮質には実行機能、つまり考えを整理し、行動を管理する機能がある。これが働かないと、人間は意識を集中することができない。小さな子供と接するときにストレスのたまる原因はここにある——子供の注意力は散漫なものなのだ（あるいは、フィリップスなら〝秩序に欠けている〟、というかもしれない）。

しかしここでもまた先ほどとおなじことがいえる——子供自身は注意力散漫であることを自覚していない。『哲学する赤ちゃん』（青木玲訳、亜紀書房）で、心理学者であり哲学者でもある著者のアリソン・ゴプニックは、ランタンとスポットライトの喩えを用いて大人と子供の意識を区別している。スポットライトが一点のみを照らすのに対し、ランタンは三百六十度に光を投げかける。[20]大人の意識はスポットライトであり、幼い子供の意識はランタンなのだ。幼児や未就学児はもともとても気が散りやすいようにできている。頭部にたくさんの目のついた虫のようなものだ。そのうえ実行機能と抑制をつかさどる前頭前皮質が未熟なので、気にかかったすべてのものに手を出さずにはいられない。〝子どもに幼稚園へ行く支度をさせるのに苦労するようになると、この能力のありがたみがわかってきます。床のゴミを逐一調べたり、タンスの引き出しを全部開けてしまったり、やっと穿かせた靴下を脱ぐのをやめてさえくれたら！〟[21]。

大人と子供のこうした差異がわかれば、とりわけ察しがよくなくとも、子供が大人のスケジュールに合わせて行動するのはちょっとむずかしいのかもしれないとわかる。親は子供に靴を履かせ、幼稚園に連れて行きたい。子供もいったんは同意するかもしれないが、その後またすぐに、いまは靴下で遊ぶほうがはるかに大事だと思いなおすかもしれない。これにつきあっている時間はあるかもしれないし、ないかもしれない。いずれにせよ、親は子供に合わせなければならず、それが大変なのだ。大人が居心地がいいと感じるのは、多かれ少なかれまわりの人間の行動に予測がつくときである。幼い子供はそんな予測など窓から外へ放りだしてしまう。

理性や集中力や抑制力に加え、前頭前皮質は計画する能力、予測する能力、先のことを考える能力もつかさどる。前頭前皮質の未熟な幼児は、先のことが考えられない。つまり、永遠につづく現在を生きている。感覚としては、いつまでたってもいまなのだ。これは意識のありかたとして望ましい場合もある。瞑想する人にとっては究極の理想だ。しかし永遠につづくいまをともに生きるというのは、親の戦略としては現実的ではない。

ハーバード大学の社会心理学者で、二〇〇六年刊行のベストセラー『幸せはいつもちょっと先にある――期待と妄想の心理学』（熊谷淳子訳、早川書房）の著者でもあるダニエル・ギルバートはこういう。「人は誰でもいまを生きたい。確かに、現在は私たちの人生のなかで重要な役割を果たす。あらゆるデータがそれを示している。私自身の研究もそれを示している」では何がちがうのかといえば、子供は現在だけを生きているのだ。親である大人には、それはできない。「誰もがおなじ速度で未来へと向かっている。しかし子供は目をつぶって大人とおなじ速度で動いている。だから大人が舵取りをする必要がある」ギルバートは一瞬考えてからつづける。「一九七〇年代前半には、私もいまを生きることを望む大勢の人々と一緒にぶらぶらしていた。家賃を払おうとする者などいなかった」[22]

実際問題として、親と幼い子供は完全にべつの時間を生きている。親は先を見とおすことができる。一方、幼児は現在に錨《いかり》をおろし、大人よりはるかにつらい時を過ごしている。この差異は幼い子供にとって悲嘆の原因になる。幼児は大人とちがって、ブロックを片づけなさいといわれたときに、またあとで遊べるということが理解できない。もうポテトチップスを食べては駄目といわれれば、長い人生のあいだにはポテトチップスくらいまたいくらでも食べられるのに、それがわからない。子供はいまそれがほしいのだ。いましか見えていないのだから。

しかしなぜか親というものは、理屈が伝わりさえすれば幼い子供にも理解できるにちがいないと思ってしまう。子供が生まれるまえはそれで万事うまくいっていたからだ——動機を明かし、慎重な分析を交えた、合理的なおしゃべりをすればそれで済んだ。しかし幼い子供というのは極度に感情的な生き物である。論理的な話し合いには、大人に対するのとおなじ効果はない。子供の脳はそのようにできていない。「ときどき、娘が大人であるかのように話してしまうの」ケニアという名の女性が、ECFEのクラスでそう打ち明けた。「理解できるはずだと期待してしまう。噛みくだいていえばわかるだろうって」

講師のトッド・コロドは同情するようにうなずいた。いままでに何千回も聞いてきた話だ。〝小さな大人〟問題というやつです、とコロドは説明した。わたしたちは、自分の理屈で子供を説得できると誤って信じてしまう。「けれども三歳児は、〝そうだね、ママのいうとおりだ、それももっともだ〟とはけっしていいません」

フロー体験

「ダンス・パーティーがしたい？」ジェシーが尋ねる。「それとも枕投げ？　ちゃんばらごっこ？」ウィリアムが午前中の昼寝から目を覚ましたので、仕事はひとまず中断している。母親としてジェシーが素敵なのは、遊びを真剣に受け止めているところだ。ジェシーは音楽に合わせて体を動かすのも好きだし、お絵描きも、なぞなぞも大好きだ（たとえば——「ほじるものってなーんだ？」答えは「鼻くそ」）。「わたしの船からおりろ！」ジェシーはエイブにいう。このときのエイブは海賊ごっこに夢中だった。「自分の船に乗るんだ」ジェシーはライトセイバーを拾って一方の手で戦いながら、もう一方の手でドックに挿したｉＰｏｄの音量をあげる。それからウィリアムを抱きあげてふり返り、いたずらっぽいまなざしをエイブに向ける。「おまえのボートを盗んでやる！　お宝も全部いただきだ！」

エイブは自分のライトセイバーで床をバンと叩く。

ジェシーは一瞬、少し怒った顔をする。「乱暴にしないで。壊れちゃうでしょ」それから役柄に戻ってつづける。「おしゃべりはここまでだ、行くぞ！」ジェシーはライトセイバーを持ったまま身を屈《かが》め、エイブを攻撃する。次いでライトセイバーをウィリアムに渡し、おなじようにさせる。そしてすぐにウィリアムをおろし、エイブをくすぐりはじめる。エイブは最初は喜ぶが、ジェシーがおなかにしゃぶりつく真似をするといやがる。

「やだ、やめて」エイブはジェシーにいう。二人のあいだのリズムがまた乱れる。

「やなの？　ママがどうしてこんなことするか知ってるでしょう？　あなたが大好きだからよ」

ジェシーはそういってエイブを逆さまにする。

「やだ！」とエイブはくり返す。

ジェシーは値踏みするようにエイブを見る。「朝起きるのが早すぎたから不機嫌なんでしょ？オーケイ、振りまわすのはやめておく」ジェシーは曲も戦術も変えることにして、息子の向きをもとに戻し、コアラみたいな恰好で抱っこしながら美しいスペインのバラードをかける。二人はゆっくりと踊りはじめる。息がぴったり合っている。音楽が二人のまわりに繭をつくり、まるでわたしなどその場にいないかのようだ。エイブは母親の肩に溶けこんでいる。ジェシーはエイブのにおいを吸いこむ。


こうした予期せぬ瞬間をきちんと捉えられるデータなど、どこを探してもない。すばらしい恵みの瞬間であり、皮膚に感覚的な記憶を残す（子供用シャンプーのにおいや、なめらかな子供の腕の感触）。これこそ、わたしたちが親として暮らしている理由ではないだろうか。こういう魔法を知ることこそ。

問題は、なぜこうした瞬間が――少なくとも幼い子供が相手の場合――ひどく手に入れがたく、壊れやすく、儚いものに感じられるかである。まるで括弧でくくられているかのように。ジェシーの場合にも、エイブとの夢のようなスローダンスはほんの数分つづいただけで、すぐにウィリアムがうつぶせになってわめきだした。ジェシーは踊りをサンバに切りかえてユーモラスに対処した。正しい方法だ。

恵みの瞬間はなぜ希少なのか。子供が幼いころの家族生活には、心理学者が〝フロー〟と呼ぶものが生じる活動が少ない。簡単にいえばフローとは、目のまえの作業に没頭した状態、万能感によって強化された状態で、時が止まったかのように周囲がまったく目に入らなくなる。スポーツ選手はゴールを決めようとするたび、あるいはパスをしようとするたびにこういう体験をする（〝ゾーンに入る〟と彼らはいう）。アーティストもよくこれを体験する。音楽や絵が流れだすのだ、体が蛇口になったかのように。

フローが奇妙なのは、感覚がなくなることを特徴とする点である。純粋な至福のかたちで訪れる。フローは魅力的であり、誰にでも平等に体験するチャンスがある。持って生まれた気質がどんなものであれ――ふさぎがちな性格でさえ――好きなこと、うまくできることに没頭する能力は誰にでもある。

しかしながら、この魔法のような没頭を体験するためには、環境が整っている必要がある。ハンガリー出身の心理学者ミハイ・チクセントミハイがこれを明らかにしている。[23] チクセントミハイは何十年ものあいだフローについて考えつづけ、フローを可能にする環境を分析し、わたしたちに最も深い満足を与えるものは何かをさまざまな文化のなかで探してきた。そして大勢の人々のフロー体験をこまかく分析してきた。一九八三年には、フローを分析する新しい手法を共同開発した。

無作為に選んだ被験者に、フローが起こった瞬間に何をしていたかだけでなく、どう感じたか（退屈だったか、熱中していたか、主導権を握っていたか、怖かったか、ストレスを感じていたか、あるいはうきうきした気分だったのか?）も記録するように依頼した。チクセントミハイはこの手法を「経験抽出法《ESM》」と呼んだ。心理学の分野に多大な貢献をした手法である。研究者たちは初めて、被験者がフローの瞬間に感じたことと、あとからふり返って感じたことを区別するようになった。

その結果、フローには共通のパターンがあることがわかった。多くのフロー体験は、〝目標を志向し、ルールによって拘束される〟状況で起こる。[24] 実際、フローにつながる活動の多くは、最大の注意力を要し、最大限に能力を引きだすようにつくられたものである。たとえばスポーツや、集中的な仕事がこれにあたる。それらの活動は〝能力の習得を必要とするルール〟をもつ。チクセントミハイは著書『フロー体験　喜びの現象学』（今村浩明訳、世界思想社）にこう書いている。〝目標を設定し、フィードバックをもたらし、統制を加えることができる〟[25]。

理論上は、幼い子供はルールを好む。ただし、それを守るかどうかについてはかなり気まぐれだ。どんな親にも、「完璧に計画した一日」についての逸話があるはずだ。動物園への遠足。近所のアイスクリームショップへのお出かけ。たいていが大混乱へと発展する。幼児との生活に台本はない。台本を書いてみたところで、子供はそのとおりに動いてはくれない。前頭前皮質の未熟な人間の世話をするとはそういうことだ。子供の神経回路は集中を妨げる。ゴプニックも『哲学する赤ちゃん』のなかに、はっきりこう書いている。〝ランタン型意識の対極にあるものは、心理学者が「フロー（flow）」と呼んでいる高揚感ではないかと思うのです。「フロー」は、わたしたちが一つの対象や活動に没頭しきっているときに得られる境地です〟[26]。フロー状態になるには、細心の注意をはらい、集中しなければならない。しかし幼児はあらゆるものを発見し、さまざまな刺激に反応する回路を備えている。そして子供がフロー状態になれないのなら、親自身もフローを体験するのはむずかしい。スポーツ選手にとって、チームメイトの気が散っていれば自分の流れをつかむのがむずかしいのとおなじことだ。

この話題はECFEの教室でもくり返し出てくる。あるとき、ベテラン講師のアネット・ガグリアルディが、一日の計画がきっちりできているほうが気分がいいかどうか、講座のさいちゅうに親たちに尋ねた。母親の一人が即座に答えた。「その計画がうまくいけばね。子供が手のつけられない状態になれば、うまくいくと思うなんて馬鹿だった、と思うだけ」

「だからわたしは期待値をものすごく低く設定するの」べつの母親がいった。「最低限しか期待しなければ、それ以上のことが起こればすごくうれしいから」

フローの必須条件は明確なプランだけではない。チクセントミハイが発見した事実はほかにもある。わたしたちがいちばん楽しいと感じるのは〝退屈と不安の境界、その人の挑戦水準が能力水準とうまく釣り合っている時〟なのである[27]。しかし幼児の親がよく口にするのは、このふたつの柱——退屈さと不安——のあいだを揺れ動いているような気がする、まんなかあたりの心地よい場所で止まっていることなどできない、ということだ。〝わたしたちが幼い子供と一緒にいるときに最大限の幸せを感じられないのは、ある程度は仕方のないことである〟と社会心理学者のダニエル・ギルバートはいう。〝子供はこちらが応えるのが困難なほど過度な要求をすることもある。しかしもちろん、すべてにおいてそこまで手がかかるわけではない〟[28]。

ジェシーのつかのまのダンスパーティーの最後に何があったか考えてみよう。ウィリアムが泣きはじめたとき、具体的にどうやってなだめたらいいか、ジェシーにはわからなかった。揺すってみたり、シリアルをあげてみたり、エイブを肩にしがみつかせたまま抱きあげてみたりもした。しかし結局、唯一の解決策は単純なくり返し遊びだった。洗濯物のかごからズボンを拾い、ウィリアムの頭にかぶせたり、それを取ったりするのだ。「ウィリアムはどこだ?」と尋ね、シュッとズボンをはずす。「いた!」またかぶせ、「ウィリアムはどこだ?」。シュッ。「いた!」ジェシーにしたらもちろん退屈であり、フロー状態からはほど遠い。しかしこれが効いた。

退屈さを口にするのは、親にとって気まずい場合もある。子供と過ごす時間が必ずしも刺激に満ちているわけではないと認めるのは裏切りのようにも感じられる。しかしあのベンジャミン・スポック博士――二十世紀後半のあいだずっと育児書市場に君臨した愛すべき小児科医――でさえ、こう書いている。〝実際、子供と一緒に過ごすためだけに多くの時間を割くのは、大多数の善良な親にとってもいくらか退屈に思えるでしょう〟[29]。わたしが参加したＥＣＦＥの教室――ジェシーがいたクラスを含む――でも、このことはたびたび話題にのぼった。講師自身、娘が小さかったときに〈マイ・リトル・ポニー〉のおもちゃで遊ぶのは退屈だったと告白した。「退屈っていうのは、父親として経験したなかでいちばんネガティブな感情だったよ」ギルバートはそうふり返る。「ボールを投げて、戻ってきたボールをまた投げて、また戻ってきたボールをまた投げる。終わりのないくり返し。〝もう一回やって〟、〝またあのお話を読んで〟。いっそ銃で撃ってくれ、と思ったこともあった」[30]

『フロー体験　喜びの現象学』のなかでチクセントミハイが説明するところによれば、多くのフロー体験はふだんの生活のなかではなく、日常生活から離れたところで起こる。しかし子育ては日常生活そのものだ。チクセントミハイの見解によれば、自分が事態を制御していると人々が強く感じるのは、特別な状況、もっといえば危険な状況のときである。ハンググライダーの搭乗者や、深海ダイバー、レーシングカーのドライバーといった人々は、たびたび〝高い統制感覚が重要な役割を果たすフロー体験を報告する〟。人はそういうときに成功の可能性を感じている。そしてさらに多いのが、仕事中のフロー体験の報告である。意外かもしれないが、フローを起こすのに仕事がどれだけよい条件を備えているか考えれば、そうおかしなことでもない。仕事にはルールがあり、明確な目標があり、即時のフィードバックがある。[31]

『フロー体験　喜びの現象学』を読み終えた読者は、フロー体験は一人でいるときに起こる、という印象を持つだろう。何しろ著者が述べているのは、釣りや、サイクリングや、ロッククライミングについてなのだから。あるいは方程式を解いているときだったり、音楽を演奏しているときだったり、詩を書いているときだったりもする。チクセントミハイが説明するフロー体験は、概して社交とは——ましてや子供の相手をすることとは——無縁である。

親であることに関するネガティブな見方が強く印象に残ったので、わたしはチクセントミハイと直接話をして、自分が誤読しているわけではないと確かめたくなった。そして彼がメインスピーカーの一人だったフィラデルフィアのシンポジウムでようやく会うことができた。最初に尋ねたのは、彼がなぜ『フロー体験　喜びの現象学』のなかで家庭生活についてほとんど触れていないかだった。ほんの十ページほどしか割かれていないのである。「あなたにも関心があると思われることを二、三お話ししましょう」といって、チクセントミハイは個人的な話をはじめた。彼が最初に経験抽出法《ESM》を開発したとき、まず試したのは自分自身だったという。「その週の終わりに自分の反応を確認すると、非常に奇妙な点が突然目につきました。息子二人と一緒に過ごすたびに、ひどくネガティブな気分になっていたのです」当時、彼の息子は二人とも幼児ではなく、もう少し大きかった。「〝これはおかしいじゃないか、私は息子たちをとても自慢に思っているし、関係も良好なのに〟と思いました」しかしその後、息子たちといるときに自分が具体的に何をしているか思い返すと、ネガティブな気分になる原因がわかったという。「私は何をしていたか？　〝早く起きなさい、学校に遅れるぞ〟といったり、〝朝食のシリアルの皿を片づけなかっただろう〟といったりしていたんですよ」つまり、文句ばかりいっていたわけだ。文句をいう、というのはフローとは相容れない行動だ。「そこで気がつきました。親は、一人の人間の成長の道すじを正さなければならないことが多いのです。何しろ相手は、必ずしも文明社会で生きていく準備が整っているわけではありませんから」[32]

　おなじデータのなかに、家庭生活におけるフロー体験の数は記録されていますか、とわたしは尋ねた。ひとつも記録しませんでした、と彼は答えた。「そもそも可能性が低いのです。家庭生活は、フローを達成するのがむずかしいようにできています。家庭はくつろげて、幸せになれる場所であるべきだという思い込みがあるからです。しかし人々は幸せになるのではなく、退屈してしまう」

あるいは疲れてしまうのだ。彼が息子たちのしつけをするときに感じたように。子供はつねに変化しつづけているため、子供を扱う「ルール」も変わりつづける。つまり、家庭はさらにフローとは無縁の環境になる。「それに、葛藤のスパイラルに陥ったりもします。だから仕事でフローを体験するほうが容易なのです。仕事にはもっときちんとした構造がある。スポーツの試合のようにつくられている。明確なゴールがあり、フィードバックが得られる。何をすべきかわかるし、限度がある」彼は少し考えてからつづけた。「家庭生活には構造がない。そのため自由が与えられているように見えますが、実際にはそれが障害になっている部分もあるのです」

分散される注意力

午後の早い時間、ウィリアムは二回めの昼寝をはじめ、ジェシーはコンピューターのまえに座って最新の画像を見つめている。素敵な写真だ――女性が、二人の子供を乗せた赤いベビーカーを引き寄せている。けれどもジェシーは気に入らないらしい。このクライアントはあすの夕方ごろ来る予定だった。ジェシーはこの写真集を直すことにする。

ベラがやってきた。「ママ、手伝って」

ジェシーはまだコンピューターの画面を睨んでいる。「どうしたの？」

「ロクが見たいの」

「あのストリーミングプレイヤーはいまはかけられない。映画を観てて」

「ママ、やって！」

ジェシーはため息をついて立ちあがると、オフィスの向かいにあるテレビの部屋に行った。「ベラ、チャンネルを変えないと駄目なのよ。ここ」ジェシーはそういってボタンを押す。

子供たちの世話をすることだけが仕事である場合、フローを体験するのはむずかしい。しかし子供たちの世話をしながら同時に仕事もする場合には、さらにむずかしい。こんにちでは大半の人々がそういう状態だ。労働統計局によれば、雇用されて働いている人々の約四分の一がときには家でも仕事をしている。[33] 家の外でしか仕事をしない人々でさえ、自宅の居間と職場の境目が曖昧になったと感じている。昔は定時外に仕事が入るのは医師だけだった。いまでは多くの専門職の人々にとって、すべての案件が緊急である。緊急事態がふつうの出来事なのだ。深夜にすべて大文字で打たれたメールが来るのもよくあることだ。仕事を持ち歩けるようになり、また、どこにいても仕事にアクセスできるようになったせいで、わたしたちはつねに待機していなければならないように感じている。まるっきりフローに反する生き方だ。つねにマルチタスク状態であり、いつでも邪魔が入る。

この話題もまた、ＥＣＦＥの教室でくり返し出てくる。手招きするスマートフォンや、電子メールの魅力についつい反応してしまう――そして子供のほうを邪魔に感じてしまう――というのは、たびたび、ひどく恥ずかしいことのように親たちの口から出てくる言葉である。ある父親は自分の気持ちをこう要約した。「仕事を置き去りにして、ただ息子と一緒にいられる日もあって、そういうときはすごくいい気分なんだ。だけど、誰かにこの子の面倒を見てもらえればコンピューターのまえに戻れるのに、としか思えない日もあって、そういうときはひどい気分になる」

なるべくなら家の外で仕事をしたいと思っている親が、いちばんよくこの話題を持ちだす。ジェシーも注意力が分散されてしまうことについて長々と話をした——ポートレート写真のビジネスと子供たちの世話を両立しようとしても、頭と心の切り替えがどんなにむずかしいか。家にいたい気持ちは確かにある。ジェシー自身の母親はベラが生まれる二年まえに亡くなった。心に突然闇が訪れたことによってはっきりしたのは、親として子供のそばにいることは大事だ、という思いだった。しかしジェシーは稼ぎ手でもある。〝修士号を取り、会社を経営する女性たち〟の一人だ。それに仕事が好きだった。仕事は独立心とプライドを満足させてくれた。だが、家庭と仕事を両立するためのリズムがつかめなかった。とりわけ三番めのウィリアムが生まれてからはそうだった。「いま、きのうのことをふり返ると」とジェシーは教室で話した。「よい親ならどうするべきかがわかる。わたしは作業をやめるべきだった」

ジェシーがいつものように写真の加工をしていると、ウィリアムが泣きだしたのだ。「哺乳瓶を与えて、抱っこして、キスすれば大丈夫だってわかっていた。だけど納期のことが浮かんで、どうしても頭から離れなくなってしまって。それで父親に電子メールを打って、仕事をつづけようとした……自分と、自分の選択に、ずっと罪悪感を覚えながら。どうしてあんなことをしたんだか。結局誰のためにもならなかった」ジェシーの困惑した表情は想像がつくはずだ。

だが神経学的にいえば、コンピューターの画面のまえにいるときに優先順位が混乱してしまうのには理由がある。電子メールが届くタイミングは予測できない。つまり、バラス・スキナーの有名なラットの実験で示されたように、予測がつかないというのは哺乳類の脳にとって最も魅力的で病みつきになる報酬のパターンなのである[34]（スロットマシーンを例に考えてみてもらいたい。サクランボが三つ揃うタイミングや頻度を知っていたら、あの半分もスリルを感じないのではないか？）。なぜそんなに電子メールに〝取り憑かれて〟いるのかと尋ねると、ジェシーもおなじことをいっていた。「釣りみたいなものよ。何が釣れるかわからないじゃない」

つまり、画面のまえにいると神経システムの調節ができなくなるのだ。少なくとも、リンダ・ストーン――マイクロソフトの元上級経営幹部で、研究者――の理論によればそうである。ストーンの発見によれば、わたしたちはコンピューターに向かって仕事をしているとき、息を止めたり、呼吸が浅くなったりしている。ストーンはこの現象を「電子メール無呼吸症」あるいは「画面無呼吸症」と呼ぶ。そしてメールにこう書いてきた。〝この結果はストレス反応となって現われます。ふだんより興奮しやすくなったり、衝動的になったりします〟[35]。

スマートフォンや居間のＷｉ－Ｆｉはこんにちの中流の親にとっては恵みである、と主張することもできなくはない。おかげで仕事の場所を家に移すという融通がある程度きくようになったのだから。ニューヨーク大学の社会学者ダルトン・コンリーの言葉を借りれば、問題は〝子供のいる専門職の人々がつねに家で仕事ができるようになってしまったこと〟である。その結果――コンリーは著書『アメリカのどこかほかの場所で』（未邦訳／*Elsewhere, U.S.A.*）に書く――〝仕事がエンジンとなり、人間は車両後部になってしまった。いわゆる「自由」と「能率」のおかげで[36]〟。通信回線に接続された家に住んでいると、子供の面倒を見ながらでも以前とおなじように働くことができると信じてしまうのだ。

この状況の問題点は明らかである。ジェシーもいっていたように、いちどにふたつのことをしようとするとあまりうまくいかない。あちらの仕事をしながらこちらの仕事に切りかえ、またあちらに戻ることもできる、人類はそういう能力に恵まれているのだと誇るのは自由だが、多くの研究結果が示すとおり、人類はこうした切り替えをとりわけ得意としているわけではない。やはりマイクロソフトの研究者で、注意力の専門家であるメアリー・チェルウィンスキーによれば、わたしたちは切り替えによって情報を完全には処理できなくなる。情報は長期記憶に深く定着せず、最適な選択にも連想にもつながらない。また、仕事を切りかえるたびに時間も失われる。ひとつのプロジェクトに頭を慣らし、本格的に動きだすにはしばらく時間がかかるからだ。[37]

しかもこれは職場にいる場合の話である。家で仕事をしようとすれば、もっとずっと状況は悪化すると考えていい。オフィスでの中断は――たとえばメモについて尋ねる同僚からの電子メールであるとか――ふつうはこちらの感情を乱したりしない。一方、子供によって中断されると思わずカッとなることも多い。そうやってかきたてられた強い感情はなかなかおさまりがつかない。マルチタスクの専門家であるミシガン大学のデイビッド・E・メイヤーはこう説明する。〝仕事にかかるには、ウォーミングアップの時間があり、次いで沈静化の時間がある。この両方に、実際に仕事をするのとはべつな時間が余分にかかります。感情が高まったあとに分泌されるホルモンは何時間も、ときには何日も血液中に残ります〟。これはとくにネガティブな感情の場合にあてはまる。〝中断が怒りや悲しみ、あるいは仏教徒のいう破壊的な感情を伴うものであれば、感情的にニュートラルであった場合よりも、進行中の作業に対してははるかに悪い影響が出ます〟[38]。

仕事をしているときに、子供が泣きわめいて手のつけられない状態になったところを想像してもらいたい。あるいはおなかを空かしているとか、膝を擦りむいたとか、きょうだいげんかをしたとか。こうした中断は、体にも異なった影響を与える。メイヤーはこう述べる。〝これは感情的にニュートラルな状態でふたつの画面をたちあげて一方の仕事から他方の仕事へ切り替えるのとはわけがちがいます。いわば感情のタスク切り替えです――こういう用語がすでに使われているかどうかはわかりませんが。さらに困難が加わるのです〟[39]。

その結果生じるのは――どこでどんな手を使おうと――罪悪感である。子供を無視した罪悪感。仕事をないがしろにした罪悪感。働く親はただでさえたくさんの罪悪感を覚えるものだが、通信回線の完備した時代には、ダルトン・コンリーの言葉を借りれば、親はその罪悪感をつ、ね、に感じることになる。いつだって何かをないがしろにせざるをえないのだから。

わたしはいま、その葛藤がリアルタイムで繰り広げられるのをジェシーの自宅のオフィスで見ている。ジェシーがベラのために映画をかけた三十分後、ベラがまたやってくる。「ママ、あれがブルルルルルーってならないの」ベラは〝ル〟を巻き舌で発音し、ビデオテープが巻き戻される音を真似ようとする。ジェシーの家ではまだビデオデッキを使っているのだ。

「巻き戻らないの？」

「うん、戻らない。もう一回バーニーが見たいんだけど」

ジェシーは席を立ってベラと一緒に居間へ行き、どうやってテープを巻き戻すか手短に教える。

それからオフィスに戻り――もう三回めだ――仕事に集中しようとする。気に入らない画像の明度を調整するが、まだよくなったように思えないらしい。「フォトショップでいじりすぎたみたいに見えるのよね」

ベラが戻ってくる。こんどは目に涙をためている。「まだ機械がうまく動かない！」ジェシーは娘をじっと見つめる。「泣くほどのことなの？」うしろのポケットにハートのふたつついたデニムのスカートを穿いたベラは、この質問をじっくり考えているようだ。「息を吸って。ゆっくりね。いい？　おちついて」ジェシーはテレビの部屋に向かう。「わかる？」そういって、ジェシーはデッキを指差しながらベラを見る。「このボタンでテープが最初に戻るから、そうしたら〝再生〟を押すの」

ジェシーはオフィスに戻り――これで四回め――椅子に腰をおろす。なかなか三十分以上連続してコンピューターのまえにいられないのだが、夫は夕食の時間まで帰ってこない。「ときどき、子供たちにほんとうに手を焼いたときなんかに、仕事に向かうと大いにほっとするの。だけどいまは逃げようとしてるわけじゃない。ほんとうに締切があるのよ」ジェシーはここで顔をあげる。「赤ちゃんの泣き声が聞こえた気がする」そのとおり。ウィリアムが目を覚ました。「もうっ。まだぜんぜんできてないのに」ジェシーは画面上の画像をいじる。「この作業はすごく精神状態に左右されるの。写真を撮っているときには、光とか、背景とか、衣装とか、小道具のことを考えてる。編集作業をしているときには、写真が夢みたいに見えるように、でもいじりすぎた印象を与えないようにしたいと思う」しかしそのうちに子供たちに呼ばれ、自分が何をしているかわからなくなるのだ。いまもそうだった。数分が過ぎた。「ほら」ジェシーは顔をあげてわたしを見ると、自分が気づいたことにわたしも気づくのを待った。わたしは、わからない、という目でジェシーを見る。「いまフォトショップでひらいている写真だけ編集してしまって、それからウィリアムを見にいこうと思ってたんだけど」そういってジェシーは階上《うえ》を指差してみせる。いやに静かだ。ジェシーは音がしないことに気づいたのだ。わたしたちは二人とも写真に夢中になっており、ウィリアムが泣きやんだことに気づいていなかったのである。

チャンスを逃す？

キャリアの夢を、子供たちがもう少し大きくなるまで先延ばしにすることもできる。そういう妥協をしている女性は大勢いる。余分のお金も、満足感も、なしで済ますこともできる。そうすれば、時間とエネルギーをすべてひとつのプロジェクト――子供たちの世話――に向けることができ、少なくとも肩の力は抜ける。罪悪感につきまとわれることなく、ひとつのことに集中できる。

あるいは、ジェシーにはべつの選択肢もある。ビジネスを拡大し、完全に家の外で働くようにするのだ。家計に貢献し、プロとしての手腕をフルに発揮したいのなら、外で働いたっていいではないか。勤務時間中は仕事だけしていればいい。〈バーニー&フレンズ〉のビデオを巻き戻したり、食卓にこぼれたヨーグルトを拭いたりしなくていい。もちろん、これはお金のかかる選択肢であり、そう簡単には実現できないかもしれない。ビジネスを拡大するためには借金もしなければならないだろう。しかし仕事によってフローを体験できる可能性はぐっと大きくなる。外では写真家。家では母親。スマートフォンが鳴り、受信トレーがあふれかえることに変わりはないだろうけれど、少なくともふたつをきちんと分けられる。

ところがそうはせず、ジェシーは最も困難な道を選んだ。両方をいっぺんにこなそうとし、子供たちがいつ関心を惹きたがるか、いつ飛びこみの仕事が入るかもわからない状態で一日中機転をきかせながらふたつの責任のあいだを行ったり来たりしている。

複数の関心事のあいだで女性がどうバランスを取るかというのは頭の痛い問題である。つい最近も、非常に感情的な討論の議題になった。もしあなたがシェリル・サンドバーグのタイプなら——サンドバーグはフェイスブックの最高執行責任者《COO》で、『リーン・イン』（村井章子訳、川本裕子序文、日本経済新聞出版社）の著者でもある——女性は職業上の夢を追うにあたってためらいを捨てるべきだ、声をあげ、強く自己主張し、役員室で権力を振るう権利を守り、堂々とパンツスーツを着るべきだというだろう。[40]もしあなたがアン・マリー・スローターのタイプなら——スローターは元国務省政策企画本部長で、彼女が二〇一二年六月のアトランティック誌に寄稿した仕事と生活のバランスに関する記事は大きな議論を呼んだ[41]——世界は、少なくとも現在の世界の構造は、仕事と家庭を両立させたい女性のニーズを満たすようにはできていない、社会と経済に変革が必要である、というだろう。

どちらの主張にも真実が含まれている。このふたつの主張は相反するものではない。しかし女性が〝すべてを手に入れる〟ことはできるのか、そのためにはどうしたらよいのかという疑問が、少しばかりうんざりするくらい目につく。多くの女性は――それをいうなら男性もだが――実際にはただなんとか暮らしをたてていこうとしているにすぎない。〝すべてを手に入れる〟というフレーズは女性の望みを的確に表わしているわけではない。それどころか、男女問わず浸透している見当ちがいの文化的信念を反映している。わたしたち中流階級のアメリカ人は無限の可能性を与えられているのだから、それを最大限に活用するのがわたしたちの義務である、というわけだ。〝すべてを手に入れる〟というフレーズは、アダム・フィリップスも『チャンスを逃すこと』のなかでいっているように、〝可能性〟に縛られた文化の産物なのである。

朝起きた瞬間から、自分の人生を満足に生きられるかどうかでやきもきする。ほんの二、三世代まえまで、そんなことはほとんどなかった。もちろん、自由はアメリカの歴史につねに組みこまれてきたが、午後のあいだ抜けだしてロッククライミングをする自由とか、工学を学ぶ自由とか、朝のうちになんとか十分だけ新聞を読む自由とか――そういうたぐいの自由はごく最近になるまで個人の意識にはのぼらなかった。これは憶えておいたほうがいい。もしわたしたちがこの豊富な選択肢を――そしてその選択肢を最大限に活用しなければならないというプレッシャーを――どうしたらいいかわからないのだとすれば、それがいままでにない新しい問題だからかもしれない。

社会学者のアンドルー・チャーリンも、読み物として非常に面白い二〇〇九年の著書『結婚メリーゴーランド』（未邦訳／*The Marriage-Go-Round*）のなかではっきり述べている。植民地時代のニューイングランドでは、家族の個々のメンバーが自分の興味を追求する時間などほとんどなかった。大勢の子供が走りまわっていたので平穏や静けさは期待できなかったし（プリマスに住む家族には平均して七、八人の子供がいた）、典型的なピューリタンの住む家屋は誰かが一人になれるようにはできておらず、たいていの活動がひとつの大部屋でおこなわれた。チャーリンはこう書いている。〝個人のプライバシーは、現代の個人主義においてはあたりまえのように享受されているが、当時はほとんど手に入らなかった〟。人は生まれ落ちた瞬間から義務と役割の複雑な網にからめとられ、一生シナリオに従うことを期待されながら人生を過ごした。[42]

工業化と、その延長線上の都市化のおかげでやっと、人々は自分の人生を思うままにできるようになった。若者たちは初めて自宅の周辺を離れ、拡大しつつあった都市の工場で仕事を見つけた。つまり、自分で仕事と妻の両方を選ばなければならなくなった。女性も、二十世紀が進むにつれて、ほんの少し自分の人生をコントロールできるようになった。[43]こういうと、よく驚かれる。女性は一九六〇年代の後半に女性運動が盛んになるまでまったく主体性を持たなかったと思いこんでいる人が多いのである。しかし『家族という神話』（岡村ひとみ訳、筑摩書房）のなかで歴史学者のステファニー・クーンツが示すところによれば、いつの時代にも家の外で働く女性はいて、二十世紀のあいだその数は増えつづけたのである。ただし、家族の黄金期といわれる一九五〇年代は例外だ。女性の初婚の平均年齢は二十歳まで早まり[44]（一九四〇年には二十三歳だった）、出生率も増加した[45]（子供が三人以上いる女性の数は、二十年のあいだに倍になった）。女性は男性よりもずっと早く大学を中退するようになった。[46]

しかし一九六〇年代には、大学の中退率はまた男女同程度に戻り、職場でよりチャンスの多い地位に就く女性も増えた。[47] 一九六〇年代にはピルも登場し、家庭を計画どおりにつくるという前例のない自由が女性に与えられた（夫を選ぶ自由も与えられた――望まない妊娠による結婚を避けられるようになったからだ）。その後、一九七〇年代には離婚制度が改まってリベラルな法律ができ、不幸な結婚生活から抜けだすための経済的自由ももたらされた。

こうした発展の到達点が、選択肢の豊富にある文化だった。アメリカの中流階級の男女は、自分の人生の地図をどう描いてもいいという、史上初の自由を手に入れた。しかし一九七〇年代にいかに選択肢が増えたとしても、こんにちに比べればものの数ではない。チャーリンはこう書いている。〝半世紀まえには限られた、任意のものだったはずのライフスタイルの選択が、現在では強制されている。教育レベルに関係なく、アメリカ人はみなそういう現実と向きあっている。人々はなんどもなんども選ばなければならない。結果として、自分の人生についてずっと自己評価をつづけなければならない。感情の心電図が延々と吐きだされるかのように[48]（強調はチャーリンによる）〟。

歴史を逆行したいと思う人はほとんどいないだろう。さまざまな新しい自由が与えられたのだから。こうした自由は、経済の繁栄や、技術の進歩や、女性の権利の拡大によって苦心の末にもたらされた。わたしの母は、実家を出て自立するために二十歳で結婚しなければならなかった。母の世代の女性の勝利はルールを書き換えたことだった。〝結婚しなくても自由になれるように〟――クレア・ディデラーが回想録『ポーザー』（未邦訳／*Poser*）に書いた言葉である。[49] これによって娘の世代は自分でアパートメントを借り、キャリアを持ち、結婚を後まわしにして、さらに、結婚生活がうまくいかなければ離婚することもできるようになった。

しかし男性にとっても女性にとっても、自由は足し算ではなく、引き算によって得られる勝利だった。クーンツの書くところによれば、アメリカ人は長い時間のあいだに自由を〝否定的に〟定義するようになった。それは〝依存のないこととか、他人に対して義務を負わされない権利といったように否定的に定義されるようになった。自立とは、個人の富や時間に対して社会から何も要求されないことを意味するようになった〟[50]。

もしあなたが自由をそういうものと——義務から解き放たれることと——思っているなら、親になれば目もくらむようなショックを受けるだろう。大半のアメリカ人には、配偶者を選ぶ、または替える自由がある。中流階級のアメリカ人には、仕事を選ぶ、または変える自由がある——少なくとも皆無ではない。けれども子供だけは選んだり替えたりできない。永続する関わりを求めてこない現代の文化のなかで、最後の束縛として残ったのが子供なのだ。

そこで話はジェシーの空想に戻る。運転席に座り、ハイウェイに乗ってそのまま運転しつづけたらどうなるだろう。もちろんジェシーにはそれはできないし、するつもりもない。頭のなかだけの逃避行だ。仮に現在の環境が完璧であっても、わたしたちは——アダム・フィリップスが述べたように——〝現実の人生と夢の人生のあいだのどこかで暮らすようになる〟のだ[51]。むずかしいのは、そのグレイゾーンとうまくつきあい、生きるに値する人生には何かしら束縛が伴うものであると認識することだ。

第2章 結婚生活――「カップル」から「親」に変わるとき

妻はわたしへの怒りをほとんど隠そうとしなかった。「あなたは自分のことしか考えてない」と、彼女はよく言った。「ひとりで子育てをしなくちゃならないなんて、思ってもみなかった」

――バラク・オバマ『合衆国再生』（棚橋志行訳、ダイヤモンド社）[1]

ジェシーがいたECFEのクラスは少人数で、内容も濃かった。一方、序章に登場したアンジーのクラスは大人数で雑多だった。参加女性たちのあいだには、互いの人生の物語や葛藤をすでに知っている気安さがあった（たとえば、「二、三カ月まえにわたしがどんなふうだったか見たでしょう――もう離婚しようと思ってたわ」）。励ましあい、つづきはわかっているといわんばかりに、お互いの話に割って入るようにして順番に口をきいた。このグループのエネルギーと善意は、運よくたまたま生じたもののようだったが、郊外生活の副産物でもあった。ここの女性たちは、もっと人口の多い地域に住んでいる女性たちよりも頻繁に社会的な孤立を口にした。定期的に社会との接点が持てるECF

Eの教室をありがたいと思っているようだった。

このクラスにいたのは弁護士、警察の通信指令係、女子バスケットボールのコーチ、コンピューター科学者、大手デパート〈コールズ〉のアルバイト店員などだった。女性たちのうち半数以上が一時的に仕事をやめ、フルタイムで乳幼児の世話をしていた。半数弱はパートタイムで働き、うまく仕事と家庭のバランスを取ろうとしていた――ボウリングのボールに乗って立とうとするかのように。

さて、アンジーは二十九歳で、このクラスでは若いほうだった。そのうえ、昼間のクラスであるにもかかわらず、夫もときどき参加するという少数派の一人だった。「最初に話してもいい？」アンジーが切りだした。「この二週間は、人生最悪の二週間だったの。イーライが」――三歳のイーライはイライジャの愛称で、アンジーの上の子である――「胃腸炎にかかって眠れなくなっていたんだけど、面倒を見たのは全部わたし。子供たちと一緒に起きだすのもわたし、子供たちに着替えをさせて、仕事もあって、ほとんど寝ずに掃除までしたのよ」アンジーの声が少し震えた。「いま、夫との仲は最悪。わたしが限界だってことがわかってないの。きのう、夫はちょっとおなかが痛いっていってて、だけどわたしにはやることがたくさんあった。それでこんなふうにいったの。〝あ、そう？〟」アンジーの声が割れた。「〝なるほど、おなかが痛いのね。で、だから何？〟」

アンジーは泣きだした。「わたしは看護師なのに！」

被害妄想のように聞こえるのを避けるために、意識して受けを狙ったオチだった。うまくいった。何人かの女性が笑い声をあげた。アンジーもテキパキと涙を拭きながら一緒になって笑った。「夫は週五日、午前五時から午後二時まで働いていて、ゴミも出してるからって、それだけで――」

「ゴミ出しをやってくれるの?」女性のうちの一人が口をはさんだ。「すばらしい!」

「――それから雪かきと、硬水軟化剤の調整をしてるからって」アンジーはつづけた。「それだけで、わたしが彼より子供の面倒を見るのは当然だと思っているの」

「それでこんなふうにいうんじゃない? 〝ああ、だって子供たちがママじゃなきゃ駄目だっていうから〟。うちの夫はそう。〝子供たちがおれに手伝わせてくれないんだよ〟って。いつも思うわ、い、い、い、あなたがちゃんと時間をかけてやろうとすればいい……」

「うちなんか、〝おれが金を稼いでるんだから家のことは全部おまえがやれ〟症候群よ。〝おれは一日働いてきたんだぞ〟だなんて。わ、た、し、が、一、日、何、を、し、て、た、と、思、う、の、よ?」

「そう、そんなふうに、怒りがどんどんたまって」アンジーがいう。「それを夫に話すと、こんな答えが返ってくる。〝じゃあ、きみがこれとこれとこれをやってくれれば、たぶんぼくも気分よくもっと子供の面倒を見られると思うよ〟」

「物々交換じゃあるまいし」四番めの女性が口をはさんだ。

「お互い、相手にしてほしいことをああでもない、こうでもないって話しあうのよ」アンジーは説明をつづける。「数日はそれでもつんだけど、その後またふりだしに戻る」

「あなたたち、二人で懺悔しに行けばいいのよ」またべつの女性が断言する。

一件落着。彼女の口から出ると、絶対に信頼のおける判断に聞こえる。何しろ警察の通信指令係なのだから。

個人的習慣の突然の変更と並んで、子供が生まれることで最も劇的な変化が起こるのは、おそらく夫婦関係においてである。子供を持つことは精神にとって有益であるとする従来の社会通念に挑んだ最初の有名な論文――「危機としての子育て」と題されたE・E・ルマスターズによる一九五七年の論文――が、個々の母親や父親ではなく夫婦に注目しているのは、単なる偶然ではない。

ルマスターズの発見によれば、新しく親になった男女のじつに八十三パーセントが〝深刻な〟夫婦の危機を迎えていた。[2] この数字が過剰に聞こえるとすれば、それまでこんなに怖ろしい事実をはっきり口にする人がいなかったからだろう。しかし親になったばかりの人々に関する現代の調査でも、ドキッとするような結果がいくつか出ている。二〇〇九年に、四人の研究者が百三十二組の夫婦のデータを分析したところ、およそ九十パーセントの人々が、最初の子供が生まれたあとに結婚生活の満足度の低下を経験していた[3]――公平にいえば、そのほとんどが夫婦関係への〝小さな、もしくは中程度のネガティブな影響〟ではあったのだが。二〇〇三年に三人の研究者が、子供と結婚生活の相互関係について百近い調査を再検討したところ、〝子供のいない女性では六十二パーセントが平均以上の満足度を示したのに対し、子持ちの女性ではそれが三十八パーセントに留まった〟。[4] 一九九二年に出版された『カップルが親になるとき』（山田昌弘、開内文乃訳、勁草書房）において、夫婦でチームとなって先駆的な仕事をしたキャロリン&フィリップ・コーワン夫妻はこう報告している。百組ほどのカップルについて長期にわたる調査をおこなったが、その四分の一近くが、子供が一歳半になったときに結婚生活が〝ある困難に直面していること〟を感じていた。研究対象となったカップルのうち、〝楽観的にものを感じるカップルは明らかに少数派〟であった。[5]

アメリカ的価値観を調査、研究するシンクタンク〈インスティテュート・フォー・アメリカン・バリュー〉が指摘するところによると、子育ては一人でするよりも、カップルの一人としてするほうが幸せを感じる可能性が高い。[6] これはそのとおりだろう。さらに、子供がいようといまいと、たいていの結婚生活において長期的に見れば満足度は低下する傾向にある。これもそのとおりだろう。だが、どんな研究でもいわれていることだが、平均して、結婚生活の満足度は子供が生まれたとたんに著しく低下する。[7] もともと低下しつつあったものが子育てによって加速しただけだとする研究もあるが、一方で、子育てが不満を悪化させるとする研究もある。また、結婚生活の満足度は子供の年齢を反映しているにすぎない、とする研究もある。子供が小さいうちはとくに骨の折れる時期であり、小学校に進むとしばらく安定期に入り、思春期という苦境を迎えると満足度はまたガクンとさがる、というわけだ。[8]

しかし主流の育児本を見ると、こうした理論にほんのちょっとでも触れているものは驚くほど少ない。うんざりするくらい陳腐なアドバイスを見かける程度だ（夜にデートの予定をいれなさい、とか！）。一方、社会科学の分野では、「親」への移行は研究者自身すら詳細な対象になりうる数少ない主題のひとつである。『カップルが親になるとき』は立派な研究書であり、厳密なインタビューやデータを集めた解説書であるが、冒頭だけは個人的な色合いがきわめて強い。コーワン夫妻が十代で出会い、若くして結婚し、たてつづけに三人の子供が生まれたことが書いてある。〝子供たちが小学校にあがるころには、この問題を——夫婦関係がこじれていることを——避けて通れなくなっていた〟。友人たちも大半が苦労していた。

ほかの夫婦が苦痛や幻滅について語るのを聞き、また、わたしたち自身の夫婦関係を改善しようと苦心するうちに、くり返し耳にする共通の話題があることに気がついた。いまこうして苦労しているわけだが、そのはじまりは家族になったばかりのころまで遡ることができるのだ。

親になるまえには、カップルのパートナーたちは往々にして、子供が二人の関係を強化してくれると考える。子供をはさむことで二人の関係が深まり、また、子供が関係を持続するための我慢の理由になると想像するのだ。実際、子供のいる夫婦の離婚率は——少なくとも子供が幼いうちは——低い。しかし夫婦間の対立は強まる傾向にある。コーワン夫妻が著書で言及するところによれば、子供が生まれてから意見の相違が増えたと報告したカップルは、調査対象の九十二パーセントにのぼる[9]（これはヘテロセクシュアルの関係に限られた問題ではない。二〇〇六年の論文では、レズビアンのカップルの場合にも子供が生まれたあとに対立が増えたと報告されている）[10]。二〇〇九年に、三人の心理学者の研究により明らかになったところによれば、子供はほかのどんな問題よりも口論の原因になるという——金銭よりも、仕事よりも、親戚よりも、苛立たしい癖よりも。意思疎通の方法や、休暇中の活動や、浮気や、煩わしい友人や、セックスよりも[11]。この三人の学者がべつの研究で発見したところによると、親の口論は子供が目のまえにいると激しさを増すそうである。父親はより強い敵意を示し、母親はより深く悲しんでみせる。けんかそのものも粗野になる。[12]

論文執筆者の一人、E・マーク・カミングスは、対立を隠さない理由は明白だという。〝ほんとうに頭にきているときには、とじたドアの向こうに移ろうなどという自制心は失っているものだ〟。[13]たぶん、そのくらい単純なことなのだろう。しかしわたしにはべつの理論がある――大量の分析よりは、個人的な体験といくつかのインタビューから生まれた理論ではあるのだが。子供のまえで親のけんかがより攻撃的になるのは、子供が言葉でなく姿で親の人生を表わす存在だからではないだろうか。夫が仕事のできない男であるとか、妻が娘にきつくあたってばかりいるといって口論するのは、単に仕事上の習慣やしつけの方法について争っているだけではないのだ。未来をめぐる――自分たちがどういうロール・モデルであるべきか、どういう人間になりたいか、子供にどう育ってほしいかについての――けんかなのである。**昇給を求めるガッツもない、世のなかを怖がっているような父親の姿を息子に見せたいのか？　娘がヒステリックにわめくような女に育ったら、いったい誰に似たというのだ？**

どんな説明をしようと、子供が生まれたあとの対立にはさまざまな理由があるものだ。財政的な切迫。社交やセックスライフの様変わり。これだけでもひと苦労である。第2章ではこうした問題をすべて見ていく。まずは、平凡ではあるが万国共通の話題からはじめたい――家事の分担について。子供が生まれると家事の量が爆発的に増加し、誰が何をどのくらいの頻度でやるかについてのルールはたいてい混乱をきたす。ルールを整理するのは、多くの夫婦が認識しているよりはるかにむずかしい。大半の女性が仕事を持つようになった昨今、家事に関しては参考になる基準がないから、というのが理由のひとつ。もうひとつは、これが単に雑用をどうするかというだけでなく、感情をかき乱す根深い問題だからである。

女性の仕事

ミネソタ州ローズマウントのアンジーの自宅を朝訪れると、ジェシーとおなじく、アンジーもひどく疲れていた。しかし、まえの晩に仕事をしていたわけではなかった。昨夜、アンジーは腰痛と、泣きやまない一歳児の相手を交互にしていたが、どちらもうまくなだめることができなかった。問題の一歳児ゼイビアー（愛称は〝ゼイ〟）を腕に抱いたまま、アンジーはドアをあけた（「おろすと泣くんだもの」）。三歳児のイーライは、裏のデッキでインスタントのオートミールを食べていた。わたしたちは外に出てイーライと一緒に座った。イーライはじっと考えこむような真剣な顔で、洒落たクルーカットの髪を見せびらかした。アンジーはイーライの頭を撫で、急いで食べちゃって、という。数分後、四人で車に乗りこんで、二週間に一度ひらかれる地元の夏のプログラム〈小さな探検家〉へ向かった。

ジェシー同様、アンジーとも数カ月まえのECFEの講座以来会っていなかった。そしてやはりジェシー同様、アンジーも直面している問題について率直に、自己憐憫に陥ることなく話してくれる。けれどもわたしがここに来た理由はそれだけではなく、シフト制の仕事をしているアンジーと夫のクリントの取材をしたかったからだ。小さな子供を育てながら二人ともにシフト勤務をしていれば、結婚生活は無傷では済まない。相手の手助けなしでべつべつに子供の世話をして、その後仕事に出かけるので、どちらも自分一人で子供を育てているような気分になるのだ。取り決めはたいてい互いを消耗させる。休みの日には、やるべきことのリストを見て楽な分担の取りあいをし、どちらがサイクリングに出かけるか、あるいは昼寝をするかでもめる。どちらも自分のほうがより大変な一週間を過ごしたと思っている。「おなじ家庭で暮らしていても、ちがう人生を送り、ちがうものの見方をし、ちがう意見を持ってる」アンジーはそう話す。「わたしのほうが大変な部分を引きうけてると思うんだけど、夫はそう思っていないのよ」逆もまたしかり。

興味深いことに、幼い子供のいる夫婦の多くが――おなじスケジュールで行動している場合にも――べつべつの暮らしを送っているような気がする、と口にする。朝夕それぞれべつの子供を送迎し、週末にはべつの車にべつの人々と相乗りし、べつの雑用をこなす。アンジーとクリントのケースがこれとちがうのは、もともとスケジュールが一致していないという、その一点だけである。しかしアンジーたちの状況では、ほかの多くの夫婦にもある粗《あら》が十倍くらい拡大されて見えてしまう。「いまのわたしたちの生活は混乱しているし、とても脆い」アンジーはいう。「ちょっとでもふつうでないことが起こると――ゼイが夜寝てくれないとか、飼い犬の具合が悪いとか、わたしの腰が痛むとか――すべてが崩れてしまう」

わたしが訪問したころ、アンジーは精神科の看護師として一日おきに夜間働いていた。午後二時半に家を出て、夜中の十二時くらいに帰宅する。一方、クリントは大手レンタカー会社の〈エイビス・バジェット〉で、ミネアポリス・セントポール国際空港地区の午前中のマネジャーとして週に五日働いていた。毎日午前四時に起きて、だいたい午後二時十五分には帰宅した。だから週に何回かは——この日もだったが——二人は十五分顔を合わせるだけのすれちがいだった。

アンジーとわたしはイーライをキャンプに連れて行った。車に乗りこみながら「二、三カ月まえのＥＣＦＥのクラス以来だけど、その後どんな調子？」と尋ねると、アンジーは動揺しながら答えた。「じつはきのうの夜も、ちょっとけんかしちゃって」アンジーの青い目は、昨夜二時間しか寝ていない女性にしては驚くほど鋭い。「飼い犬のことで手伝ってといったら、〝ぼくに頼るな！〟って」

エコーという名前のその子犬を飼おうといいだしたのは、アンジーだった。子供たちが大喜びするだろうと思ったのだ。そのとおりだった。しかしクリントのほうは、いまこの状況で新しい飼い犬のしつけをするのは無理だと思った。そしてそれもそのとおりだった。「だからいい返したの。〝だったら、子供が夜泣きしたときにはあなたが起きてよ〟って」しばらくはそうなった。「だけどその後、下の子が朝方の三時に絶叫の発作を起こしちゃって。その相手をしたのはわたし」

なぜクリントじゃなかったの？

「だって耐えられなかったんだもの！　夫は起きないし、子供は泣きわめいてるし。だけどちょうどわたしの腰が痙攣《けいれん》を起こしちゃって、わたしも泣きたかった……」そこでクリントもベッドを出て、アイスパックを取ってくれたという。「今夜こそ、あの子が泣いたら絶対に起きてくれることになってる」

こうした論争については、きっと誰もがこう思うだろう——アンジーとクリントは、責任の分担について子供が生まれるまえに話しあわなかったのだろうか？
「話しあったに決まってるじゃない！」アンジーは躊躇なく声を大にして答える。「夫は〝半々だって？　ぼくが全部やりたいくらいだよ！〟っていってたわよ」アンジーの声に反感はなかった。ただ不満なだけなのだ。「夫は時間の使い方がまだとっても自分本位なの。わたしはいつでも〝子供たちが先〟なのに」

一九八九年にアーリー・ラッセル・ホックシールドの『セカンド・シフト』（田中和子訳、朝日新聞社）が出版されたときには、驚くべき議論が巻き起こった。もし賃金労働に家事などの無償労働を加えるなら、一九六〇年代と一九七〇年代の働く女性たちは一年間に丸ひと月余分に——しかも一日につき二十四時間丸々——働いていることになるというのだ。[14] これはこんにちには当てはまらない。女性の家事の量は当時よりはるかに減っているし、男性も家事をするようになってきたからだ。[15] 父親が子供の面倒を見るようにもなり、大勢の母親が自分の時間をかつてより仕事に注ぎこめるようになった（二〇一〇年には、三歳から五歳の子供のいる母親の五十パーセントがフルタイムの仕事をしている）。ホックシールドが最近になって自著に加えた序文によれば[16]——そしてハナ・ロジンの二〇一二年の著書『男の終わり』（未邦訳／*The End of Men*）が説得力をもって明らかにしたところによれば——ここ数十年のあいだ、製造業の仕事が減少するにつれ、女性の収入に比べて男性の収入が減少してきている。[17] 家計において誰が何をするべきかに関する考え方も変わった。一九八〇年には、夫が家事を半分以上やっていると答える既婚女性は二十二パーセントだったが、二〇〇〇年には全体の三分の一にのぼった。[18] おなじ二十年のあいだに、家事をまったくしない夫の数は半分ほどに減った。

実際、アメリカの国民生活時間調査では、こんにちの男性と女性の一週あたりの労働時間はほぼおなじである[19]――内訳を見ると、男性は賃金労働の時間が女性より長く、女性は無償労働の時間が男性より長いのだが。この最新の数字を受けて、二〇一一年にはタイム誌に〝家事戦争〟と題された特集記事が掲載され、女性が自分たちの負担を主張しすぎているのではないかという議論がなされた。[20]

しかし『セカンド・シフト』が有名になった理由は、おそらくこの数字とはあまり関係がない。ホックシールドは何よりも、結婚生活と夫婦間の緊張を――夫婦が指針のない新しい文化のなかで、新しいバランスを見いだそうと苦闘する様子を――小説のように書いてみせた。確かに、言語道断なほど労働の分担の偏った例もある（ナンシー・ホルトのように、こう宣言することで自分を慰める女性もいる――「私が階段の上、エヴァンが階段の下を受け持っているわ」[21]。ところがこの〝一階〟にはガレージと車があって犬がいるだけで、ほかは全部〝二階〟にあるというわけだ）。だが、この本がほんとうに影響力をもったのは、夫婦が結婚生活をつづけていくために必要とする神話や欺瞞を分析しているからだ。ホックシールドの見解では、くり返しなされる――往々にして厄介で、ときに失敗に終わる――分担再調整の試みは、はなはだしい感情のもつれをひき起こす。ホックシールドによれば、〝夫婦が争うとき、ただ単に誰が何をするかだけについて争うことはごくまれである。きわめて多くの場合、彼らは感謝の授受に関して争っているのである〟[22]。著書を結ぶにあたり、ホックシールドはこう述べる。

それらの女性が直面するもっと深刻な問題は、夫に対する愛がアンビヴァレントになり、それを味わう余裕がなくなるということである。多くの女性が、ナンシー・ホルトのように、夫に対する反感という重苦しい重荷を結婚生活の中に持ち込んでいる。危険なシステムから生み出される有害な廃棄物のように、この強力な反感は、処理することが困難である。[23]

こうした鬱屈は――捉えづらい、異なったかたちではあるものの――こんにちの結婚生活にも残っている。コーワン夫妻は、子供が結婚生活に与える影響を研究しつづけて三十五年以上になるが、調査結果によると、産後の軋轢の最大の原因は家庭内の労働の分担にあるという。二〇〇七年刊行の『ともに過ごす孤独』（未邦訳／*Alone Together*）は、結婚にまつわるあらゆる面白いデータの詰まった本だが、著者のポール・アマトーらはある研究を引用している。〝家庭内の労働の分担は、配偶者間の不和のいちばんの原因である〟（〇歳から四歳の子供を持つ母親が最も強く不公平感を表明している、とアマトーらはつけ加える）[24]。

しかし、家庭内での公平に関する最も興味深い逸話は、カリフォルニア大学ロサンゼルス校の巨大プロジェクトから出てきたものだろう。このプロジェクトでは研究者らが三十二組の共働き世帯の家で一週間以上過ごし、千五百四十時間あまりのビデオ映像を集めた。この映像が中流家庭とその習慣に関するデータの母体となり、数多くの研究を生みだした。研究の一環として、被験者ほぼ全員から唾液のサンプルを採取し、コルチゾール――ストレスホルモン――のレベルを測ろうとした。すると、父親に関しては、家にいるあいだにレジャー活動に使う時間が長ければ長いほど、一日の終わりのコルチゾールの分泌量は減少した。これは驚くにはあたらない。意外だったのは、母親はおなじ条件でもコルチゾールのレベルがそれほど顕著に落ちなかったことだ。[25]

では、母親の場合には何が明白な効果をもたらしたのか？　答えは簡単。夫が家事をしている姿を見ることでストレスのレベルが下がったのである。

現代のわたしたちの労働分担は、全般的には平等になりつつあるかもしれない。しかし大部分の母親にとってはまだまだ不平等である。タイム誌の記事によれば、六歳より下の子供を持つ母親は、同条件の父親より、いまでも一週あたり五時間多く働いている。[26] この差は小さいとはいえない。その五時間はたいてい夜間の子供の世話にかかる時間で、これが――第1章でも見たとおり――心と体に大きなダメージを与える。二〇一一年、ミシガン大学公衆衛生大学院の社会学者サラ・A・バーガードは、何万組もの夫婦から収集したデータを分析した。バーガードの発見によると、一歳未満の子供のいる共働きの夫婦では、睡眠が妨害されると答えた女性は男性の三倍にのぼる。[27] これが専業主婦の場合、専業主夫の六倍にのぼるという。

これは面白い。わたしは以前、公開討論の場で、『とっととおやすみ』の著者アダム・マンズバックと同席したことがある。[28] マンズバックは議論のなかばで、子供を寝かしつけるのはたいていパートナーのほうだと気軽に認めた。こんなふうになんの気なしに認められるところが、すでに多くを語っている。マンズバックは就寝時間の幼児の暴君ぶりについてベストセラーを書いたかもしれないが、実際に家のなかで暴君の相手をしていたのはおもにママのほうだったのだ。

しかし議論を進めるため、仮に夫と妻がおなじ時間だけ働いているとしよう。これ自体は公平さの指標にはならない。結婚生活全体の流れのなかでは、単に〝おなじ〟なら公平であるとはいえない。おなじと思えることが大事なのだ。コーワン夫妻は『カップルが親になるとき』のなかで次のように書いている。〝子育ての分業に満足しているカップルは、父親の実際に参加した働き以上のものを効果的に自分自身の幸福と相手の幸福（強調は本書筆者による）〟に関連させている。[29] どういう状況であれ、あるカップルがフェアな歩み寄りであると思う事柄が、必ずしも部外者から見てフェアであるとは限らない。公平さはそのカップルのニーズと、二人が何を妥当と思うか、二人にとって何が実現可能かにもとづいて決まる。

しかしそこがまたひどく複雑なところでもある。すべての労働を考慮に入れると、一日に働く時間は男性でも女性でも概してそんなに変わらない。しかし女性の場合、内訳を見るとたいてい〝家族のケア〟——家事や子供の世話、買物、運転手役——に注ぐ時間が男性の二倍近くある。[30] だから、たとえば週末に家で一緒にいたりすると、妻にとっては夫が自分とおなじだけ重荷を担っているようにはとても見えない。夫がほとんど何もしていないように見えてしまう（実際、例の千五百四十時間の映像データのべつの分析から、父親は一人で部屋にいることが最も多いとわかっている[31]）。

夫が平日のあいだ賃金労働により多くの時間を使っているなら、週末には余分に休ませてあげればいいじゃない、と上機嫌でいう女性もいる。しかし大勢の母親にとって、ことはそんなに単純ではない。賃金労働は、文字どおりにも比喩的にも、世間一般においてより高い価値を認められており、数値化できない心理的な報酬も生んでいる。そしておそらくこれとおなじくらい重要なことだが、すべての仕事が平等にできているわけではない。ある仕事をして過ごした一時間は、べつの仕事をして過ごした一時間と必ずしも等価ではない。

子供の世話を例に取ってみる。これは女性にとってほかの家事よりはるかにストレスを生む（ＥＣＦＥの女性参加者の一人はこういっていた。「お皿は口ごたえしないもの」）。『ともに過ごす孤独』のなかで、研究者らはこの区別を実際に数値化し、既婚の母親が家庭内における子供の世話の分担を不公平であると思っている場合、この不公平感は掃除の分担の不均衡よりも結婚生活の幸福度に影響する度合いがはるかに高いと述べている。[32] また、これもデータによって明らかになったことだが、母親が担う子供の世話の大部分は〝決まりきったくり返しの仕事〟（歯磨きや、授乳など）であるのに対し、父親は〝双方向の活動〟（キャッチボールなど）に関わる傾向が強い。[33] 要するに、一口に〝子供の世話〟といっても、さまざまな種類があるということだ（誰でもいいから親を捕まえて、子供の世話のなかで何が好きか訊いてみるといい）。

もちろん、どんな状況であれ、人は自分のしている仕事の量を過大評価するものだ。しかしこと子供の世話となると、女性の評価は正確であるように見える。『ともに過ごす孤独』のなかで執筆者たちが述べるところによれば、二〇〇〇年に実施された全国調査で、自分が家庭内でやっている子供の世話の割合を尋ねたところ、父親の回答の平均は四十二パーセントだった。[34] 一方、母親に自分の夫が家庭内でやっている子供の世話の割合を尋ねると、三十二パーセントとの答え。[35] この年の実際の数字は三十五パーセントで、これはこんにちに至るまでほぼ変化していない。[36]

こうした認識の違いが――正確なところペテンにかけられているのとはちがうとしても――

家庭のことで女性が腹を立てている理由かもしれない。「クリントは絶対、家の仕事の半分は自分がやってると思ってるのよ」移動中の車内で、アンジーはいう。「だけどその家の仕事っていうのは子供の世話でなくてもいいと思ってるの。だからストレスがたまるわけ」

時間の使い方

お昼近く。イーライはまだ〈小さな探検家〉に参加中で、アンジーは階段の踊り場で洗濯物をたたんでいる。ゼイがベビーベッドのなかでむずかりはじめる。アンジーはさっと立ちあがってゼイの様子を確認し、戻ってくる。「洗濯物をしまう暇もないのよ」アンジーはいう。「ちゃんとしまおうとは思うんだけど。でもたいてい、洗濯済みのかごと汚れ物のかごを直接行ったり来たりするだけ」ゼイが泣いている。「はいはい、はーい、聞こえてるってば！」アンジーは勢いをつけて立ちあがり、ゼイの部屋へ向かう。「シーッ」

なだめようとするが、ゼイは泣きやまない。数分後、アンジーはゼイをベッドから連れだして自分の隣に座らせる。洗濯物の片づけを再開しながら、ジェシーがやったのとおなじような〝いないいないばあ〟遊びをしようと、ゼイの頭にブランケットをかぶせる。「ゼイはどこかな？」洗濯物をたたむ。ブランケットをかぶせる。「ゼイはどこかな？」たたむ。かぶせる。「ゼイはどこかな？」……。

これもまた、アメリカ人の時間の使い方に関する研究で数字に出てこない部分だ——多くの母親にとって時間は分断され、細切れにされて、プリズムを通した光のように屈折しながら流れる。父親にとってはたいてい、時間はまっすぐに流れる。父親たちは、自分の用事と子供の世話をきっちり分けておこなう。しかし母親たちは、子供の世話をしながら、なおかつ上司からの連絡に対応しながら、自分の用事をする。二〇〇〇年には、〝たいていの時間はいくつかの物事を同時進行しながら過ごしている〟と答えた既婚の父親は全体の四十二パーセントで、これが既婚の母親の場合には六十七パーセントだった。[37]二〇一一年には、二人の社会学者がさらにこまかい分析をおこなった。その結果わかったところによると、母親がマルチタスク状態で過ごす時間は父親よりも平均して週に十時間多く、〝この余分の時間はおもに家事や子供の世話に使われている〟（一方、父親のほうは家で過ごしているあいだは、マルチタスクの確率が三十パーセントほど減っている）。結局、〝マルチタスクの重荷は父親よりも母親にのしかかっている〟のだ。[38]

時間を分割し、細切れにすることを強いられると――先の章で見てきたように――生産性が低下するだけでなく、さまざまな混乱を生じる。切迫感も生まれる。どんなに穏やかな瞬間にも、プレッシャーがまったくない状況でも、つねに噴きこぼれそうになっている鍋がどこかにあるような気がしてしまう。現実に、ほとんどの母親が時間的リミットのある、時間的なプレッシャーのある家庭内の仕事を不相応なほどたくさん引きうけている（子供に着替えをさせる、子供の歯磨きをする、車で学校へ送る、車で迎えに行く、三時にピアノのレッスンに連れて行く、四時にサッカーの練習に連れて行く、六時までには夕食の支度をする、などなど）。二〇〇六年に社会学者のメアリー・ベス・マッティングリーとリアナ・セイヤーが発表した論文によれば、女性は男性よりも〝いつも忙しい〟。〝ときどき、あるいはいつも忙しい〟と感じている既婚の母親の数は、子供のいない独身女性の二・二倍だった[39]（自由なはずの時間も、母親の疲労感を緩和する役には立っていない――それどころかむしろ悪化させている）。一方、父親のほうは、子供のいない男性と比べても忙しさの実感にちがいはなかった。ＥＣＦＥに参加していたケニアの発言をまた引用してみる。

五時くらいになるとものすごく大きなプレッシャーを感じるの。やってなかったことを終わらせなければって。夕食のことを考えなきゃいけないし、娘を楽しい気分にさせておかなきゃいけないし、すぐに寝かしつけの時間になる……仕事がなければ、〝ああ、まだこんなに時間があるじゃない〟と思えるんだろうけど。五時が近くなるとほんとにプレッシャーを感じる。夫のほうは、帰宅してやらなきゃならないことなんて何もないっていうのに。

しかしおそらく時間の使い方の調査で最も捉えづらく、数字に表われづらいのは、母親が子育てに注ぐ精神的なエネルギーの量である。自分が子供たちにうまく対応できているかどうか、母親の頭のなかでは不安のサウンドトラックが一日中鳴っている。マッティングリーとセイヤーは、これについてもう少し巧妙な仮説を立てている。母親が忙しい、急かされていると感じるのは、状況によって変動しやすい後方支援――ベビーシッターを手配したり、医師の診察を受ける時間を調整したり、教師に対応したり、家族のレジャーの予定を決めたり、遊びや夏休みの計画を考えたり――を一手に引き受けているせいではないか。[40] アンジーも似たようなことをいっている。「職場にいるときも、わたしは五十パーセントくらいしか看護師になれない。だって傷に包帯を巻いてるときでも、いつも考えてしまうんだもの。〝クリントは忘れずに子供たちに日焼け止めを塗ってくれるかしら〟とか」

じゃあ、子供たちをおいてクリントと外出するときはどうなの？

「頭のなかにあるのは子供たちのこと」とアンジーはいう。「たとえそれが百パーセント〝妻〟でいればいいだけのデートの夜でもね」

アンジーがこの感覚をパーセンテージによって数値化しようとしているところが面白い。キャロリン・コーワンは何年かまえ、親たちのグループとのミーティングを終えて車で家に向かっていたとき、彼らに自分のアイデンティティを円グラフで表わしてもらおう、とひらめいたという。親たちが自分で自分を見たときに、配偶者としての割合、親としての割合、職業人としての割合、キリスト教徒としての割合、趣味人としての割合はどれくらいだろうか。[41]

概して女性はセルフイメージの大きな部分を〝母親〟に割り当てていた。これは男性の〝父親〟の部分よりもずっと大きかった。フルタイムで働く女性だけを見ても、約半数が職業人の部分より母親の部分を大きく取っていた。コーワン夫妻はこれを見ても驚かなかった――何年かのちに似た研究に出会い、レズビアンのカップルでも子供を産んだ女性のほうがパートナーより〝母親〟に割くパーセンテージが大きいという結果を目にしても、コーワン夫妻はとくに意外には思わなかった。[42]

しかし夫妻が驚いたことがひとつだけあった。[43]このセルフイメージの視覚化が、百組ほどいた調査対象の夫婦の未来を占ったのである。子供が生後半年のときに書いた円グラフの差が大きい夫婦ほど、一年後に調べたときに、夫婦生活に対して抱いている不満が大きかった。[44]

この結果からは、家庭内の労働の分担にまつわる争いについて、より大きな背景が見えてくる。夫婦のそれぞれが、親としての役割にどれだけ心の多くの部分を割いているのか。二人のあいだで親の役割の優先順位がちがう場合には、争いはまたちがったものになってくる。〝どうしてわたしとおなじように心配しないのか？〟〝それでも親といえるのか？〟〝家族や、家族で過ごす時間のことなどどうでもいいのか？〟〝あなたはわたしとおなじくらい家族のことを思っているわけではないのか？〟

孤独な親たち

もし夫婦がこれほど互いに頼ることなく社会のサポートを得られるなら、子供が結婚生活に与える負担はほぼ確実に軽くなるだろう――これは注目に値する事実だ。しかし不幸にも、夫婦はお互いに頼らざるをえない。つまり多くの場合、親は――とりわけ母親は――ひどく孤立している。

二〇〇九年に、あるコンサルティング会社が千三百人以上の母親を調査したところ、八十パーセントが自分には友達が少ないと思うと答え、五十八パーセントが寂しいと感じることがあると答えた[45]（寂しいと答えたのは、五歳未満の子供を持つ母親がいちばん多かった）。一九九七年にアメリカ社会学会の機関誌上で発表された論文によれば、女性の社会的なネットワーク――家の外の人々との付き合い――は、子育ての早い段階に縮小し、いちばん下の子供が三歳になるまでが最小だという[46]（論文の著者によれば、その後の付き合いの拡大は、子供が小学生になるとできる新しい関係性によるものが多い）。さらに、ソーシャル・ネットワーキング・サービスの〈ミートアップ〉によれば、国内で飛びぬけて需要が高いのは母親のグループだという。同社のコミュニティ開発の専門家であるキャスリン・フィンクは、電話でのインタビューにこう答えた。「ほんとうに意外でした。専業主婦になった女性は、それまで培った人間関係に頼ることができると思っていましたから」[47]

母親になったばかりの人々がこれほどつながりを求めているのを知って驚いたのは、何もフィンクだけではない。当の母親たちだって驚いているのだ。世間一般の通念では、子供は夫婦のみならず、家族や、社会のネットワークや、コミュニティ全体の絆を強めるものとされている。これを裏づける証拠もいくつかはある。アメリカの社会学者たちによれば、子持ちの人々のほうが、子供のいない人々よりも、近隣の人々をよく知っている。[48]子持ちの人々は市民活動にもよく参加し、子供の活動や友達を通じて新しいつながりを持つ。だが、こうしたつながりは、必ずしも彼ら自身を感情面から支える密接なものではないのである。ハーバード大学の政治学者ロバート・D・パットナムは、画期的な著書『孤独なボウリング』（柴内康文訳、柏書房）のなかでこの現象を「大立者・中心人物《マッハー》」と「おしゃべり・口達者《シュムーザー》」のちがいとして説明している。[49]「マッハー」はコミュニティ内で影響力のある人々、市民活動とのフォーマルな関わりを通してさまざまな物事をはじめる人々のことである。「シュムーザー」は社交家で、インフォーマルな集まりを好む人々、〝それほど組織立ったり目的を持ってはおらず〟活発な社交生活を営む人々のことである。あなたが若く、未婚で、賃貸の住宅に住んでいる場合には、「シュムーザー」である確率が高い。しかし結婚して家を買うと、「シュムーザー」としての要素もいくらかは残るかもしれないが、「マッハー」としての自分にも多くのエネルギーを注ぐことになる可能性が高い。

そして子供が決定打となる。ひとたび親になれば、性別にかかわらず、目的のはっきりした社交――教会やシナゴーグやモスクを通した活動、PTA活動、地元グループでの見回り活動など――が増えつづける。一方、友人とのインフォーマルな社交は減っていく、とパットナムは述べている。趣味の集まりも同様に減っていく。〝他の人口統計学的特徴を一定に保つと結婚も子どもも、スポーツ、政治、文化関係のグループへの参加と負の関係を〟持つ。[50]

子供がごく幼いうちの母親はとくに孤立しがちで、母親と子供だけの閉じたループにはまりやすい。社会科学者でなくともわかる事実だ。ベンジャミン・スポック博士も半世紀以上まえに『スポック博士のしつけ教育』（久米穣訳、講談社）のなかでこう述べている。〝何年もの間働いていて、仕事そのものが楽しくてたまらなくなってしまった女性は、よく、子供が仕事に比べればもの足りないと思いがちです〟。さらに、博士はこうも書いている。〝育児の単調さで、いらいらしてしまう女性は（ほとんどの女性はこういう経験があると思いますが）、ほんとうのところ、二つの壁の間にはさまっているのです。――一方では大人の仲間からは離され、他方では限りない子供の世話で忙殺されて。私は、神さまがその関係を、これほどまでにはっきりと色分けなさるおつもりだったとは、とても信じられません〟。[51]

孤立の問題はECFEのクラスでも頻繁に話題になる。とくに仕事をやめたばかりの新生児や乳幼児の母親から声があがる。アンジーのクラスの女性たちもこれを長々と話しあった。

サラ：こんなに寂しいと感じるなんて思わなかった。ときどき、世界にはわたしと息子たちしかいないんじゃないかと思うの。

クリスティン：わたしもそう。たぶん、母がイライラしてると思うわ。わたしがあんまりしょっちゅう電話をするもんだから。それしかつながりがないように思えるんだもの。

アンジー：そうね、わたしはよくこう思う。〝どうせ職場でも一日の大半は誰もそばにいないじゃない、個別のスペースにこもっているんだから。何がそんなにちがうっていうの？〟。だけど実際、ちがうのよ。だって職場にいるときは、立ちあがれば大人に話しかけることができるんだから。

しかしわたしにとってほんとうに意外だったのは、在宅の父親の証言だった。ミネソタで出会った専業主夫の父親たちは、この〝すばらしい新世界〟で同胞のネットワークを見つけるのは非常にむずかしいといっていた。「最初の年は信じられないくらい孤独でしたよ」グループを代表するかのように、ある父親がいった。「よその母親と出歩くのはなんだか妙な気がして。母親同士とおなじようには近づけなかった。妻にならそれができるんだろうけど。でもぼくは……」

それで、どうしたの？

「公園で会った父親たちにはほんとうに、ほんとーうに感じよく話しかけましたよ」

こうした孤独感にはもっと大きな背景がある。現代の親は、実社会でのネットワークが縮小傾向にあり、コミュニティ内のつながりも希薄になりつつあるなかで家庭を築こうとしている。もちろん、母親も父親もフェイスブック上には大勢の友人がいるかもしれないし、フェイスブックはあらゆる面で貴重な情報源でもある。集合知を頼りに腹痛をやわらげる方法を尋ねることもできれば、ただ同意してほしいだけの投稿もできる（たとえば、二〇一一年十月のアンジーの投稿はこうだ。〝もう寝なきゃ〟）。

しかし現実世界でのつながりはまたべつの問題だ。二〇〇六年にアメリカ社会学会の機関誌に載った調査は有名だが、これによるとアメリカ人が〝重要な問題を話しあう〟ことのできる人の平均人数が、一九八五年から二〇〇四年のあいだに三人から二人に減っている。[52] さらに、信頼のおける友人が一人もいないと答えたアメリカ人の数は倍以上――十パーセントから二十四・六パーセント――に増えている。だが、もっとよく知られたアメリカ人の孤独にまつわる年代記は『孤独なボウリング』であり、パットナムはこのなかに二十世紀後半のあらゆる市民活動の衰退を記録している。[53] この本が二〇〇〇年に出版されたとき、批評家たちは、パットナムがすたれつつある活動（カードゲームの集いや、慈善社交団体〈エルクス・クラブ〉の会合など）にばかり目を向けすぎており、インターネット上のグループのような新しい形態の社会活動には申しわけ程度にしか触れていないと批判した（ちなみに当時、フェイスブックはまだ影もかたちもなかった）。まあ、それはたいした問題ではない。この本は政治家のあいだでも一般市民のあいだでもいまだに共感を呼んでいるし、わたしが親たちと交わした会話を参考にするなら、パットナムのテーマや調査結果はバーチャルなネットワークを持つこんにちの家族のあいだにも深く響きわたっている。

たとえば、近所付き合いが減りつつあることを考えてみる。パットナムによれば、二十世紀最後の四半世紀のあいだに、既婚のアメリカ人が近隣の人々との社交に夜の時間を費やす回数は、一年につき約三十回から約二十回に減った。[54] さらに、その後の研究によると、この数字は二〇〇八年まで減りつづけている。[55] ＥＣＦＥのベテラン講師アネット・ガグリアルディは、教室でこう話した。「いま住んでいるブロックに越してきた当初、知り合いは一人もいなかったし、母もいくつか離れた町に住んでいたの。それで、おなじブロックの年上の女性たちがわたしを仲間に引き入れてくれた。夜中に〝子供が熱を出しちゃって〟と電話できる相手は彼女たちだった」

こういう親同士の付き合いに代わるものはない、とガグリアルディはいう。「もちろん、誰かにメールすることはできる。あるいは子育てサイトを検索することもできる。だけどそれは誰かが家まで飛んできて、娘の傷にどうやってチョウ型のバンドエードを貼ればいいか教えてくれるのとはまったくちがうのよ」

近所付き合いが希薄になってきたのは、ポジティブな社会の発展――外で働く女性が増えたこと――の副産物でもある。朝、オフィスへ向かう女性が増え、午後じゅう無人になる家が増えた。しかしそれだけではない。都市が無秩序に広がるスプロール現象によって、家と家が離れてしまったせいもあるだろう。犯罪、とくに誘拐への不安もあるだろう。子供たちを庭や路地へ送りだすという、かつてはあたりまえだったことも、いまやできなくなってしまった。パットナムは、アメリカ人の時間の使い方を調べているほかの研究者とおなじく、最近の〝多忙病の蔓延〟を挙げている。[56] みな、慢性的に忙しいと感じているのだ。

ちかごろでは、ドラマ〈となりのサインフェルド〉流の〝ひょっこり現われる《ポップ・イン》〟ような行為は皆無になってしまった。クレイマーやエレインのような人物がゴシップを携えて突然ドア口に現われ、たあいない会話にのんびり興じることなどなくなってしまった。『孤独なボウリング』によれば、七〇年代のなかばから後半には、平均的なアメリカ人は年に十四、五回は家に友人を招いてもてなしていた。[57] 九〇年代後半になるころには、この回数は約半分の八回まで減った。

アンジー：わたしが子供だったころは、家で一人で子供たちの面倒を見てる人が母のまわりにたくさんいたわ。午後は毎日のように誰かが訪ねてきたり、誰かのところへ訪ねて行ったり。母がわたしたちきょうだい全員を車に乗せて。うちの母がそういう付き合いを好んだってだけかもしれないけど、でも——。

サラ：ううん、うちもおなじだった。毎週日曜日になるとみんなでステーションワゴンに乗りこんで誰かの家に行ったものよ。だけどいまそれをやろうとすると、すごく迷惑をかけているような気分になる。みんな忙しいから。

ポップ・インもなく、活発な近所付き合いもなく、子供たちが遊べる庭や路地もなく、すべてのプレッシャーが核家族へと——もっとはっきりいえば、結婚生活や、パートナーとして暮らす二人へと——降りかかる。かつては友人や隣人やほかの家族のメンバーがやってくれたことを、全部自分たちで子供に与えなければならない。ゲームも、気晴らしも、ごっこ遊びも。そのうえ親自身も友人をいくらか失っている。

もちろん、いまでも大家族で暮らしているなら、子育てが結婚生活に与える負担はもう少し軽くて済むだろう。しかしステファニー・クーンツが『家族という神話』で述べているように、〝それでも大家族はかつて一度もアメリカ社会の規範となったことはなかった〟のだ[58]（記録上、大家族で暮らす人々が最も多かったときでも割合としては全体の二十パーセントで、しかもそれは一八五〇年から一八八五年までのことである）。そしてじつのところ、大卒のアメリカ人は高卒のアメリカ人よりも自分の親から離れて暮らす傾向が強い。[59] 二人がともに大卒の夫婦では、双方の親の家から五十キロ以内に住んでいる人々の割合はたったの十八パーセントだ（高卒の夫婦の場合にはこの割合が五十パーセントまで上がる）。教育のおかげで自由に動ける範囲が広がり、そうなると当然、家族のつながりが弱くなる。

家族のつながりの強度は、子育て中の親にさまざまな影響を与える。たとえば、女性の仕事への影響がある。小学生以下の子供を持つ既婚女性の場合、母親か義母のそばに住んでいる人のほうが四〜十パーセントほど外で働いている割合が高い。親の社交生活にも影響がある。最も信頼できて、最も安心できて、何より最も経済的なベビーシッター——つまり子供の祖父母——がいないと、配偶者と夜ちょっと出かけるだけのこともずっとむずかしくなる。

「ほんの十五分のところにおばが住んでる」子供の預け先として頼りにできるネットワークはあるかと尋ねると、アンジーはそう答えた。しかしそれだけだった。ほかの人々はみんな遠いところにいるか、健康のすぐれない状態だった。アンジーとクリントはいわゆる〝サンドイッチ世代[60]〟の一員だ。老いてゆく親と幼い子供にはさまれて不便を強いられる年代である。どちらに顔を向けても世話をしなければならない相手ばかり。アメリカ人の寿命が延び、女性が三十代になるまで子供を産まない昨今、サンドイッチ世代の人々は増える一方だ。

反抗

ランチタイム。イーライは母親のアンジーがつくったパルメザン・チキンをまえに座っている。だが、食べていない。代わりにマグカップのシロクマを凝視している。

「シロクマは何を食べるの？」イーライが尋ねる。

「魚よ」アンジーは答える。

「ほかには？」

「知らない。早く食べちゃってくれない？」

イーライは食べない。アンジーはイーライをまっすぐ見ていう。「晩ごはんまでもたないでしょう。それを食べないなら、おやつもなしよ」

イーライはチキンの小さなかけらを指でつまもうとする。

「フォークを使ってちょうだい。シロクマの真似をしているの？」

「ゼイの真似だよ」イーライは答える。ゼイは手で食べている。

「ゼイの真似をするつもりならそれでもいいけど。ゼイは食べて、い、る、もの」

イーライはあることを思いつく。「見て、ママ！」そういって皿を口のほうへ傾ける。スパゲティがすべっていくらか口に入る。

「イーライ、フォークを使いなさい」

「できない」

「どうして？」

「だってこうやっちゃったから」

アンジーは立ちあがり、肩をすくめてべつのことをしに行く。「とにかく食べてね」


気がつけば子供との不条理な会話のループにはまっている。親なら誰でも経験のあることだ。機嫌がいいときにはこうしたいい合いも少し苛立たしいだけだが、気分が悪いときにはまちがいなく激怒のもとになる。書店の育児本コーナーに、子供をなだめていうことを聞かせる方法を書いた本があふれているのも意外ではない。しかしこの手の本に行動学的研究からの引用がほとんど見られないのは驚きだ。行動学の研究を覗くとわかるが、アメリカのすべての親は――子育てにうまく順応している親でさえ――就学まえの幼児に正しい行動をさせるために毎日驚くほどたくさんの時間を割いている。いくつかの研究によれば、一時間のうちに二十四回はいうことを聞かせようとしているらしい。就学まえの幼児は――親のいいつけに比較的うまく順応している子供でも――こうした親の努力に抵抗するために精一杯時間を使っているのだ。

結婚生活についての章に、子供の従順さに関する研究を持ちだすのは奇妙に見えるかもしれない。

だが、ある明らかな事実を考えればそう奇妙でもない。子供にいうことを聞かせようと努力しているのはたいてい母親であって、父親ではない。そしてこの不均衡から生じる憤りが通奏低音となって夫婦関係に響くのだ。ママは家族のガミガミ屋。しかし母親だって好きでガミガミ屋になったわけではない。単に数字の問題である。母親のほうが父親より子どもと過ごす時間が長いなら、自然と命令を発する回数も多くなる（〝靴を履きなさい〟。〝いつになったら片づけるの、妖精に持っていかれちゃうわよ〟。〝そんなものいったいどこで見つけたの？　とにかく、口から出しなさい〟）。さらに油断のならないことに、こうしたいいつけには時間に押されているものが多い（〝コートを着なさい、もう出かけるわよ〟。〝早く歯を磨きなさい、遅れるでしょう〟）。母親がたいていひどく気が急いているのはこういうわけだ。

母親のいいつけと子供の不服従に関するデータを最初に目にしたのは、「母親——無視された被害者たち」と題された一九八〇年の論文を読んだときだった。タイトルが非常にうまく中身を表わしている。論文の著者の結論はこうだ——就学まえの段階では、〝ふつうに子育てをする母親は、かなりの数のうんざりするような出来事に遭遇する〟。そしてこの著者が研究をふり返ったところによれば、その〝出来事〟は三分に一回は起こる。[61]

この研究だけではない。わたしが序章で言及した一九七一年のハーバード大学の研究でも判明していたことだ。母親は三分に一回は幼児の行動を正す、あるいは行動の方向修正をする。そして幼児のほうはその六十パーセントしかいうことを聞かない。この三年後に、ジョージア州のエモリー大学およびジョージア大学の研究者たちが発表したところによれば、高所得家庭の精神的に健康な幼稚園児は、母親のいうことを五十五パーセントしか聞かない。[62] これが低所得家庭になると、六十八パーセントは聞いている（低所得家庭の母親のほうが命令を発している回数も多い）。こうした研究は社会科学の分野全体でこんにちまで散見される。[63] わたしが見かけた二〇〇九年の論文では、母親と幼児は平均して二分半に一回は対立しているそうである。[64]

もちろん、この手の数字をどこまで真剣に受け止めるべきかについてはおのずと限界がある。ユリー・ブロンフェンブレナー——低所得層への就学援助プログラム〈ヘッド・スタート〉の設立を支援した人物——の言葉を借りれば、〝現代の発達心理学はたいていい、特殊な状況における子供の特殊な行動と、特殊な大人をごく短期間研究しているにすぎない〟。[65] それでもやはり、こうした発見はありがたい。わたしだって、息子の反抗——と、自分の反応——がありふれた、ふつうのものであるとわかってうれしかったのだから。

二〇一二年刊行のベストセラー『フランスの子どもは夜泣きをしない』（鹿田昌美訳、集英社）の著者パメラ・ドラッカーマンは、アメリカの母親が頻繁に子供と角突きあわせて戦うのは、フランス人のような断固たる態度でしつけに臨む方法を知らないからだ、と論じる。この観察にいくらかの真実が含まれるのは否めない。子供のふるまいには、つねに文化が介入する。しかしわたしが興味深いと思うのは、命令はたいてい母親が発していることと、命令を発するのは厄介でストレスの原因になることを明らかにしている点だ。ＥＣＦＥの母親だけのグループでもいつも話題にのぼる。アンジーのクラスのひとつまえの講座では、二人の女性がこんなやりとりをしていた。

ケイティ：夜間授業を受けているから、出かけるまえに夫のためにやることのリストをつくったの――息子をお風呂に入れる、ちゃんとパジャマを着せる。なのに四時間後に帰宅してみると、二人とも床で寝ちゃってるのよ。服を着たまま、テレビで映画を流しっぱなしにして。そばにポテトチップスの袋も。

コートニー：うちもおなじ。夫は子育てを遊びだと思ってるのね。わたしにとっては仕事なのに。

ケイティ：それから、二人が食料品の買物をしてるところを見ると――これもひどいの。息子が何をほしがっても、夫は全部カゴに入れちゃうんだから。

翌日、べつのクラスで。

クリッシー：夫は子供たちにピーナッツバターとジャムとヨーグルトを与えて「ほーら！　晩ごはんだよ！」なんていうわけ。わたしは慌てて野菜を出してこういうのよ。「ちょっと、みんな、こっちも食べなきゃ駄目」って。

ケニア：わかる！　夫ってどうして愉快な人でいるだけで済むのかしら。わたしが家に帰ると、娘はこういうのよ。「パパが炭酸のジュースを飲ませてくれたの」

ここで講師のトッド・コロドは介入の必要を感じたらしい。

「お父さんたちの立場からちょっとお話ししてもいいですか？」

女性たちは笑みを向ける。もちろんどうぞ。

「お父さんたちにも失敗するチャンスが必要だと思うんですよ」トッドはいった。「たとえば、洗濯を手伝うよ、というかもしれない。それで、一度やってみて、手洗いすべきものを洗濯機で洗って駄目にしてしまうかもしれない。そうなるともう二度と洗濯をさせてもらえないわけでしょう」

それは確かにそうかもしれない、と女性たちは同意した。

まさしく、トッドのいうことには一理ある。すべての人間関係において寛大さは有益だ（夕食にピーナッツバターとジャムを食べたって、子供の成長が止まるわけでもない）。しかし、女性たちのいい分にもまた一理ある。彼女たちはじつのところ、第1章でも言及したダニエル・ギルバートの考察を実行しているのだ。「誰もがおなじ速度で未来へと向かっている。しかし子供は目をつぶって大人とおなじ速度で動いている。だから大人が舵取りをする必要がある」そしてたいてい、舵取りをするのは母親なのだ。

家族のコンパスの役、家族の良心の役を担うのは骨の折れる仕事だ。日常生活のあらゆるものが緊張の源になる。家族のなかの〝やかまし屋〟に指名されてしまっているのだから。夫って、どうして愉快な人でいるだけで済むのかしら。こういったとき、ケニアは怒っているようには見えなかった。むしろ悲しそうだった。

これもまた、母親と父親の幸福度に差がある原因のひとつだ。母親が子供と一緒に過ごす時間の長さは必ずしも問題ではない。ほんとうの問題は、それをいかに過ごすかである。

セックスしてますか？

こんなことをいうと身も蓋もないのだが、結婚制度そのものにここまで過剰にロマンティックな期待をしなければ、子供が結婚生活に与える影響ももっと小さかったはずだ。第1章でも触れたように、これは比較的新しい問題なのである。十八世紀後半になるまでは結婚とは公的な色彩の強い制度であり、家庭を築くことや個人を共同体に結びつけることと分けては考えられなかった。[66] しかし十八世紀後半のある時点で——ジェイン・オースティンが『高慢と偏見』を書き終えたころ——結婚は愛にもとづいてするものである、という異なった考えがかたちを取りはじめた。二〇〇一年のギャラップ社の調査によると、こんにちでは二十代の独身者の九十四パーセントが、配偶者は〝まず何よりも〟ソールメイトであるべきだと信じている。[67] 一方、子供を持つことが結婚の第一の目的であると思っている割合は十六パーセントにすぎない。

こうした結婚の再定義——社会福祉のための公的な制度から、二人の満足のための閉じられた輪への変貌——に関しては、社会学者のデイビッド・ポープノーとバーバラ・デフォー・ホワイトヘッドがすばらしい用語を生みだした。二人はこれを〝超越した関係《スーパー・リレーションシップ》〟と呼び、〝きわめて私的かつ精神的なつながりで、性的な忠誠心と、情愛と、感情的な親密さや一体感にもとづくもの〟と定義した。[68]

多くの人々がこうした期待をもとに結婚生活をはじめるなら、子供の誕生によって混乱が生じても不思議はない。

多くの夫婦が二人だけの生活を楽しんでいる。子育てとはちがい、婚姻制度については多くの研究によって、人々がより幸せになり、より楽観的になっていることが示されている（そもそも、幸せになれると思う人々が結婚する、ということではあるかもしれないが）。既婚の人々はより健康である、という研究結果もある。

では、そこに子供が入りこむと、具体的には何が損なわれるのだろうか？

まず、いちばんよくいわれるのは、二人きりの時間だ（だからこそ、子育てのあいまに夜のデートをスケジュールに入れなさいという忠告があとを絶たないのだ）。夫婦がともに過ごす時間の減少についてはさまざまな計算結果があるが、最もよく引用される研究によれば、子供が生まれると夫婦の時間はそれまでの三分の一に減少する。[69] また、ともに過ごす時間の性質も劇的に変化する。社会科学者のウィリアム・ドハティ――セントポールでカップル・セラピーをしており、また、ＥＣＦＥのアドバイザーでもある――は、ある美しい夫婦の話を好んでする。[70] 二人はともにカントリー・ウェスタンのすばらしいダンサーなのだが、ある日カウンセリングを受けにやってきた。若いころにオクラホマのダンス会場で出会い、デートではいつも踊りに出かけ、ほかのカップルは輪をつくって二人がくるくる回るのを眺めるばかりだった。セラピーの途中でドハティは何気なく、最後に踊ったのはいつですか、と二人に尋ねた。二人の答えは？　自分たちの結婚披露パーティーのとき、つまり十二年まえだった。

子供が生まれると夫婦の性生活もまた変化する。これは誰もが認めるところだが、この仮説を裏づける確かなデータを見つけるのは驚くほどむずかしい。しかし間接的に、あるいは意図して、そうした変化が事実であると確認できる研究もいくつかはある。たとえば、一九八一年に発表されたある論文で、初めて母親になった人々百十九人を対象として調査したところによると、二十パーセントが出産後のセックスの回数は週に一回未満であると答えた。[71] ちなみに、妊娠まえの三カ月のあいだ週に一回未満だった人の割合はたったの六パーセントである（もっとも、その三カ月のあいだは妊娠しようと努めていたために回数が増えていたのかもしれない）。これより少しあとのべつの小規模な研究によれば、子供は結婚生活の初期段階において〝仕事や通勤、家事と並んで、性的なスキンシップを減らすもの〟であり、〝反対に、増やすものはほとんどない〟。[72]

一九九五年のもっと大規模な研究によれば、乳幼児――とくに四歳以下の子供――の存在は、夫婦のセックスの回数に妊娠そのものよりもはるかに大きな影響を与える[73]（病気になった場合と比べても、影響の大きさはほんの少し下まわる程度である）。一方、家に五歳から十八歳の子供がいる場合には、セックスの回数は若干ながら増える（疑問の残るところではあるのだが。研究者たちが思春期の子を持つ親だけを分析した場合、おなじ結果が出るだろうか？　ティーンエイジャーというのもまた、昼夜を問わない問題をもたらしうる。彼らは吸血コウモリのように深夜に活動するため、夜間のセッションは非常に危険である）。この研究のなかでわたしがいちばん気に入っているのはここだ――〝回答者は学歴の高低を問わず一様に、夫婦間のセックスの回数は減ったと答えている。すべての分析において考慮されているのはこの数字である〟。[74] 解釈はご自由に。

しかし子供が家族の一員になったあとの夫婦間のセックスの頻度について、数字をはっきりさせるのはほんとうにむずかしい。不可能に近い。外で働く父親が参加するＥＣＦＥの夕方のクラスで、講師のトッド・コロドは率直な質問をしてみなを驚かせた――幼い子供を持つ父親にとって、現実的なセックスの回数はどれくらいだと思う？　誰もが一瞬動きを止め、真面目に答えるべきか、ジョークとして流すべきか考えこんだ。

父親１：妻をその気にさせることができればいつでも。

父親２：こういい換えてもいいかな？　映画に出かけられる現実的な回数は？　一年に……一回くらい。

トッド：現実的、というのがどういうことか、そこからしてよくわからない。そうじゃないかな？　それも問題の一部なんだ。いやしかし、真面目な話、どう思う？

父親３：友達に、馬鹿なことをいうやつがいてね。そのうちの一人は長年〝九回の男〟と呼ばれてたんだけど。いまじゃそいつが……ゼロだよ。

父親２：オーケイ、もっと居心地の悪い質問をしよう。われわれは、一日に何回マスターベーションをするか？

父親４：ははは、まず自分から答えたらどうだ……。

しかし数字は重要ではないのかもしれない。男女問わず、個人的に尋ねても、グループ討論で尋ねても、もっと色気のあった昔が懐かしい、トイレと食事のためにようやくベッドを出るくらいだったのにと、きっと誰もがいうだろう。だが多くの場合、そうした色気は子供が生まれるまえにすでになくなっているものだ（これには証拠がある。セックスの頻度が最も急激に落ちるのは、新婚の一年が過ぎた直後なのである――ドキッとするような事実だ）[75]。たいていの夫婦がほんとうに懐かしがっているのは、セックスがもたらす親密さと、生の実感なのだ。

ある父親はわたしにこういっていた。「親密さについていうなら、途方もない期待を抱いているわけじゃない。たぶん、期待せずにいるほうが男にとっては楽だと思うよ。妻の様子が、〝きょうは疲れきっているようには見えないぞ。昔に戻ったみたいに見える〟と思うことはあるけど」

ところが妻の態度はこうである。〝わたしは疲れてるの。あなたを拒絶してるっていう罪悪感を持たずに眠りたいんだけど〟。気づくのにしばらくかかったけどこういうことだと思う、と彼はいう。「正直にいって、セックスそのものにそこまで駆りたてられているわけじゃない。問題はつながりの欠如なんだよ。夫婦のつながりが弱まっていると思うと、耐えられないんだ」

「手早く済ませる技術を身につければいいんじゃないかしら」とアンジーはいう。「こんなふうに。〝オーケイ、子供たちは寝たわよ！　で、わたしはもうすぐ仕事に行かなきゃならないんだけど！〟」アンジーは〝早く早く〟というしぐさをしてみせ、それから笑う。「うちでは少なくとも週に一回はするようにしてる。それより多くは無理だとしても。もっと長くあいだが空いちゃうと……つながりが感じられなくなってくるから」（また〝つながり〟という語が使われている）

けれどもそのつながりは高くつく。と同時に、それを無視しても高くつく。イギリスの心理学者アダム・フィリップスは『副作用』（未邦訳／*Side Effects*）のなかでこう書いている。〝性愛に生きようと思えば、子供を捨てるしかない。家庭に生きようと思えば、欲情を捨てるしかない〟[76]。このつまらないジレンマに直面した人々を、フィリップスはこう観察する。〝多くの人が、パートナーを裏切るより子供を裏切ることのほうをはるかに悪いことと受けとめている〟。

ＥＣＦＥに参加しているある女性はこういう。

「おかしいんだけど、夫が最近、手短に済むセックスをしたがるの――ここ二、三週間くらいかしら。だけど〝惜しみなく与えるような気分じゃないのよ〟と思っちゃって。悪いけど、我慢するべきなのは夫のほうよ。夫に対してはノーの返事をしてもいいと思うの。でも、たぶんわたしが折れるべきなんでしょうね。結局は二人のためになることだから」

もし夫か子供か、どちらかを選べといわれたら、彼女は子供を選ぶという。

しかしここに、仕事をつづける選択をした母親たちを――それをいうなら、長時間働いている父親たちも――元気づけるニュースがある。二〇〇一年に性科学の学術誌に載った、四歳児の母親二百六十一人を対象とした研究によれば、〝主婦と、パートタイムで働いている女性と、フルタイム――あるいは残業もあり――で働いている女性とのあいだに、生殖機能のちがいはない。同様に、フルタイムで働いている夫と、長時間の労働をこなしている夫の間にもちがいはない〟[77]（ここでは、週五十時間以上を長時間の労働と見なしている）。この論文の執筆者らによれば、夫婦の性生活の質を決める最も強力な要因は、配偶者それぞれにとって結婚生活がどれだけ重要かだという。一見単純な考え方だ。結婚生活を自分の中心に据えている人ほど満足度が高いのである。少なくとも自分が結婚している場合には、結婚生活とはよいものであると信じることが最も強力な媚薬になるのだ。

男性の仕事

午後二時三十五分、クリントは――ハンサムで、樽のような胸をした真面目な男性である――静かにドアをくぐる。ベルトにつけたキーホルダーがチリチリと鳴る。勤勉さを信条とする、辛抱強く、信頼できそうな雰囲気の彼もアンジーとおなじく疲れて見える――思いだしてほしい、クリントは朝四時から起きているのだ――が、一晩ぐっすり眠ったかのようなスピードとエネルギーで行動する。ワイシャツを着てネクタイを締め、黒いズボンを穿いている。十分もすればチャコールのサッカーTシャツとカーゴショーツに着替えているはずだ。アンジーは看護服に着替えたばかり。クリントは子供二人を両脇に抱え、無表情なままそれぞれの子供に関する最新情報を聞き、妻に〝ただいま〟と〝いってらっしゃい〟のキスをする。ほんのひととき、家族全員で抱きあう。その後アンジーはドアを出てゆき、クリントはキッチンカウンターの上にあるバンボのベビーチェアにゼイを座らせる。そして冷蔵庫からイチゴを取りだして切り、赤ん坊とイーライにいくつか与える。

「びっくりするようなおやつを食べてもいい？」イーライが尋ねる。

「イチゴならいいよ」クリントはいう。

「じゃあ、これがそうなのかもね」

「それなら、びっくりじゃないね」

そう話す口調は温かいが、意識は一カ所に集中している。あとでこのときのメモを見なおすと、すべて大文字で書き、下線までつけてあった――**この人はとってもビジネスライク**と。拒絶しているわけでもなければ、上の空なわけでもないのだが、明らかに妻とはスタイルが異なる。ほんの数時間まえにアンジーが昼食をつくっていたときには、何かしら散らかった要素が残してあり、それはたいていアンジーが意図したタイミングで子供たちが片づけていた。一方、クリントは一点の隙もなく几帳面なのだ。皿洗いをするにしてもキビキビと効率的に進め、もともと皿など汚しもしなかったかのように見える。

クリントは冷蔵庫をあけ、なかを覗きこんだ。「もうすぐ晩ごはんを考えなきゃならないんだけど。昼は何を食べた？」

「チーズチキンとスパゲティ。おいしかったよ、だけどチキンはあんまり好きじゃなかった」

「なんで？」

「ちょっと辛かったの。スパゲティは好きだったよ」

クリントは冷蔵庫をしめ、ドッグフードを取りに行く。赤ん坊はイチゴとパフ状のシリアルを眺めたりしゃぶったりしながら静かにしている。イーライは、セサミストリートのキャラクターが出てくるトイレ・トレーニングのビデオを最後まで見ようと階下《した》へ行く。クリントは食洗機の中身を片づけはじめ、それが終わるとゼイをベビーチェアから抱きあげてイーライのところへ向かう。イーライはレゴのアイスクリームトラックを苦心して組み立てている。クリントが手を貸す。「どれ、手伝おうか……これはうしろにくっつければいいんだよ」イーライがまたトラックを組み立てるあいだ、クリントは一心に見守る。まるでようやくペロペロキャンディを手にした糖尿病患者のように。「レゴにはちょっとこだわりがあって」わたしが見ていることに気づき、わたしの考えを読んで、クリントはいう。「ぼくも子供のころ遊んだからね」それからゼイのためにレゴのプラットホームに動物をいくつか並べる。

昔ながらの遊びのつづく、好ましい時間が過ぎる。夕食まえにはいつもこうやってグループ活動みたいなことをするんだ、子供たちがテレビのまえでぼーっとしていることのないようにね、とクリントは説明する。組み立てることで安っぽいプラスチックを超えたものになる、そんなおもちゃが好きなんだ、ともいう。明らかに、この遊びは父親であるクリントにも喜びを与えている。しかしやがてクリントはゼイにちらりと目を向け、次いで携帯電話を一瞥する。「時間を確認してるんだ。夕食の支度をいつはじめようかと思って。子供たちが手のつけられない状態になるまえにやらないと」

イーライは卵のパックでできたバスを指差していう。「パパ、一緒にこういうのをもうひとつつくりたくない？」

クリントは小さく笑って立ちあがる。「先に晩ごはんをつくろう、いいかい？」クリントの目はすでにキッチンへ向いている。夕食をつくり、子供たちがぐずる事態を避けつつ、夜の決まりきった仕事をこなす。またスケジュールどおりに動きはじめている。ビジネスライクに。

クリントが午後と夕方の日課をこなすのを見ていると、アンジーとの〝スタイル〟のちがいに気づかずにはいられない。子供たちの反応もちがう。たとえばゼイはこの日の午前中、ずっと抱っこされたままでないと我慢できないようだった。アンジーが床におろそうとするたび、すぐに大声をあげていた。もちろん、アンジーも断固とした態度で押し通すこともできた。クリントなら、穏やかにではあるが、自分で自分を苦境に追いこんでいるんだよ、ゼイの泣き声に甘んじて操られているのだから、というだろう（「ぼくが相手のときには、ゼイは泣いた瞬間に抱きあげてもらえるなんて期待していない」とクリントはいう）。けれどもゼイを泣かせっぱなしにするのは、アンジーにとっては罪悪感が増すだけなのだ。自分はゼイにしてあげられることを全部していないのではないか。もともと、週に三日か四日夜勤に出かけることにも罪悪感がある——看護服を着ているのを見た瞬間に、子供たちがまつわりついてくるのだから。だから家にいるあいだはゼイを床やベビーチェアに座らせたりせず、一方の腕に抱いたまままもう一方の腕だけで家事をし、体を傾けているせいで腰を痛め、卵投げゲームの参加者のようにぎこちない動きしかできないのである。

「わたしはいつもハードルがあるように思っているんだけど、クリントにはそれがないの」出かける少しまえにアンジーはいっていた。「クリントは、わたしが不必要な心配をしてると思ってる。最悪なのは、クリントがどうしようもないと感じるとき」〝どうしようもない〟とアンジーがいうのは、クリント自身が圧倒されているという意味ではない。アンジーが圧倒されているのを見て、それをなだめるために自分にできることは何もないとクリントは思っている、という意味だ。「そんなの簡単なのに、とクリントなら思うようなことが、わたしにはできない」アンジーはそう説明する。

いや、もちろんアンジーにもできる。アンジーが圧倒されるのは、じつは時間が分断されたときなのだ（ブランケットをかぶせる。「ゼイはどこかな？」洗濯物をたたむ。かぶせる。「ゼイはどこかな？」たたむ……）。一方、クリントは習慣的にも気質的にも、時間を最も効率的に使うタイプの人である。おそらく子供が生まれるまえからずっとそうだったのだろう。親になっても、効率を追い求めるスカッドミサイルのようになっただけだった。クリントは自分でもそれを認めている。「アンジーは物事を感情的な側面から見たり、より豊かにしようとするところがあるかもしれない――〝子供は公園に行かなくちゃ！　何かちがうことをして時間を過ごすべきよ！〟とか。ぼくはそれよりも時間的な効率の観点から考える」

時間的な効率の観点というと、〈スター・トレック〉のバルカン人のようだと誤解されるかもしれない。しかしそうではない。ある役割を果たそうとするときに、感情もろとも役柄になりきろうとするメソッド・アクティングの手法を採るか、もっと標準的なテクニックを採るかのちがいなのだ。アンジーの子育てへのアプローチは感じるまま、なかから外を見るもので、クリントのアプローチは外からなかを見るものだ。「アンジーにはやるべきことが自然とわかるんだ。ところがぼくはそこでつまずく」クリントは少し考えてからつづける。「つまり、もし赤ん坊がおむつにうんちをしたら、ぼくなら〝おいおい、やってくれるね！〟っていってこんなふうにするけど」クリントはいやそうな顔で汚れた子供を手渡す真似をしながらいう。「ぼくがいないときにそういうことが起こると、アンジーは動揺する」クリントはまた少し考えてからつづける。「ベビーモニターとぴったり同調しているんだ。子供たちが目覚める直前に目を覚ましたりもするし」

これは親たちからよく聞く話だ。一方が――ふつうは母親が――家の奥底を流れる感情により敏感なのである（マイケル・カニンガムは『この世の果ての家』にこう書いている。〝母さんはなにかあったと気づいている。母さんの神経は家中に張りめぐらされている〟)[78]。結果として、より直感にすぐれた親――この場合にはアンジー――は、相手が自分とおなじだけのことをしていないと感じることがある。反対に、もう一方の親――この場合にはクリント――は、パートナーが感情的に過ぎると感じる。実際、夫婦がべつべつの時間を経験していると感じるのは、注意をはらう対象がそれぞれちがうからかもしれない。アンジーはベビーモニターの音を聞いたり、ゼイのおむつが汚れているのを見たりすると跳びあがる。これは一刻を争う仕事であり、家のなかでいちばんに反応するのはアンジーだ。アンジーはこれを――彼女の言葉を借りれば――〝圧倒されている〟と感じるのである。

クリントもこのちがいを認めている。「ぼくの反応はリアルタイムじゃないんだ。もっとうまい用語があるのかもしれないけど。ぼくは問題の全体を見る。つまり、もしぼくが雪かきとか、庭仕事、家のメンテ、皿洗い、食事の支度なんかを百パーセントやっているとしたら、子供の世話に関して足りない部分は少しは補ってもらわないと」自分が日々こなしている家事のなかでも、とくに切羽詰まっていないものについては、アンジーの評価は低いと思う、とクリントはつけ加える。「アンジーはそっちはあまり気にしていないのかもしれない。たとえば、食洗機が壊れるまではね」事実、最近壊れたところだった。「で、壊れると修理をどうするかはぼくが考えなきゃならない。アンジーだって皿は洗ってほしいわけだから」

しかしクリントにも、その場その場の子供への対応から生じる緊張感はある。「アンジーがやってるリアルタイムの対応については、おそらくぼくは足りないんだと思う」とクリントは認める。そしてわたしが初めてアンジーに会った春、自分も子供たちも体調が悪かったときのことに触れる。

アンジーがひどく疲れているのはわかっていた。子供たちが病気なのもわかっていた。すぐに手伝いに飛びこまなかったことを後悔しているという。「あれはたったいま、まさにここにある問題だった。子供たちは病気で、わたしだって休みたいのにと思っていたんだろうね」いまならクリントにもそれがわかる。

　インタビューのたびに二人に最初に尋ねたのは、おおまかにいって家庭内の仕事の分担で支障をきたしているのはどこか、という点だった。たいていの場合、二人の評価は非常に似通っていた。クリントはほぼ毎回食事をつくる。夜中の仕事はたいていアンジーが引き受ける、クリントは仕事で午前四時に起きなければならないから。クリントは掃除を少し多めにやって、アンジーは洗濯を少し多めにやる。アンジーは食料品の買出しはほんのちょっと多めにこなし、子供たちのための買物と、医者にかかるときの付き添いと、余暇の活動に関してはほとんどすべてやっている。クリントは外まわりと家のなかのメンテをし、家計簿は全部つけている。べつべつに訊いたのだが、評価の内容はおなじだった。

　二人の意見が一致しなかった唯一の領域が、アンジーにとって最も大事な場所だった——子供の世話である。アンジーは自分が七十パーセント引きうけていると見積もり、これは自分のほうが家にいる時間が長いからではないという。クリントがそばにいるときでさえ、自分のほうが子供の世話をしているといっていた。「在宅日が一日あったとすると、おむつを替える回数はわたしのほうが多い。イーライが外に出れば、大丈夫かどうか確認するのもわたし。テレビやなんかには近づきもせずに、ずっと子供たちと関わってる」いちばん重要なのは、クリントがいつも自分だけのための自由時間を持てることだという。アンジー自身はそんな時間をつくれたためしがない。「クリントは週末に二、三時間、コンピューターのまえで過ごすことができる。趣味の時間としてね。わたしは最近、例の九十日間のブートキャンプに挑戦したいと思ったんだけど、毎日時間をつくるなんて無理だったわ」

クリントの答えはちがった。子供の世話は半分ずつしていると思う、とクリントはいった。「綱引きみたいなものだよ。アンジーが調子の悪い日にはぼくが多めにやるし、三日間たてつづけに職場に出なきゃならないなら、やっぱりぼくが多めに子供たちの面倒を見る」

五十対五十と七十対三十では大きくちがう——とくに二人がほかのことについてはほぼ一致する見解を持っていることを考えると。お互い相手の心の動きに敏感で、ほぼ同調している二人なのに、なぜここでは食いちがいが起こるのだろう？

話を先へ進めるまえにここで立ち止まって、誰が何をするかというクリントとアンジーのこの会話——すべてのカップルのこの手の会話——より、もっと重要な議論がなされるべきであると指摘しておきたい。母親や父親を助ける義務、あるいは道義的責任は、国にもあるのではないだろうか？　アメリカでは、いまのところこうした議論は個々にするしかない。いまの政治にはこれを公に議論するような余地がほとんどないからだ。ここでスウェーデンを引き合いに出すのはいやなのだが——誰にでも予測のつくクリシェだから——それでもやはり、親たちが世界中でいちばん幸せに過ごせるのは、社会に大きなセーフティー・ネットのある北欧諸国である。

二〇一二年に、社会学者のロビン・サイモンと二人の同僚が、工業化した二十二の国で子供のいる人々といない人々の幸福度の差を調査した。二者の差の大きさでは、アメリカが飛びぬけていた。この差はおおむね福祉による恩恵の少ない国々で大きく、家族に対する支援のある国々では小さかった――あるいは幸福度の大きさが完全に逆転していた。[79]

ミラノの人口統計学者アーンスタイン・アースブが、二〇一三年に似たパターンを発見している。ヨーロッパの二十八の国々で親の幸福度を調査したあと、アースブらはこう結論づけた。〝親の幸せは、保育所が利用できるかどうかと確実に関係がある〟[80]。とりわけ一歳から三歳の子供の保育利用が可能な国々（フランス、オランダ、ベルギー、北欧諸国）においてこれがあてはまった。こうした地域では、母親は子供のいない人々よりも一貫して幸福度が高かった。

しかし保育の利用の容易さと親の幸せの関係は、あてにならないこともある。一方が他方の原因であると決めてかかることはできない。社会福祉の恩恵の大きな国々は、たいていほかの社会指標でもよいスコアをあげている。腐敗の度合いは低く、男女間の平等意識が高く、無理のない健康保険と高等教育が提供されていることが多い。親の精神的な緊張が経済面の問題から生じるものであるかぎり――多くの場合そうなのだが――国からこうした快適さが提供されていれば、子供のいるカップルもシングル・ペアレントも一様に、ストレスが大幅に軽減される。アースブはわたしにこういっていた。「こうした国々はあらゆるカテゴリーでスコアが高いので、人々は子育てを楽観でき、安全だと思えるのです」[81]

ジュディス・ウォーナーは二〇〇五年の著書『完全なる狂気』の出だしに、小さな子供を抱えてパリで暮らしていたころに受けた信じられないほどの恩恵について次のように書いている。

> わたしの上の娘は、一歳半のときから半日保育の幼稚園に通い、そこで絵を描いたり、粘土で遊んだり、クッキーを食べたり、昼寝をしたりしていた。ひと月の保育料はおよそ百五十ドル——いちばん高いところでさえこの数字である。公立学校には三歳から上がることもできた。フランスの社会保障制度にカバーされている友人たちは（わたし自身は税金を収めていなかったのでカバーされなかった）、もっと大きな恩恵を受けていた——有給の出産休暇が少なくとも四カ月あり、産後三年は職場に籍を置いたまま仕事を休む権利があった。[82]

一方、全米小児保育情報《チャイルド・ケア・アウェア》のレポートによれば、二〇一一年の時点でアメリカ五十州すべてにおいて、子供二人を託児所に入れるには、ひと月の家賃よりも多くの費用がかかったという。[83]

これは想像してみる価値があると思うのだが、もし手ごろな保育のあてがあって、そのうえ仕事を失う心配なく一～三年のあいだ休みを取れるとしたら、アンジーとクリントの生活はどう変わるだろう。現状では、アメリカ人にとっては考えられないほどの贅沢である。

しかしこれが可能なら心理面での利益も大きい。ノーベル賞を受賞した研究者ダニエル・カーネマンと四人の研究者たちは、二〇一〇年の研究で、オハイオ州コロンバスの女性たちとフランスの小都市レンヌの女性たちが、どういう瞬間に幸せを感じるかを比較している。[84] ふたつのグループには類似点もたくさんあったが、フランス人女性とアメリカ人女性のあいだには重要な相違点がひとつだけあった――フランス人女性は子供の世話をはるかに楽しんでおり、それでいて子供の世話にかける時間ははるかに少なかった。カーネマンは二〇一一年刊行の著書『ファスト&スロー』(村井章子訳、早川書房)のなかでこう推測している。これは、フランス人女性のほうがはるかに手軽に保育所を利用でき、〝午後子供を車に乗せてさまざまな活動に送り届けなくてもよいことが原因だろう〟[85]。

自分だけの時間

クリントはキッチンにいる。ミッションは夕食の支度だ。ゼイをバンボのベビーチェアに座らせると、イーライもカウンターによじのぼって弟の隣に座る。「何が食べたい?」クリントは尋ねる。「チキンを焼いてもいいし、エビもあるよ……」クリントは冷凍庫から箱を引っぱりだしてイーライに見せる。

「ぼくはトーストをつくりたい」

「トーストは朝ごはんの食べ物だ。夕食向けじゃない」

「ほかのものは食べたくない」

「だから昼寝しろっていったのに」クリントはそういいながらイーライを抱きあげる。イーライは父親の顔をつかみ、初めてひげに気がつく。「これ、何?」

「ひげ。けさ、剃るのを忘れたんだ」

「どうしてそんなのつけてるの?」
「放っとくと生えるんだよ、男はね。ここに」クリントは顎を指差す。「夕食の質問から逃げてるな?　パパのごはんを食べる気はあるのかい?　ちゃんと食べるなら、もうひとつビデオを見てもいいことにしようかな」イーライはこの計画に満足したようだ。しかしクリントは、まずおもちゃを片づけなさいといってイーライを階下《した》へ行かせる。

これがいつものやり方なのか、とわたしは尋ねる――まずキッチンで準備、次いで少し子供たちと遊ぶ時間を取り、それから夕食にする。心地よいリズムがあるし、きわめて効率的でもある。
「だいたいね」クリントはそういいながら、食洗機にあった最後のグラスを片づける。そして穏やかにほほえみ、こうつけ加える。「こうすると、あとでいくらか自分の時間が確保できるから」

〝自分の時間〟。シンプルなフレーズだが、アンジーとクリントのあいだの――いや、おそらくほとんどの父親と母親のあいだの――気が遠くなるほどのちがいをあらわにする言葉だ。[86] 親の多くは自分の時間が十分に取れないと感じているが、とくにこの重荷を負っているのは母親である。

このパターンはアンジーとクリントの例にも容易に見てとれる。クリントは長い仕事のあとに帰宅し、当然のことながら一日のゴールは子供たちを寝かしつけ、あとでそれなりの長さの空き時間をつくりだすことだ。そのために子供たちが――寝てからではなく――起きているあいだに日々の家事をこなさなければならないのなら、そうするまでのことだ。「子供たちが何かをしていて、ぼくが入らなくてもいいようなときには、家事をすることにしてる」

〝ぼくが入らなくてもいいようなとき〟というのもキー・フレーズだ。ほとんどの中流階級の母親には思いつきもしない言葉である。とくに外で働いている場合には。子供たちと一緒にいられない時間を痛いほど意識しているので、ひとたびハイヒールを脱いだらずっと子供たちと接していないと気がすまないのだ。外で働いていない母親の場合には……子供たちと関わりを持つ気がないなら、なぜ家にいる？　で、やはりずっと一緒に過ごす。

一方、クリントは、ときどき子供たちだけで好きにさせておくことになんのためらいもない。そのせいで子供たちを愛していないなどと同胞の父親たちから裁かれることもない。クリントは自分の時間を守ろうとしているのだ。みなそういうだけだろう。

だがアンジーは、自分の時間に対しておなじ態度は取らない。この日の午前中、ゼイが昼寝をしたときに、わたしはアンジーに、あなたも昼寝でもしたらどう、と尋ねた。アンジーはその考えを手で払いのけるようにしながら答えた。「無理よ。一時間も取れないだろうし、やらなきゃならないことがたくさんあるし……」

コーワン夫妻がこうした気持ちをうまい言葉でいい表わしている。〝権利放棄〟だ。[87] アンジーを観察し、アンジーの話を聞きながら、わたしはたびたびこれを思いだした。クリントも気づいているにちがいない。クリントが夕食をつくっているあいだに、なぜあなたのほうがアンジーより自由な時間が取れると思う？と訊いてみた。「たぶん、アンジーのほうが子供のものをよけいに買うのとおなじ理由だよ」じっくり考えたあと、クリントは答える。「お金があるとき、アンジーは自分のものを買うことに罪悪感を覚える。だけど子供たちのものならいいんだよ。時間についてもおなじことだと思う」

　この罪悪感はあらゆる状況で出てくる。しかしそれがとくに目立つのは夜だ。翌日午前八時二十五分に訪ねたとき、この日休みだったクリントが出てきて、昨夜はとてもうまくいって子供たちは七時半には寝たという。ところが数分後に、シャワーを浴びてすっきりした様子で陽気な柄のTシャツを着たアンジーが降りて来ると、全体像が変わった。アンジーの報告によれば、ゼイは夜中に五回も目を覚ましたという。四回めまではクリントが対応した。けれども午前三時の五回めは、アンジーが起きて哺乳瓶でミルクを与えた。

「あなたは知らないんでしょうね」全員で外のパティオに移動しながら、アンジーはクリントにいう。「この三年間で、わたしが何回夜中に起きたかなんて」

「もちろん知ってるよ」

　アンジーは腰をおろし、クリントに疑わしそうな目を向ける。「ずっと眠ってたくせに」

「まあね」

「じゃあどうして知ってるのよ？　わたしが文句をいった回数で？」

「いや、根拠は文句の回数だけじゃない。きみが夜何回起きたかはちゃんとわかってるよ、だけど――こんな答えは聞きたくないかもしれないけど――それはきみがそうしたかったからだろう」

　アンジーは少しばかり恥ずかしそうな顔になってクリントを見る。「泣いても寝るまで放っておくやり方をわたしがいやがったから、ってこと？」

「そう」

アンジーは何もいわない。

「二年経ってから、この子にはぼくがそうやっただろう」クリントはイーライを指差す。「そうしたら二週間で改まったじゃないか。だけどきみはこっちにはそうしたがらなかった」クリントは身振りでゼイを示す。「きみにはきみのやり方があって、ぼくはきみのやり方を尊重してる。だけどその方法だとなんども、なんども起きる必要がある。ぼくはそれを自分ではやりたくない。きみがクライ《C》・イット《I》・アウト《O》方式をいやがったのとおなじく」

クリントは反応を待つ。アンジーは黙っている。しばらくしてから、アンジーは顔をしかめていう。「そもそもこの子が泣いたときの反応があなたとわたしではちがうのよ。わたしは心配だし、罪悪感とか、痛みさえ感じる……」

「わかるよ、母親と子供ってそういうものなんだろう。その説明はまえにも聞いたし」

「だから泣いてるのにそばにいて、ただ聞いてるなんてできないのよ。正直いって、階下《した》の書斎に簡易ベッドを置こうかと思うほど。だって耐えられないから……」

「べつにかまわないよ。だけどきみは自分が我慢しているのとおなじだけぼくにも我慢させたいだけなんじゃないかな、用事が済めばいいってわけじゃなくて」

クリントにこういわれたとき、アンジーは怒らなかった。とても真剣に受けとめているようだった。けれども納得したわけではなかった。「じゃあ、きのうの夜も、五回め以降は泣いても放っておくつもりだったの?」

「いや。少し注意していれば、ぼくがゼイを見に行くまでの時間を徐々に長くしていたのがわかったはずだ。ＣＩＯ方式っていうのはそうやってやるんだ」

アンジーはまた疑わしそうな目を向ける。「それでうまくいってたの？」

「もちろん！　いや、ストップウォッチや何かを使ったわけじゃないけど、あれでよかったんだよ！」

「じゃあ、どうしてわたしが訊いたときにそう説明してくれなかったの？」

「だって、きみがＣＩＯ方式をやってほしくなさそうだからさ！」クリントは気まずそうに自分の爪先を見おろしながらいう。「黙っていれば、ぼくが怠惰で起きるのがいやだからだって思ってただろう。それには耐えられる」

いい換えれば、子供たちに対してひそかに睡眠のトレーニングをしていたと白状するよりも怠け者だと思われていたほうが、クリントにとっては楽だったのだ。

この選択は、それとなく攻撃的でもある。しかしクリントには、トレーニングのプロセスがアンジーにとって不安や自責の念を呼びおこすものだとわかってもいた。そして明らかに、いまのアンジーにはこれ以上不安や自責の念は必要なかった。だからクリントはゼイに睡眠のトレーニングをした翌日、それを白状できずに、騙しているような気分になったのだ。冷淡だと断罪されるくらいなら、怠け者と思われたほうがいいと思ったのである。だがクリントは冷淡ではない。

「この手のことへのぼくのアプローチの方法は、家の切り盛りとおなじなんだよ。二千ドル持っていたとして、千五百ドルがローンに必要で、四百ドルが設備に必要なら、残った百ドルは自分のことに使う。自分の心の健康を保つために。時間についてもおなじことだ。二時間あったら、とにかく十分は自分のために使う」

「わたしは使わない」

クリントは肩をすくめる。「もしぼくがその十分を自分のために使わなかったら、すぐにほかのことすべてに悪影響が出る」

ゼイが騒ぎはじめる。アンジーは少しのあいだ放っておく。クリントのいったことについて考えている。「でも、最近は少し自分のこともしてる」

「もっとできるよ」

「やりたい気持ちはあるんだけど、罪悪感があって押しとどめられるの。本屋さんにも行きたいし、映画にも行きたいし、一人になりたい。わかるでしょ？　でも、それができない……」

ここでわたしはアンジーに尋ねた。もし、〝ねえ、クリント、一時間くらい〈バーンズ＆ノーブル〉に行ってきていい？　そうでもしないともう頭がおかしくなりそう……〟といったら？

「クリントはきっと、〝いいよ、行っておいで〟っていうと思う」

じゃあ、もし、〝子供たちの世話をする時間を、きっちり半分ずつにしたいんだけど〟といったら？

「それもそうしたらいいっていうと思うわ」とアンジーはいう。けれどもクリントはこれを聞いていない。もうゼイを連れて家に入っていたから。

確かに、一部の夫婦では、男性がフェアな分担をまったく引きうけようとせず、状況に迫られようと文化がどれだけ変化しようと、それについて考えもしないケースもある。しかしクリントについては、怠け者でないというのは会うまえからわかっていた。ひとつには、職場でも家でも長時間働いていることを知っていたから。しかしいちばんの理由は、ＥＣＦＥのクラスで不満をいくらか吐きだしたあとに、アンジーが自分でそういっていたからだ。「でも、みんなクリントに会ったことがあるでしょう。けっして悪い人じゃないのよ！」

それにしても、働く両親にとっては生きづらい世のなかである。フィリップ・コーワンは、そのせいで〝すべてにおいて、どちらが何をするかしないかという問題になってしまう〟[88]。コーワン夫妻はそういう話をうんざりするほど聞いてきたという。「夫と妻の両方をおなじ部屋に呼んで双方の立場を理解しようとすると、問題がひどく複雑だとわかるんです」

アンジーに訊けば、クリントは夜中に子供の面倒を見ようとしないという。けれどもクリントに訊けば、アンジーがしようとしないこと――子供たちの睡眠のトレーニング――に議論を置き換える。さらにもっと大きな問題として、アンジーは自分が息抜きをするための理にかなった小さな手段を講じようとしない、という。「アンジーに、彼女自身のためになることをさせるのはむずかしいんだ」

アンジーとおなじように感じている女性は多い。ホックシールドが提示した、ある関係において誰が何をするかという争いで問題になるのは公平さだけでなく〝感謝の気持ちのやりとり〟だという見解に、こんにちでは新たな層が積み重なっているように思う――罪悪感である。ほかの大勢の女性とおなじく、夫が充分に手を尽くしていないといってアンジーも憤りを感じている。しかしアンジーは自分も充分にできていない、どんなにやっても足りないと思っているし、できることは全部やるべきだといつも思っている。

あるとき、クリントはアンジーにこういっていた。「もし〝オーケイ、きみは休んでていいよ、ぼくが百パーセント子供たちの面倒を見るから。だけどぼくはぼくのやり方でやるよ〟といったら、きみはソファからあれこれ文句をいうだろうね」

アンジーは尋ねる。「あなたのやり方って何？　テレビをつけて、子供たちに好きなようにさせておくこと？　それともどこかへ連れて行くとか？」

「それも全部含まれる」とクリントは答える。「何もかもきれいにして、皿を洗って、夕食をつくって――家事を全部やるなら、いくらかテレビを利用する時間もあると思う。きみが休んでいるあいだは子供たちを独占することにもなる。安全に遊ばせるようにはするけれど、必ずしも自分で子供たちを楽しませようとは思わない」

自分は子供の世話を五十パーセントやっている、とクリントが思う理由はたぶんこれだ。自分があることをしているあいだ、子供たちがべつのことをしていても、子供たちが安全であるかぎり、クリントはこれを子供の世話としてカウントする。一方、アンジーは完全に子供たちの世界に浸らなければ気が済まない。

そしてアンジーは、自分で自分の仕事量を増やしているようなところもある。出勤するまえには、混乱した状態をクリントに引き継ぐのをいやがっていた。「昼寝もしていない不機嫌な子供たちの待つ家に帰って来るなんて」そういって、アンジーはぐっと顔をしかめた。「なるべく二人とも昼寝させておきたいの。クリントが帰ってきたら、書斎に行ったりコンピューターに向かったり、少しは自分の時間が持てるように」

つまり、クリントが自分で自分の自由時間を守ろうとしているだけでなく、アンジーもクリントの時間を守ろうとしているのだ。

「ときどき、わたしがストレスで参ってることをわかってくれればいいのにと思う」あるとき、アンジーはクリントにそういった。「わたしがどんなふうに行動してるかとか、走りまわってるところなんかを見てほしい。でもあなたは見ないのよね。そうすると、わたしはイライラする」

「ぼくもそこにイライラするんだよ」クリントはいう。「いってくれればいいのに。話してくれいたってよかったはずだ」

クリントのいうとおりだ。しかし言うは易く行うは難し。アンジーは家庭生活をテレビゲームのように体験している。飛んでくる破片をよけつづける終わりのないクエストだ。ストレスのレベルは最初から高かった。自分がストレスを感じていると、おなじ状況にあるほかの人がおなじ体験をしているわけではないということが信じられない。

クリントにも、自分から飛びこんでいけない部分がある。自分の時間を差しだすことには複雑な感情があるからだ。たとえば、きのう帰宅してドアを入ってきたとき、子供たちが昼寝していないことがわかると確かにちょっとむっとしていた。「いまは寝てないと駄目なのに」アンジーが少しぐったりした様子で出かけたあと、クリントはわたしにそういった。クリントに自由な時間をあげなければ、というアンジーのプレッシャーについては想像もしていないようだった。

無自覚なのかもしれないが、クリントはアンジーの罪悪感を利用している。少なくとも、アンジーの罪悪感が自分の利益につながることを認識している。二人とも休みの日に、クリントはこう認めていた。「ぼくのほうがすぐに〝〇〇がしたいんだけど〟と口にする。アンジーはそれをなかなかいわない」しかし自分のほうが時間に関して自己主張が強いことがわかっていて、アンジーがつねに疲れていることもわかっているなら、なぜクリントは自分の時間の一部を妻に譲らないのだろう?

ここが父親にとってむずかしいところだ。男性も家のことに積極的に関与するようにという圧力は増してきているが、どのくらい関われば充分なのか、厳密な基準はない。マイケル・ルイスは、育児体験記『ホーム・ゲーム』（未邦訳／*Home Game*）のなかで鋭くもこう指摘している。夫婦がけんかをはじめるには、家庭内の労働の分担がほんの少しちがうべつの夫婦と食事に出かけるだけで充分だ。〝こうしたごくプライベートな問題について、人はつねに公の基準を引き合いに出す〟とルイスは書く。〝もし不公平な扱いを受けていても、ほかの人々もおなじ扱いであるかぎりはかまわない〟。現代の子育ての問題は〝その基準がなく、この先もそうした基準ができない可能性がある〟ところだ、とルイスは述べる。[89]

父親になれば、自分も子育てに関わるべきだと男性にもわかってはいる。しかしひとたび渦中の人となると、身も心も捧げなければならないこの仕事に不意打ちを食らったような気持ちになる――それは妻も同様なのだが。そこに妻とおなじような基準があればいいが……越えるべきハードルは屋根より高い。女性のほうは、ここ五十年と比べるとこんにちのほうが集中的に子供たちと過ごす時間が長い。

こうしたゆきすぎに対する解決策として、パメラ・ドラッカーマンはフランス人を見習った。『フランスの子どもは夜泣きをしない』のなかでドラッカーマンが驚嘆しているのは、フランスの親たち、とりわけ母親たちの態度である。[90] 彼女たちは、ウィリアム・ドハティが（結婚生活について書いた自著のなかで）〝消耗型育児〟[91]と呼ぶ、いつのまにか広がったアメリカの育児方式――一日二十四時間、週に七日間ずっと子供が母親や父親の関心を要求するようになるスタイル――に抵抗する。ドラッカーマンの論じるところによれば、フランス人は自分の時間を持つ特権を断固として主張し、大人のニーズ（たとえば静かで穏やかな、邪魔の入らない大人同士の会話など）を守ることに罪悪感など覚えない。

建設的なメッセージだ。しかしお手本を示してくれるフランス人の母親を自宅に迎えられるアメリカ人女性はほとんどいないので、もう少し手近なモデルからヒントを探したほうがいいかもしれない――知り合いのよい父親たちだ。自分の夫でもいい。こうした男性たちが価値ある何かを教えてくれることは多い。

なぜなら、何がよい子育ての要素で何がそうでないかについて肥大した世間の期待の重荷を背負っておらず、仕事への関わり方を世間から批判されることもなく、父親たちは子育てについて過度に厳しくなることとなく、完全主義の苦悩を持ちこむこともなく自分を評価しているからだ（〝食洗機の中身を片づけるあいだ、ちょっとこのバンボに座っててよ、いいね？〟）。そして、少なくとも子供が小さいうちは、より積極的に自分の時間を守ろうとするからだ。これは彼らが妻ほど子供たちを愛していないという意味ではない。子供たちの身を心配していないという意味でもない。

もちろん、母親たちが完全に夫の例にならうのは無理かもしれない。女性が夫に対して自由時間を手放すようもっと強く主張したら、夫も強硬な態度で抵抗するだろう。これもまた、ジュディス・ウォーナーが『完全なる狂気』で激しく論じているとおり、文明社会においては公共の支援があるべきなのに、個人で解決しなければならない問題のひとつだ。親が必要とするサポートに政治が出資してくれればはるかにいい。しかし最近の大統領選挙における共和党の予備選が、バースコントロールの正当性をめぐる議論に脱線したところを見ると——いまだにバースコントロールとは！——アメリカの政治は親にやさしい方向には傾いていないようだ。少なくとも、いまはまだ。

とりあえず、とくに子供が小さいうちの協力について話を進めよう。コーワン夫妻が発見したところによれば、子供が生まれてからでなく妊娠中に家事の分担について徹底的に議論した夫婦は、まったく話しあわなかった夫婦よりはるかにうまくいくという。[92] それどころか、こうした分担を明確にするための具体的な話し合いを経験した男性は、もっとできることがないのを不満に思う。

しかし分担の再考は課題のひとつにすぎない。もうひとつは〝姿勢〟の見直しだ。わたしがクリントに関心を持つのもそこである。クリントはとても寛容なのだ……自分自身に対して。内省や不安には、もちろん性別は関係がない。大勢の父親から、何か大失敗をやらかしてしまうんじゃないかと思うと怖い、という話を聞く。だが悩み方の種類がちがう。わたしが最初にアンジーと話をしたとき、アンジーは仕事より家庭のほうがたいへんだといっていた——アンジーは仕事で統合失調症の患者や精神科の入院患者と接し、暴力的な発作の対応をすることもたびたびあるというのに。

一方、クリントはデスクワークをしているのだが、仕事のほうが骨が折れるという。「どうしたらいいマネジャーになれるか学ばなきゃならないし」とクリントはいう。「他人の基準で判断されるわけだから。その点、家では自分が基準だからね。自分がいいと思うようにやればいい」

父親が子育てに参加しはじめたばかりの世代には、乗りこえなければならない困難がたくさんある。けれども手の届かない理想――ホーム・コメディの〈うちのママは世界一〉に出てくるドナ・リードや、ベストセラー書の教育ママ〝タイガー・マザー〟など――と比べてみれば、そこまでむずかしくはない。自分が基準でかまわないのだから。「個人的なことをいえば、ぼくが七歳のときに両親が離婚しているんだけど、それは人生最良の出来事だったかもしれない」クリントはその後、父親とはほとんど会っていないという。「〝おまえはこれだけのことをしなきゃならないんだぞ〟っていってくる同性の〝お手本〟がいないわけだからね」

一方、アンジーは、自分がすべてをきちんとできているかどうかぜんぜんわからない、という。あなたはいい母親かと尋ねられれば、アンジーの答えはこの一語だ。「ときどきは」

これはまちがっている。アンジーはすばらしい母親だ。もしも「自分が基準だから」といえたなら、アンジーもひと息つけるかもしれない。

第3章　シンプルな贈り物――子供がいるからこそできること

家のなかで、息子の知恵者ぶりを見るのは楽しい。男の知識や妻のユーモアをやすやすと超え、いつも男を驚かす。路上でイヌに出会えば、その歩き方をまね、表情をまねる。イヌの表情のあれこれから、その気持ちさえも理解できるようだ。

――マイケル・オンダーチェ『イギリス人の患者』（土屋政雄訳、新潮社）

初めてシャロン・バートレットとおなじ部屋に居あわせたとき、わたしはしばらく彼女に気がつかなかった。室内の誰よりも年上だったのに。理由は二つある。シャロンは控えめで、飾りけがなく、ＥＣＦＥの教室にあった長テーブルのいちばん端の席を選んで座っていたし、討論の最後のほうまで何もいわなかったのだ。最後の十分になってようやく、彼女が三歳の孫息子カメロンを一人で育てていることがわかった。そのときでさえ多くは語らなかったのだが、わたしはシャロンの話に心を動かされ、数週間後に短い手紙を書いた。ジェシーや、アンジーとクリントに書いたのとおなじ、訪ねていってもいいかどうかを訊く手紙である。

〝もちろんどうぞ〟。その日のうちに返事があった。〝孫の子育てについて話すのはまったくかまいません。子供を亡くして孫を育てている祖父母はたくさんいると思いますよ。老後のプランには入っていなかったことだけど、それなりに喜びも悲しみもあるものです〟。

このあとすぐに電話をかけて、亡くなったのがカメロンの母親だけではないことを知った。それより何十年もまえに、シャロンは息子のマイクも亡くしていた。マイクは十六歳でみずから命を絶ったのだった。シャロンにはもう一人娘がいて、その娘とはとても仲がよかった――四十歳で、海外に住み、元気で幸せに暮らしている。

七月下旬の蒸し暑い朝、わたしはシャロンの家の玄関口に立っていた。築百年になろうかという美しい家で、ノース・ミネアポリスのアフリカ系アメリカ人が多く住む地区にあった。シャロン自身は白人だ。ドアのところでわたしを出迎えたシャロンは、灰色の髪をゆるくポニーテールにまとめ、一方の手にコーヒーの入ったマグを持っていた。脚のうしろからカメロンが顔をのぞかせている。

「遊んでていいよ、カム」シャロンはカメロンにそういって、居間にある大きめのグリーンの椅子に腰をおろす。「あたしはコーヒーを飲んでしまいたいから。あとで本を五冊読んであげる。選んでおいで」

カムはうなずいて本棚へと歩いていく。かわいらしい子供だ。細い腕に、湿った唇。「きのう読んだ本とはちがうのにしてちょうだい」シャロンはそうつけ加え、もう少し休もうと椅子に沈みこむ。と、カムがもじもじしていることに気づく。シャロンはため息をついて立ちあがる。「おいで、カム。トイレに行くよ。行きたいのは見ればわかる」

数分後、二人は戻ってくる。シャロンはまた深く椅子に座る。カムはコーヒーテーブルにのぼり、列車のコレクションを慎重に動かす。

「カム？」

答えはない。

「クマのカムさん？」

まだ反応がない。

「カマンベール？」

カムはふり返る。

「カム、それは踏み台じゃないのよ。おりてちょうだい」


そんなふうにして午前中が過ぎていった。シャロンとカムは高齢者と未就学児のあいだの大きな溝をうまく乗りこえている。シャロンはリチャード・スカーリーの絵本を五冊読んできかせ、その後カムはヘリコプターで遊んでと粘ったが、シャロンの返事はノーだった。シャロンは教会に電話をかけてボランティアに行く日程を決め、カムは頭からタオルをかぶっておばけになったつもりで駆けまわる。シャロンは電話を切り、噴水公園に行こうと提案する。カムは水着をいやがるが、シャロンが三つまで数えると着替えはじめる。外の気温は三十八度近く、町全体が湿地のようだ。カムがごまかそうとしたり悪ふざけをしたりしてもシャロンはたいてい辛抱強くやりすごし、元学校教師のせいもあってか、カムに何かを教えるチャンスがあると目に見えて生き生きする（「見て、この写真の子は怒った顔をしてる。真似してごらん?」）。しかしシャロンは疲れているようでもある。痛々しいほど疲れて見えることもあり、ストレスが顔に出そうになる瞬間もときどきある――たとえばカムがクロックスのサンダルを履いたあと、誤ってシャロンの頭をはたいてしまったときなどに。「ちょっと、カム」明らかに、自分で思ったよりきつい声が出てしまった様子だ。「いまのはよくないわよ。眼鏡にぶつかったでしょう。謝りなさい」

「眼鏡にぶつかってごめんなさい」

あとになって、こういう瞬間はすごくいやな気分なのよとシャロンはいうが、わたしにはとっくにわかっていた。数週間まえに電話でしゃべったときにも、カムを怒鳴りすぎてしまった日にはカレンダーにしるしをつけておくの、いずれ自分の気分のパターンがわかるかもしれないでしょう、といっていたからだ。午前中、コーヒーのおかわりをもらいにキッチンに入ったとき目についたところでは、カレンダーの七月八日のところに責めるような小さな文字で〝怒鳴った日〟と書きこんであった。

その日の午前中ずっと、わたしはシャロンを見ながらやきもきしていた。幼児を育てる仕事には大量のエネルギーが必要だ。若くて頑丈な人にとってもきつい。ましてや六十七歳で、すでに三人の子供を育て終え、一人で年金暮らしをしている身にとっては……親として理想的な状況とはいいがたい。社会科学分野の多くの研究が示すところによれば、シャロンのような状況にある人は子供がいないほうがはるかに幸せなはずなのだ。

だが社会科学の研究でうまく捉えられることと、そうでないことがある。そして研究では捉えきれないことのひとつが、この日、噴水のある公園に行ったときに起こった。

〈メイナー・パーク〉の噴水は、ほんの小さなコンクリートの一区画だ。地面は原色に塗られ、さ さやかなスプリンクラー・システムと、噴出口がぐるぐる回る仕掛けが埋めこまれている。それでも子供にとっては天国だ。三十八度近い気温の日には、大人にとっても天国だ。カムは着いた瞬間に駆けだして、噴水のあいだを縫うようにひょいひょいと動きまわる。驚いたことに、シャロンもカムのすぐうしろをついていく。顔に特大の笑みを浮かべて。その笑みは公園にいるあいだじゅう消えなかった。疲れも、膝が悪いことも、年齢も忘れたかのようだ。ふと、ミラン・クンデラの『不滅』の冒頭を思いだす。語り手が、プールのライフガードに向かって陽気に手を振る年上の女性を見ている場面。女性はほんの一瞬、年齢を完全に超越した存在になる。てっぺんにバケツのついた柱のそばに立ち、水が頭から流れおちるあいだクスクス笑うシャロンも、やはり年齢を超越して見える。二十歳の娘のように軽やかで、少女の至福を絵にしたようだ。〝われわれは誰しもすべて、われわれ自身のなかのある部分によって、時間を越えて生きている〟とクンデラは書いている。[2]

幼い子供にはへとへとに疲れさせられることもある。ひどくイライラさせられることもある。幼い子供は親の仕事や結婚生活を打ち砕き、そのかたちを変えるかもしれない。けれども幼い子供は深い喜びをもたらしもする。誰もが経験することだ（だからもたらすのは〝喜びの束〟だ）。その理由を、少し考えてみてもいいかもしれない。子供が柔らかくて、かわいらしくて、このうえなくいいにおいがするからというだけではない。時間にワームホールをつくりだし、親が忘れていた子供のころの気持ちや感覚を思いださせることもある。大人には暗い秘密がある。それは日々の単調さだ。決まりきった仕事や習慣や規範に飽かず固執することだ。小さな子供がいるとさらにまた新しいルーティンが生じ、硬直したくり返しばかりだと思う気持ちは強まるかもしれない。だが子供は親を轍《わだち》から解放することもある。

わたしたちはみな、日常の轍から解放されたいと切望している。もっといえば、わたしたちはみな、大人である自分から解放されたいと願っている。少なくともときどきは。公的な役割や、日々の義務のことだけをいっているわけではない（それだけの解放なら、休暇で旅行に出かけたり、場合によっては飲酒するだけでもかなえられる）。体を無視した、あまりにも頭でっかちな自分からの解放をいっているのだ。世のなかの仕組みに関する知識の重荷を背負い、可能性や理想に興奮することのなくなった自分。批判されるのではないか、愛されないのではないかと怖れる自分。そういうものからの解放である。たいていの大人は、寛大さや無条件の愛にあふれる世界には生きていない。そう、小さな子供と暮らしているのでないかぎりは。

大人としての生活でいちばん恥ずべきだと思うのは、視野がせまくなり、不寛容で破綻しやすい判断しかできなくなるところだ。大人が視線を外に向けるには――作家で哲学者のC・S・ルイスが『四つの愛』（佐柳文男訳、新教出版社）に書いているような、〝まったく惜しみのない愛〟[3]を飽くことなく与えられる状態になるには――何か大きな企みが必要だ。幼い子供は、馬鹿馬鹿しいこだわりや狭苦しい利己心の迷路から大人を遠くへ連れだしてくれる。親をエゴから解放するだけでなく、もっと大きな望みを持てるよう、手を貸してくれる。

いい意味で正気を失っている

噴水のあと、シャロンとカムは運動広場へ向かった。カムははしごの遊具に目を向ける。気を惹かれているのが傍目にもわかる。

「手伝ってほしい?」シャロンが尋ねる。

「ぼくの脚は二本しかないよ」

「それはわかってる。脚を乗せてごらん」シャロンは両手を組んでカップ状にする。カムがそこに足をかけてはしごをのぼろうとすると、力んだシャロンの顔が赤くなる。「次の段ものぼりたい?」

「できない」

「ほんとうに?」シャロンはカムを抱きとって掲げる。

カムは興奮しているようにも怖がっているようにも見える。「下におりたい」

「そういうときはなんていうの?」

「おろしてください」

シャロンはいわれたとおりにする。カムは横木がもう少し低いところにあるはしごへとぶらぶら向かい、横木をつかんで体を揺らしはじめる。「見て、はしごにぶらさがってるよ!」シャロンは距離を置いたまま見ている。カムはすぐに、もう少しむずかしそうなはしごに目を向ける。「そっちにもぶらさがりたいの？」シャロンはまた尋ねる。

　カムはうなずく。

　シャロンはカムの体を持ちあげる。カムはしばらくぶらさがって遊び、その後二人はまた移動する。シャロンはそっと脇へ寄り、見守る。急いでいる様子はまったくない。時計を見るでもなく、携帯電話を見るでもなく、ほかの母親たちを見るでもない。カムだけを見ている。


　小さな子供というのはパラドックスを内包している。子供自身、発達段階で起こる現象──前頭前皮質が未熟なために、いまここで起こっていることしか見えないこと──のせいでひどくストレスをためることもあれば、そのおなじ現象のおかげでとても自由でいられることもある。たいていの大人はスケジュールに従って暮らし、行くべき場所があったり、こなすべき雑用があったりする。しかし、日中の仕事もなく、夫も、世話の必要なほかの小さな子供もいないシャロンを見ていると、時間の束縛から自由になるとはこういうことかと思えてくる。シャロンはカムと遊びに行くときに、わざわざ携帯電話を持って出たりはしない（メールを愛用してはいるのだが）。家にはテレビがない。「外の世界に邪魔されたくないのよ」とシャロンはいう。「取り入れるのは、自分でそう望むときだけ」カムと一緒にいるときには完全に子供の時間に身をゆだね、一日が流れていくに任せる。

　ここまでの柔軟性をつねに保てる大人はほとんどいない。写真家で三児の母でもあるジェシーのことを書いた章では、わたしたち大人にどんなに柔軟性がないかを見てきた。小さな子供のいる生活ではたびたび時間が分断されることを詳しく述べた。シャロンのように引退していれば、ゆったりとした時間を楽しむのははるかにやさしい。だがたとえ引退していなくても、すべてのメールに返事を書くことが必要だろうか。何かの期限というのは、わたしたちの頭のなかにだけ存在する場合もある。時間の流れに身を任せるのは、わたしたちが思うほどむずかしくないのではないか。状況と気の持ちようによっては、〝永遠につづくいま〟に合わせて時間をつくりだすことにも価値があるのではないか。シャロンとともに過ごしているとそう思える。先のことなど考えない子供たちの世界につきあうことも可能なのだ。たった十分でもいいのだから。

ジェシーを紹介した第1章では、未熟な前頭前皮質を持つ生き物と過ごす際のもうひとつの不都合にも言及した。子供たちはあまり感情を抑えられない。従って、親の側に余分な意志の力が必要になる。しかしこれにもプラスの側面がある。子供には過剰な自意識がない。馬鹿げたことも難なく受けとめる。無生物と会話をすることも、素っ裸で部屋を駆けまわることも、なんとも思わない。

アリソン・ゴプニックは『哲学する赤ちゃん』のなかでこう書いている。〝心理学者はとかく子どもの自制心のなさを欠陥として捉えがちです。たしかに、日常生活をうまくこなすことだけを考えればそうかもしれません〟。つまり、誰かが舵取りをしなければならない。〝しかしこの世界と、思いつく限りの可能世界の探求にとっては、欠陥と思えたことが、一転してすばらしい利点になります。ごっこ遊びは本当に遠慮というものがなく、その場その場の思いつきがどんどん実行されていきます〟[4]。

ＥＣＦＥのクラスでは驚くほど多くの親が――毎日ほんの数分でも――大人としての抑制をかなぐり捨てられるのはうれしいと語っている。女性の場合、それが歌や踊りとなって表われることが多い。先の章にも登場したケニアは、子供がケイティ・ペリーの〈ファイアワーク〉に合わせて車の後部座席で跳ねたり大声を出したりするのを見て楽しんだと話した。べつの女性は、よく野外コンサートに行くといっていた（「子供と一緒になって馬鹿みたいに踊っていても、誰も変な目で見たりしないもの」）。それにジェシーもダンスパーティーが大好きだ。二回めに家にお邪魔したとき――このときは夕方で、夫のルークもいて、子供たち三人がはしゃぎまわっていた――さっきエイブがパンツ一丁でこんなふうにしてたの、といって新しいダンスの動きを披露してくれた。ジェシーの物真似は正確で、馬鹿馬鹿しくて、おかしかった。おそらく夫のルークにだけ意味のわかるしぐさも混じっていた。エステルの〈アメリカン・ボーイ〉が大きな音でかかるなか、上の二人が自然と加わってコンガの列ができた。突然、キッチンからかん高い悲鳴のような音が聞こえ、エイブが心配そうな顔をしたので、大丈夫、コンロにかけたジャガイモが煮えているだけだよ、とルークが請けあった。

「ジャガイモが叫んでるんだ、ギャーアーーー」ルークは宙で両手を振りながら叫び声をあげた。「〝ぼくたちを全部食べちゃうつもりだね〟って」

絶望したジャガイモの真似をしたっていい、と思わせてくれるのは四歳児だけである。

ルークが見せたような滑稽なふるまいを喜んでやるという話は、ＥＣＦＥのクラスのほかの父親たちからもよく聞く。小さな子供がそばにいると、灰色のスーツを着ているときの義務を忘れ、子供がするのとおなじことをしてもいいような気分になるのだ。ある父親はミネアポリス動物園に行ったときのことを話した。十五年以上ぶりだったらしい。べつの父親は、〝子供たちが目をキラキラ光らせて、歯を全部見せながら外を駆けまわるのを眺めて〟大いに楽しかったという（あとで気づいたのだが、これは『かいじゅうたちのいるところ』の絵本のフレーズを無意識になぞったものだった。〝……すごい　はを　がちがち　ならして、すごい　めだまを　ぎょろぎょろ　させて……〟[5]）。こうした体験を最も簡潔にいい表わした父親の言葉はこうだ。「人前で馬鹿な真似ができて気分がいい」

　ときには、幼児の世界に浸る超越的な喜びがじつはまったく超越ではなく、どこまで下降できるかというだけの問題になることもある。こうした喜びに浸るあまり、わたしたちは礼儀作法を猶予し、抑制を棚上げにし、自意識や、ルールを守るふだんの自分をどこかへ片づけてしまう。つかのま、わたしたちは本能的衝動《イド》の詰まった壜《びん》のコルクを抜き、中身を垂れ流す。

　イドを壜詰めにして封をしておくために、わたしたちは精神的にどういう代価を払っているのだろうか。これを知るのはむずかしい。アダム・フィリップスはこの疑問につねに強い関心を持っており、エッセイのなかで次のように述べている。〝ワーズワースやフロイト、ブレイク、ディケンズなどの多様な著述家たち〟はみな、幼い子供のころの混乱や熱狂が、大人になってからの生命力を決めると思っていた。〝この最初の狂気がなければ〟とフィリップスは書く。〝子供時代と――自分自身の最も情熱的な部分と――つながる感情の命綱を維持することができなければ、われわれの人生は虚しく感じられるだろう〟[6]。

　もちろん、反論することもできる。フィリップスはおなじページ上で、自ら反対の意見を述べている。だが最終的には、先の引用にいくらかの真実が含まれているという結論に至る。フィリップスは精神科医ドナルド・ウィニコットの言葉を引用する。〝私は正気だった。正気か正気でないかの基準は、精神分析や自己分析を通して手に入れた〟[7]。ウィニコットにとって正気でない状態へ迫る道は、子供時代の感情という沼地のなかにあった。フィリップスはこう書く。〝ウィニコットにとって、子供は――最良の意味で――正気を失っているのだ[8]。彼にとって、問題は「子供を正気にさせるためにわれわれに何ができるか？」ではなく、「大人に正気の範囲内の稚気を維持させるためにわれわれに何ができるか？」だった〟[9]。

　ウィニコットやフィリップスにとっての悲劇は、大人がこの稚気を保てない可能性があることだ。これについて幼い子供たちは少なくとも道を指し示すことができる。公園から帰るときにつくづく思った。シャロンは上機嫌で、カムもそうだった。車に乗るまえに、シャロンは楽しそうに自分のつま先を指差した。「見て、カム！　この脚。ひどいわね！」泥だらけ！

　汚れ放題の事態は午後じゅうつづく。わたしたちはシャロンの教会へ向かった。カムは教会では有名人で、すぐに誰かのバースデイケーキの残りをふるまわれる（ココアパウダーたっぷり！　つづいてナプキンもたっぷり使われる）。それから雨が強く降りだして、カムが食べているあいだ、大人たちは窓の外を見つめる。雨脚が強くなり、雹《ひょう》に変わる。傘が裏返しに反るような強風の土砂降りだ。カムは静かにスクリーンドアまで行って、何もいわずに外を見る。少し待っても嵐がおさまりそうにないとわかると、シャロンは解決策を思いつく――走れ。

　ワーワー大声をあげたり金切り声の悲鳴をあげたりしながら、わたしたちはシャロンの車まで走る。カムが後部座席に乗りこむと、シャロンは車に乗りもせずに――ドアをあけ、外から体を車に突っ込んで、土砂降りのなかでお尻や脚が濡れるのもかまわずに――カムのシートベルトを締める。

それからおもむろに運転席に座り、孫をふり返る。「クレイジーね。そう思わない?」カムはうなずく。シャロンもうなずく。「ワオ」とシャロンはいう。

子供を育てるものづくり教室

子供のようにふるまうというのは、何も抑制を失ったり幼児語をしゃべったりすることだけではない。子供は行動すること、触れてみること、体験することで世界を知る。一方、大人は頭を通して――本を読んだり、テレビを見たり、タッチスクリーンをスワイプしたりして――世界を把握する。実体を伴う日常の世界からは遠ざかっている。しかし実体を伴った世界とのやりとりこそが、人としての土台となる部分を築く。

この問題についてはマシュー・B・クローフォードも二〇〇九年のベストセラー『心を育てるものづくり教室』(未邦訳/*Shop Class as Soulcraft*)のなかで論じている。現代の会社員は〝扱わなければならないつくりものの指標は増えているのに、自分たちの仕事には――たとえば大工が使うような――客観的基準がない〟とたびたび感じている。情報経済では〝知識労働〟が偏重され、いままでは手をつかって何かをすることで生まれる喜びは忘れられている。[10]

この話題はECFEの教室でも小さなテーマだった。「自分の仕事が、とくにやりがいのあるものとは思えなかった」主夫をしている父親のケビンが、男性のみのクラスである日そういった。「ただやっていただけ。それはそれでべつにかまわなかったけど、家に帰ってきて〝ワオ、この大企業がデータを効率よく処理する手伝いができてほんとにうれしいよ！〟といったりはしなかったね」

一方、幼い子供は、もっと実体のある喜び、快楽に触れるチャンスを大人に差しだす。幼い子供と一緒にいると、活動の機会、何かをしてその効果が実際に見えるような機会をつくりだす。幼い子供と一緒にいると、「雪橇《ゆきぞり》をつくったりして、それがもう最高なんだよ」とある父親はクラスのさいちゅうに思いだしていった。自分はクッキーを焼いた、という親も多い。ある母親は初めてパンの焼き方を習った——子供と一緒に油で光るパン生地の固まりをピシャピシャ叩くのはクセになりそう——といっていた。概して、子供ができると人はそれまでよりも料理をするようになる。市場調査会社〈ハリス・インタラクティブ〉の二〇一〇年の調査によれば、自分のためでなく家族のために料理をするという人が圧倒的に多いという。[11] 結果が目に見える基本的な手仕事で、これ以上のものがあるだろうか？

こうした〝手仕事の能力〟による喜びが失われてしまったことに、クローフォードは大きな関心を寄せている。彼が著書で論じるところによれば、〝ものをつくったり、修理したりした体験〟はわたしたちの元気（クローフォードの言葉である）や幸福に不可欠で、〝そうした体験が日常生活から消えてしまうと〟何かが起こる。[12] クローフォードは哲学者アルバート・ボルグマンの言葉を引用する。ボルグマンは「もの」と「道具」を区別する。「もの」はマスターするべき対象で、「道具」はわたしたちのために働く。〝「もの」としての楽器と対照的なのが、「道具」としてのステレオである。「もの」を扱うには練習が必要である。一方、「道具」は消費を招く〟とボルグマンは書いている。[13]

さて、現代の幼い子供たちのクロゼットには「道具」があふれている。ドンドンという音の出る道具、ピッという音の出る道具、ブーッという音の出る道具、光を発する道具、音楽の流れる道具、映像の流れる道具、ちょっと触ると反応する道具。しかし幼児期は「もの」に接したり、「もの」への接し方を学んだりするのに最高とされる、数少ない時期のひとつでもある。わたしたちは子供にハンマーや、ビーズでつくるネックレスを買い与える。フィンガー・ペイントの絵の具や、プラスチックのブロックを与える。床に座りこんで大量の線路を並べ、組み立て玩具のティンカー・トイで塔を建て、モールで花をつくる。子供が生まれると、子供のためにと工具一式を買ってくる親戚が必ずいる。使い方を知るべきだと思うのだろう。幼稚園では全員が音楽を習い、図画工作をし、ブロックで遊び、キャッチボールをし、お遊戯をする。子供は「道具」に興味を持つだけでなく、ドライバーを使ってさまざまな「道具」の電池を入れる場所をこじあけようとすることがあり、親はたびたび驚かされる。子供たちにかかると「道具」も「もの」になる。分解して、もとに戻すことができるから。子供のころにはまだ手で世界に触っている。

おそらくこれは、発達の観点から考えると簡単に説明のつくことだ。幼児期は、初めて体をコントロールできるようになり、運動能力の伸びる時期である。そこが重要なのだ。よちよち歩きの幼児や幼稚園児は、実際の体験と切り離せないやり方で知識を獲得する。クローフォードのいうとおり、人類が〝本質的に道具を使う生き物であること、あるいは実用志向であること〟[14]が、最も容易に見てとれる時期である。幼い子供と一緒に過ごすことによって——砦をつくり、ケーキを焼き、野球ボールを打ち、砂の城をつくることによって——最も人間らしく過ごす機会が与えられる。これがわたしたちの本来の姿なのだ。わたしたちは道具を使い、ものをつくったり組み立てたりする生き物なのである。

哲学

生後八カ月の子供が眠り、上の子二人が隣の部屋でテレビを見ていたとき、子育ての何がいちばん好きか、わたしはジェシーに尋ねた。ジェシーの答えはきっとダンス・パーティーだろうと思った。実際、それもいっていた。「だけどもっと大きなスケールで見るなら、子供たちが自分で何かを解決するところを見るのが好き。探検家ってこんな感じかな、と思う」

小さな子供はつねに変わりつづける、とは既視感のある言葉だ。『哲学する赤ちゃん』で非常に愉快なのは、著者のゴプニックがこうした子供の変化を神経科学の観点から説明しているところだ。ときには数値化したりもする。たとえば、乳幼児の頭脳の驚異のひとつは、容量と頻度のシンプルな関係から起こる——乳幼児の脳は非常に柔軟なので、知能の在庫が数カ月ごとに大きく変わる。このときの学習曲線はまさに見ものだ。ゴプニックはこう書いている。〝二〇〇九年に抱いていた世界観が二〇一〇年に激変し、二〇一一年にまたまたそっくり入れ替わるということが、子どもには実際に起こっています〟[15]。

わたしたちが暗黙のうちに持っている知識の大部分——それはほとんど聞こえないほどの低音で

一日中背景に流れている——が、かつて一度は学んで覚えたものであることを、子供を見ると思いだす。子供は服を全部脱がずにバスタブに入るし、食べかけのバナナを冷蔵庫に入れるし、製造者が考えもしなかった方法でおもちゃを使う（その絵の具で絵を描くわけじゃなくて、ただ混ぜたいわけね？そのシールは並べて貼るんじゃなくて、重ねて貼るの？ドミノをブロックとして使って、車を空飛ぶ機械として使って、チュチュを花嫁のベールとして使うの？どうぞご自由に！）。いままでにそれはちがうといわれたことがないのだ。子供にとって、世界は丸ごと実験室なのである。

しかしこれはまだ実際の行動のことだ。ECFEのクラスにいた女性の一人は、自分はずっと女の子のままなのか、と娘から尋ねられたという。男の子になりたいわけではなく、性別が決まった特徴なのか、変わることがあるのか、ほんとうにわからなかったらしい。ECFEの父親クラスにいたある男性の話では、さっき息子がしばらく窓の外を眺めたあとでふり返って、「ぼくたちがリスになったら、あの木にのぼれるね」といったそうである（彼にはわたしたちの役柄が——こんどは動物の世界全体が対象だ——固定されたものか変わりうるものかわからなかったのだ）。『フロー体験　喜びの現象学』の著者ミハイ・チクセントミハイも、若かったときの子育ての体験で似た瞬間があったことを教えてくれた。息子の一人をビーチに連れて行ったときの話である。「息子は水浴びしていた人や泳いでいた人が水からあがってくるのを見ると、凍りついたようになってこういったんだ。〝見て、水人だ！〟あれはまったく……」チクセントミハイは文章を最後までいわなかった。けれども彼が探していた言葉は〝筋が通っている〟だったと思う。なぜなら次の言葉がこうだったから。「〝ああ、どうしてそう思ったかはわかるよ、いままで見たことがなければ宇宙人のように見えるだろうね〟

と思ったよ」[16]もちろんだ！　スイマー――海を家とする、この世のものとも思えない種族。

多くの大人は哲学を贅沢品と見なしている。しかし子供は自然に哲学をするし、そうすることでわたしたち自身が意味のない質問をたくさんしていた遠い時間へ、想像もつかないほど豊かな時間へと連れ戻す。『哲学と子ども』（倉光修、梨木香歩訳、新曜社）の著者Ｇ・Ｂ・マシューズによれば、意味のない質問をするのは子供に特有の性質で、とりわけ三歳から七歳のあいだに多く、それは子供のなかにまだ自然の衝動が残っているからだという。[17]マシューズは残念そうにこう述べる。〝子どもは一旦学校に順応すると、「役に立つ」質問だけが期待されているのだと学ぶ〟（エドマンド・バークが法律を学ぶことについて述べた名言が思いだされる――〝関心をせばめることで、頭脳が研ぎ澄まされる〟[18]）。

正しく哲学するためには、人は人生を最初からやりなおさなければならない、とかつてルネ・デカルトはいった。〝これは大人にはむずかしいことだ〟とマシューズは書く。[19]マシューズは、マサチューセッツ大学アマースト校で三十年以上哲学を教える教授でもある。〝そして子供にはやりなおす必要がない〟。子供には忘れるべきことがない。マシューズは「時間の概念」というよい例を挙げ、聖アウグスティヌスの言葉を引用する。〝では、時間とは何か？　誰にも尋ねられなければ、自分ではわかっている。しかしいざ質問者に説明したいと思うとまごついてしまう〟[20]。

親も、聖アウグスティヌスとおなじく、〝時間〟のようにあまりにもあたりまえのことについて尋ねられるとまごついてしまう。だが喜んでいるような部分もある。こうした質問を楽しむというのはどこか退廃的で、同時に知的な喜びもある。ＥＣＦＥのクラスで、ある父親がいっていた。

「二、三日まえ、グレアムと一緒にソファに座っているときに、いきなりこう訊かれたんです。〝パパ？　水って何？〟」グレアムは二歳半。もちろん水の実物は知っている。けれども質問はこうだ。「だけど水ってなあに？」教室のテーブルのまわりから、期待のさざ波が起こるのが聞こえてきそうだった。水って何？　いいぞ！「それで私は――」グレアムの父親は話題を盛りあげようと、芝居がかったしぐさで手を打ちあわせた。「〝水素っていうのがあってね、あとは酸素だ〟……ひどい説明だな」

　クラスが終わったあと、次の質問はもっと途方もなかった、とグレアムの父親はわたしにいった。「水は壊せるの？」グレアムの父親はこう説明した。「水素と酸素を合わせると水ができる、といったから。だから、壊すこともできるのかどうか知りたかったんでしょう」

　その週は似たような質問をたくさん聞いた（なかでも「人はどうして意地悪なの？」という質問が気に入った。あとは、これも。「世界にはこういう場所しかないの？　こういう、空のある場所しか？」）。マシューズの本にもこうした例が多数出てくる。昔からよくある子供の質問について大人の教室で話したときのことが詳述されている。「パパ、全部が夢じゃないってどうしてわかるの？」[21] これに対しある母親が、うちの三歳の娘もそれと似た、もっと現代風な質問をしてきたと応じている。「ママ、あたしたちは〝生きてる〟の？　それともただビデオに映ってるだけ？」実存をめぐる質問の例よりもっと印象深いのは、子供たちが倫理的な疑問にぶつかったときの例である。マシューズはある子供に言及する。この子は死の床にある祖父に会ったあと、帰りの車のなかで母親に、お年寄りは死ぬ準備ができたら注射されるの？　と尋ねたそうである。母親はもちろん驚いて、ノーと答えた。

そんなことしたら警察を呼ばれちゃうわ、と（妙な答えに見えるかもしれないが、こうした状況下で親はかすかに混乱しながらも、答えは具体的に、議論は短く、と直観的に思うようである）。当時四歳だったこの少年はこう答えた。「じゃあ、機械でやったらいいかもね」[22]

マシューズはこう書く。〝哲学とは、このうえなく厄介な子供の質問に大人が答えようとする試みでもある〟[23]。機会さえあれば、たいていの大人は楽しみながら哲学的な疑問の答えを考える。けれども子供でもできないかぎり、日常生活のなかでそれをする口実はほとんどない。子供ができると、世界はなぜいまある姿で存在するのか熟考する——いや、たぶん再考する——機会ができるのだ。少なくとも数年のあいだは。マシューズはバートランド・ラッセルを引用する。ラッセルは哲学をこんなふうにいっている。〝答えを出したいと望む数多くの疑問に実際に答えることはできないとしても、少なくとも問いを立てることには力がある。問いを立てることで世界への興味が増し、日常生活のなかにあるごくごくありふれた物事にも、皮一枚めくればその下に奇妙なものや不思議なものが横たわっているとわかるようになる〟[24]。子供はそういう質問をするコツを心得ている。そしてそういう質問は、マシューズの言葉に耳を傾けるかぎり、何かの答えではなく、啓示なのである。

愛

シャロンが初めてミシェルを目にしたとき、のちにカムの母親になるはずのミシェルはまだ生後五カ月の赤ん坊で、体重は三千六百グラムしかなかった。〝成長障害〟というのが、福祉事務所がミシェルをシャロンの手にゆだねたときの言葉だった。実際には、明らかにミシェルの生みの親――標準よりかなり低い知性の持ち主だった――が育児を放棄した結果だった。どの程度のネグレクトだったのか、はっきりとはわからなかったが。シャロンは喜んでミシェルを受けいれ、いままでに世話をしたほかの九人の里子たちとおなじように愛した。ミシェルには、とくに強い印象を与える何かがあった。もしかしたら、ミシェルが非常に幼かったからかもしれない。あるいは、小さくて、すぐに壊れてしまいそうで、それでも愛らしかったからかもしれない。理由はどうあれ、シャロンもシャロンの実子二人もミシェルに夢中で――「あたしたちはあの子をとことんかわいがったわ」――時が経つにつれてその愛は深まるばかりだった。五年後、シャロンは判事のまえに立ち、ミシェルを正式に養子にするための最後の書類を提出した。

シャロンはミシェルが九歳になるまで行動に問題があることに気づかなかった。ミシェルの知能指数は七十五しかなく、これもミシェルが反抗的だった理由のひとつかもしれない。認知的困難に向きあう多大なストレスが、そのまま社会的困難へと流れこんでしまったのかもしれない。深刻な学習障害のある子供の親からよく聞く話だ。あるいは、ミシェルの行動は最初の大切な五カ月のあいだに受けたネグレクトの結果だったのかもしれない。シャロンが知るかぎり、口に出すのもはばかられるような虐待もあったらしい。それとも、遺伝的な要因もあったのだろうか。兄のマイクが亡くなったのとおなじころから、ミシェルの問題行動が顕著になった。これは偶然の一致ではない、とシャロンは思っている。あのころは家族全員がひどく苦しんでいた。マイクの自殺は家族全員に甚大な影響を与えた。

原因はなんであれ、ミシェルは手に負えなかった。突如として、シャロンはひどく反抗的な子供に手を焼くことになった。高校を中退し、たびたび家出しては男と暮らすような娘である。心理学者はこうした状態を〝愛着《アタッチメント》不全〟と呼ぶ。シャロンにとってはふつうの言葉でいえる、もっとずっと基本的なことだった。

「あたしが愛してるってことをミシェルが信じられるようになるまでには、長い長い時間がかかったの」午後、カムは階上《うえ》で昼寝をしていた。二人で居間に腰をおちつけると、シャロンが話しはじめる。「反抗もしたし、人を試すようなこともたくさんしたけど、それは全部、誰かが自分を愛することができるとまったく信じられないせいだった」十代後半から二十代にかけては、家出をしては戻ってくるのくり返しで、一度に何カ月も姿を消し、その間シャロンにはミシェルが生きているのか死んでいるのかさえわからなかった。

シャロンと近しい間柄の人々は、シャロンの忍耐力に驚いた。「いつもいわれたわ。〝あなたのためにもならないんじゃない？　戻ってきたあの子を受けいれるなんて〟って」シャロンはいう。「あたしはこう答えた。〝だって、あたしはあの子の母親だもの〟」

ここでわたしもシャロンに白状する。私自身も、シャロンがそこまで力を出せたことに驚いている。そんなにも大きな愛を、その愛や愛を示す行為に抵抗する人に注ぐのはつらくなかったの？

シャロンは肩をすくめる。「絆ってそういうものだから」

そのとおり。だがシャロンがしているのはその絆を拒否する子供の話だ。

「だけどあたしはあの子につながりを感じていた」とシャロンはいう。「あの子のほうは感じていなかったかもしれないけれど。それでもあたしの気持ちはミシェルにつながっていたの」それで充分だった。「なぜあの子を愛していたかはうまくいえない。だけど愛していた。ずっと愛していたのよ」

『四つの愛』の最初のページで、著者のC・S・ルイスは「与える愛」と「求める愛」のちがいを明確にしている。「与える愛」の典型は、たとえば、共有することも見ることもないであろう自分の死後の家族の幸福のために、働き、計画をたて、貯金をするような行動に人を駆りたてる愛である。「求める愛」は、寂しがったり怯えたりしている子供が母親の腕のなかに飛びこむときの愛である。[25]

幼い子供の親たちと話していると、いちばん目がくらむのは「求める愛」だという話をよく聞く。無理もない。ほかのものとは比べるべくもない。無条件に熱愛されること、批判を超えた場所にある台座にまつりあげられることは、多くの大人にとってめったにない経験なのだから。たとえどんなに配偶者に愛され、友人に恵まれていても。

アンジーとおなじECFEのクラスのある女性はいう。「こんなことをいうなんてほんとに自己中心的かもしれないけど、この年齢の子供たちにとっては母親が全世界なの。そこがいいのよ……」

隣の席にいた女性があとを引きとっていう。「……だから大きくならないでほしいって思うのよね」

大人にも愛する人々が必要である。しかし幼い子供の場合、愛することと必要とすることにほとんど区別がないため、とくに愛情が強力になる。しかも子供はいまを生きているので、許すことも容易だ。心に恨みを保持するための装置がまだできていないのだ（クラスでまたべつの女性がいっていた。「わたしが謝ると、娘はすぐに機嫌を直すわ。〝うん、ママ、もういいよ〟って」）。幼児は怒りを鬱積させたりしない。不満を鞄に入れて溜めこんだりしない。条件つきで愛したりもしない。子供はただ愛する。それだけのことだ。

しかし親たちがさらに熱をこめて語るのは「求める愛」ではなく、「与える愛」のほうだ。「求める愛」は子供から向けられる。「与える愛」は親が与えるものだ。けっして条件のいい取引ではない。「与える愛」を差しだすのは、多くの育児書が明るく主張するのとはちがい、むずかしいこともある。すべての親が保育室で新生児を手渡されたとたんにそういう心境になるわけではない。時間とともに花ひらくものだ。『哲学する赤ちゃん』のなかに出てくるアリソン・ゴプニックの名言はこうだ。〝わたしたちは、愛する子だから世話をするのではなくて、自分が世話をしている子どもを愛するのです〟[26]。

シャロンがミシェルに向けていたのもそういう愛だ。シャロンは来る日も来る日も幼い彼女を育むことでミシェルを愛するようになり、絆を感じるようになり、断固として彼女を守りたいと思った。十代以降のミシェルがたとえどんなに激しく反抗しても。

もちろん、親だけが「与える愛」に関心があるとか、子供のいない人々よりも「与える愛」を差しだすことに長けているなどといいたいわけではない。自分は条件つきで愛することしかできていないと親が自覚する局面はたくさんあるし、そもそも子供をまったく愛せないと気づいて恐怖に駆られる瞬間もある。シャロンの場合はカムがやってくる何十年もまえから、若い母親だったころの自分の短所を強く自覚していた。シャロンは早いうちに夫と離婚しており、離婚はシャロンに大きな傷を残した。子供たちのために昼食のハムサンドをつくることさえできないこともあったという。子供たちの決定的な瞬間――最初の一歩や、最初の言葉――も逃してしまった。教職に就こうと、仕事を探していたからだ。マイクが亡くなったあとには、ひどい鬱と闘わなければならなかった。家にいるあいだずっとうわの空でいると、娘たちが二重の喪失に苦しむことになるとわかっていたからだ。兄だけでなく、母まで失うことになると。

シャロンはいう。「当時も悪い親だったとはいいたくないけど、いろいろと足りないところはあったわね。育てることに必死で、子供たちが必要としているものを与えなかった」シャロンは若かったころの自分に同情する。もし――シャロンの言葉でいうと――「もっと社会の助けがあれば」、人生はもう少し楽だったはずだ。だが、このころの苦闘がシャロンの内面とその後の選択を決定した。「子供たちに、自分の世界が安全であるとか、必要なときに助けが得られると思わせてやれなかった。それがわかっているから、いまは人のためになることをしようと思っているの。カムと一緒にできることは全部しようと思っている」

カムがシャロンに与えたのは、後年、シャロンが最良の自分になるためのチャンスだった。結局のところ、子供にはそれができるのだ――わたしたちにそういうチャンスを与えることが。たとえわたしたちが頻繁に、悲惨なまでに失敗したとしても。チャンスを生かすには惜しみなく愛する努力が必要だ。『四つの愛』の終盤に、ルイスはこう書いている。〝われわれは自分の内に自然には愛せないものを持っている。…（中略）…どの子どもにも時にはイライラさせられ、一再ならず憎らしくなるものである〟[27]。しかしわたしたちが最善の状態でいられるときには、そうした短所を大目に見て、最良の関心だけを持って子供を愛せる。ゴプニックはこう述べる。〝どうしたらこの理想に近づき、他人を思いやれるようになるか、たくさんの方法が考案されてきました。…（中略）…聖者の気持ちにちょっとでも近づきたいなら、育児に勝るものはないと思うのですけれども〟[28]。

一時間半ほどが過ぎた。カムが突然、階段のてっぺんに姿を現わす。「カメロン！」シャロンが大声で呼びかける。「起きたのね。こっちへおいで！」カムは大急ぎで階段をおりて祖母のもとへ走り、しっかりと抱きつく。シャロンはカムのお尻をポンポンポンとたたく。「よく眠れた？」

カムはうなずく。シャロンがいま、けさよりはるかに幸せそうな顔をしていることに気づかずにはいられない。さっき噴水公園に行ったときから笑みが消えてないって自分で気づいてる？　わたしは尋ねる。

シャロンは笑う。「気づいてなかったわ。水が好きなのよ。そのせいもあるかもしれない」シャロンは少し考えてからつづける。「子供が好きで、水が好き――あの公園にはそれが両方ある。それにカメロンが楽しんでいるのがわかった。カムが水のなかで笑ってるのを見るとうれしくなる」

シャロンはカムのほうを向いていう。「大笑いしていたね。あの水を飲んだりして！」シャロンはまっすぐにカムの顔を見つめる。「見ているだけで幸せだった」

シャロンも彼女なりの方法で、ほんの少し聖人に近づく努力をしているのだ。実際、シャロンは信仰を持っており、カトリックの教会で熱心に活動をしてもいる。ほんとうのところ、神について確かなことはわからない――「父なる神よりもイエス・キリストのファンなの」というのがシャロンのお気に入りの説明だ――が、シャロンは福音と社会的公正を信じており、シンプルな言葉で自分の哲学を表現する。「必要なものを持っていない人々のことは、まわりが助けるべきなのよ」

シャロンが自分の人生にミシェルを迎えいれたのもそういうことだった。ミシェルが必要とするものを与えようとしたのだ。「何かしら、は返ってきた」じっくり考えてから、シャロンはいう。「あの子は、あたしの愛を受けいれようとはしていたと思う」シャロンはそれを贈り物と見なした。ミシェルは人を信じることがなかなかできない子供で、ましてや愛情を受け止めるなど無理だった。そのミシェルがシャロンの愛情を受けいれることを学んだのは、シャロンにとっては意味のあることだった。「ミシェルを愛していられて気分がよかった。あの子に愛情を注ぐのは、あたしの約束でもあった。あたしは約束は絶対守るの。ある責任を引きうけてそれを果たさないとしたら、あたしはあたしじゃなくなってしまう」シャロンは判事のまえに立って、養子の手続きを完了した日を思いだす。「判事はあたしを見てこういったわ。〝わかっていますね、この子を返すことはできないんですよ〟」シャロンは笑いながら、それに答える真似をする。「ええ、もちろんわかっています。一生この子の面倒を見るつもりです」そこがシャロンのいちばんいいたいところだった。「こう決めたとき、じつはほかの選択肢もあった。だけどいったん決めたら、ほかの選択肢は全部捨てたわ。すぐにその場で」

いままた、シャロンはおなじようにカムと関わっている。ミシェルは二十二歳のとき、また何カ月も姿を消したあとに戻ってきて、妊娠しているとシャロンに告げた。ミシェルは知らなかったが、このときすでに子宮頸がんが進行していた。妊娠中に内診を一度も受けなかったのと、エコーにはがんが映らなかったために気づかなかったのだ。カムはたった二十八週で生まれた。小さなかよわい新生児で、生き延びられる見込みは母親とたいして変わらなかった。ミシェルはその後九カ月生きた。末期は苦痛に満ちており、息子から触れられることもなく、息子を抱くこともできなかった。ひとつだけはっきり口にしたのは、息子をシャロンに育ててほしいという希望だった。だからシャロンはそうしている。毎日、完璧ではないながらも必死に。カムはいま、母親が最期の何カ月かを過ごした部屋を使っている。

「死ぬまでずっと子育てだね」シャロンはいう。「ときどきこう思うのよ。〝両親がいて、若い人たちが出入りするような暮らしのほうがカムは幸せなんじゃないか〟って」シャロンだって計算くらいできる。いま、シャロンは六十七歳で、カムは三歳だ。「それからこう思うの。〝たぶんね。だけどどこでそんな夫婦を見つけたらいい？　それに、どうしたらカムが幸せになると確信できる？もし確信できないなら、そういう夫婦を見つけられないなら、カムにはあたししかいない〟」

人生を送る方法はふたつある、とアインシュタインはいったらしい。ひとつは奇跡などないかのように過ごす方法。もうひとつは、すべてが奇跡であるかのように過ごす方法だ。シャロンは居間の向こうに視線を向ける。カムはおとなしくアームチェアに座り、リチャード・スカーリーの『ひこうじょうのいちにち』（未邦訳／*A Day at the Airport*）を膝の上に広げている。シャロンはいう。「カムは生まれたとき、体重は千三百六十グラム、身長は三十六センチしかなかった。あれからたった三年しか経っていないのに、いまではあぐらをかいて本を読んでる。奇跡というしかない、そうでしょう?」シャロンはしばらくのあいだカムを見つめる。わたしもカムを見つめる。「どうしてこういうことが起こるのかしら？　最初は何もないのに。いまのこの子を見て。まるで創世記みたいじゃないの」

第４章　集団活動型育児――子供の「予定」に翻弄される親たち

他人のお金を節約するのは、愛情の深さゆえにちがいない。

――エドワード・サンドフォード・マーティン『子供という贅沢とほかのいくつかの贅沢』（未邦訳／*The Luxury of Children & Some Other Luxuries*）[1]

わたしがカブスカウトの登録会にやってきたのは、ローラ・アン・デイに誘われたからだ。もともと電話をしたときに考えていたことではない。何か特定の活動を考えていたわけではなかった。そもそもローラ・アンについて知っていたのは、以下のようなわずかな事実だけだった――三十五歳で離婚歴があり、二人の男の子の母親である。弁護士の秘書としてフルタイムで働いており、ヒューストンのなかでも自治意識が高く富裕なウエスト・ユニバーシティ・プレイス地区に住んでいる。一般に、上昇志向の強い努力家の親たちが忙しい生活を送っている場所だ。

そのとき、ローラ・アンはスカウトマザーをしていると話してくれた。ヒューストンではカブスカウトは一大事だ。なぜそれがおおごとなのかについて、ローラ・アンならいくらでも語ることができるだろう。だが、わたしが登録会に向かっている理由はそれとはいっさい関係がない。このあたりで親が子供たちの秋の予定を立てるための大騒ぎをリアルタイムで見るには、カブスカウトの登録会がいちばんだといわれたからだ。ローラ・アンは、ボブカットにしたブロンドの頭にサングラスを載せ、カーキ色のスカウトのシャツをきちんとジーンズのなかに入れていた。途中、彼女のトヨタ・ハイランダーの車内で警告された。誰もがいいたいことを自由にいっているから、ドアをくぐった瞬間から圧倒されるはずだ、と。「すぐにわかるわ」ローラ・アンは車のドアをロックしながらそういった。

まさにそのとおりだった。親たちは、ウエスト・ユニバーシティ・ユナイテッド・メソディスト教会に着いたとたん、スカウトのリーダーに質問を浴びせはじめる。週に何回参加する必要があるのか？　子供の参加には自由があるのか？　だって……

「だって、うちの息子は毎日夜に一時間は宿題をしているから」ある母親が息子を見ながらいう。「それにピアノとサッカーの練習も。下の子はティーボールを……」

「だって、うちの子は週に一度インドのクラシック音楽のレッスンをスカイプで受けているから」べつの母親がいう。「それに声楽のレッスンが週二回。週末にはピアノとサッカーと外国語。土曜日はサンスクリット語、日曜日にはヒンドゥー語を……」

ある父親がいう。「ほかのみんなと一緒で、スケジュールがぎっしりなんだ」結局、まとめるとそういうことだ。

この夜、こういった質問を一身に受けていたのは、ふだんは足病外科医をしているカブマスターのランディだ。彼は質問を受けるたびに理解を示してうなずく。「わかった。質問に答えると、集まるのは毎月二回。組《デン》の集まりが一回と、隊《パック》の集まりが一回……」

ランディの詳しい説明を聞いて、先ほどの父親が険しい表情を見せた。「オーケイ。じゃあ、相談しないと」そして息子に目を落とす。「ふつうなら、火曜の夜はフットボールをやっているんだ」ここはテキサスだ。テキサス州ではフットボールをやるのはふつうのことだ。しかし皮肉なことに、カブスカウトの月に一度の隊《パック》の集まりも火曜日の夜になるのがふつうなのだ。「火曜の夜には下の子のサッカーの監督もしなきゃいけない」父親はそうつけ加える。子供をスカウトに連れて行けない理由がふたつあるということだ。だが彼はここにいる。無謀にもすべてをうまく収める方法をなんとか考えようとしながら。「オーケイ……。月に一度くらいはフットボールに行かなくてもいいかもしれない」そしてあきらめたようにフーッと長いため息をつく。「あるいは……もうクローンでもつくってもらうしかないな」最後は消え入りそうな声になる。

忙しすぎる親

一九九九年に初めて〝忙しすぎる子供〟という言葉を生みだしたのは、ミネソタ大学の家族社会科学の教授でECFEのアドバイザーでもあるウィリアム・ドハティだ。[2] 子供たちの予定表は、まるで突然重役にでもなったかのように、いつのまにか遊ぶ約束や課外活動でぎっしり埋まっていた。〝忙しすぎる子供〟というのは、まさにうってつけの言葉だ。子供の多忙は、予想以上の批判を集めている。多忙であることによって子供が心配性になり、ゆったりした時間のなかで豊かに発想したり自由に遊んだりすることができなくなってしまうというのが批判の趣旨だ。だが、こうした行きすぎとも思えるスケジュールが、子供の両親にどんな弊害をもたらしているかを考える人はほとんどいない。通常、家族のスケジュールの責任は両親にあるため、親は加害者と見なされるからだ。しかしなぜ母親や父親は、ここまで極端に追い詰められてしまうのだろうか。これは一考に値する。

おそらく、両親が極端だからだ。忙しすぎる子供の背後には、ティーボールにはじまってアイススケートやチェスのレッスンまで詰めこもうとして申込み用紙の記入欄を埋める母親か父親がいる。そして多くの場合、親自身もスズキ・メソードのバイオリンにつきあったり、学校の模型づくり——テキサス州の〈リライアント・スタジアム〉の模型——を手伝ったりする。ある母親はこういう。「子供のために家にいたかったから、パートタイムで働ける仕事を考えたけど、結局家にはいないのよね」

社会学者のアネット・ラーロウは、このがんじがらめの修羅場について初めて詳しい調査をおこなった人物の一人だ。ラーロウはその詳細を、出版されたとたんに権威となった著書『不平等な子供時代』（未邦訳／*Unequal Childhoods*）に精力的に記している。ラーロウが観察したのは中流階級の四家族、労働者階級の四家族、貧困層の四家族の合計十二家族だった。子育てのちがいはあまりにも明らかだった。貧困層と労働者階級の親は、子供の生活のこまごまとした点まで指図しようとはしなかった。ラーロウはこれを〝自然な成長の促進〟と呼んだ。[3] 一方、中流階級の親はこれとはまったくちがっていた。あまりにもちがいが大きかったので、ラーロウは「集団活動型育児」という新しい用語をつくりだした。[4]

ラーロウは次のように書いている。〝「集団活動型育児」は忙しい親に大きな負担を強い、子供を疲弊させ、個人主義の発展を促進する。ときに家族の概念の育成を犠牲にすることもある〟。ラーロウは終始、多大な思い入れと、わずかな戸惑いと、尊敬の念とをもって中流階級の親を見ている。しかし彼女がいちばん驚いたのは、中流階級の親の子供の生活への関わり方——心理にじわじわと影響を及ぼす関わり方——だった。これをわかりやすく説明するために、ラーロウはマーシャル一家の例を挙げている。〝労働者階級や貧困層の子供は、集団のなかでそれぞれの方法で自由を与えられている。対照的に、マーシャル家では、子供の生活のほとんどすべてが母親の継続的な監視下におかれている（強調はラーロウによる）〟。たとえば、娘が通う体操のプログラムがある。〝体操のプログラムに関する決断を家族の誰よりも重く受け止めているのは母親のようだった〟[5]。まるで、どこで側転や宙返りを学ぶかで娘の未来が決まってしまうかのように。

わたしがヒューストンやその周辺を訪れたのも、ニューヨークやケンブリッジ、ビバリーヒルズでの方法とは多少色合いがちがうものの、この地域はアメリカでも「集団活動型育児」が盛んな場所のひとつで、あらゆる要素がそろっているからだ。中流階級が大半であり、スポーツに熱狂している。生活に関する研究をしている組織も多い——たとえばテキサス・メディカル・センターやベイラー大学、ライス大学、ヒューストン大学、さまざまなエネルギー関連の会社など。そして二〇一〇年の国勢調査によれば、十八歳以下の子供がいる家族が圧倒的に多いのである。

ここでは、放課後の野球は単なるリトルリーグではない。プロなみのリトルリーグのチームがあり、バッティングの個人教師までいる。上手な子はクラブ対抗のトーナメント戦に参加している。「入団試験なんてものはないのよ」ローラ・アンはいう。「スカウトされなければ入れないから」ヒューストンから百キロほどのところでは、ナディア・コマネチ、メアリー・ルー・レットン、ケリー・ストラグらのコーチを務めていたベーラ・カーロイが体操のトレーニングキャンプを実施している。読むことを覚えるまえにフットボールをはじめる子供もいる。「スティーブンは夏じゅうフットボールのキャンプに行っていたわ」わたしが会った母親の一人、モニク・ブラウンはそう話す。「まわりには、〝この子にはプロテイン・シェイクやマッスルミルクを飲ませなきゃ〟っていう親ばっかりよ。まるでプロを目指してるみたい。まだ七歳なのに」

いちばんひどいのは夏である。日が長い分、たくさんのことができるからだ。テキサスで取材の電話をかけはじめた六月、十一歳と十三歳の男子の母親と話す機会があった。二人とも数学と理科が得意だった。ほとんどの親は、いまのサマーキャンプが昔とはちがう――テザーボールやリレー競走や、体に悪そうな駄菓子でいっぱいだったころとはちがう――と知っている。いまのキャンプは週ごとの集中コースになっており、体力や豊かな心を育む内容になっている。しかし、いくら新しい能力を育むための進化を遂げているとはいえ、この女性が話してくれた息子たちの夏の選択には驚かされた。マニアの子供にとっては天国だろうが、送り迎えをする両親にとっては地獄でしかない。Ｊａｖａを教えるコンピューター専門のキャンプがあり、Ｃ＋＋のキャンプとビジュアル・ベーシックのキャンプもある。さらに、メニューにないやり方でビデオゲームを改造する方法を教えるマニア向けのゲーム裏技キャンプまであった。ヒューストンの自然科学博物館が主催するもののなかには、化学キャンプ、宇宙キャンプ、恐竜キャンプ、物理キャンプがあった（なかには「スター・ウォーズ戦士のアカデミー＆評議会」というものもあった）。アメリカ・ロボット工学アカデミーは「おかしな動きの装置」や「レオナルド・ダ・ヴィンチの機械」に関するキャンプを主催した。成績のいい七年生が参加できる三週間のプログラムで、建築から神経科学まで、大学レベルのコースを用意したものもあった。変わったことが好きな子は、「ダクトテープ工作」のコースに参加することもできる。その名のとおり、たとえば携帯電話のケースやビーチサンダルなど、粘着テープから驚くようなものをつくりだすのだ。

こんなふうに子供たちの活動は急速に増え、親の関与の度合いも大きくなった。数字を見るとよくわかる。アメリカの国民生活時間調査によると、二〇〇八年に母親が育児に使った時間は、一九六五年に比べて一週間あたり三・七時間多くなっている。一九六五年といえば、まだ職場で女性を見かけるのが珍しかったころだ。二〇〇八年の女性の有給労働時間は、そのころと比べて約三倍に増加している。父親が二〇〇八年に子供と過ごした時間も、一九六五年と比べると三倍以上に増加している。[6]

つまり、いまの主流はこういう徹底した――そして労力のかかる――子育てなのだ。これはどう解釈すればよいのだろうか。

単純な説明がひとつある――子供の数が少なくなったので、一人あたりにかけられる時間が多くなったのだ。ほかに、もう少しこみいった説明もある。わたしたちが住んでいるアメリカは広い。

つまり、子供の友達は離れたところに住んでいるので、交友関係を広げるチャンスを与えるためだけに、集団的な活動に参加させたいと思うのだ（ここでひとつつけ加えると、これはとりわけヒューストンにはよく当てはまる。なにしろ、十二車線にものぼるハイウェイが幾重にも延びており、ＳＵＶや、アイスクリーム・トラックくらいの大きさの車がひっきりなしに往来しているのだから）。もうひとつの理由は電子メディアの氾濫である。電子ゲームの誘惑を怖れる親が、もっと建設的な活動をさせることによって子供をゲームから遠ざけたいと思うのだ。また、現代の親は子供の安全を過剰に心配する傾向にある。ときに極端な心配をする親もいる。これもまた、よりいっそう子供の時間を管理したいと親が思う一因だ。そしてアメリカは女性が働く国である。この事実はいまだに不安や葛藤を生んでおり、その結果、親は――とりわけ母親は――不在の時間を埋めあわせるために、勤務外の時間はできるだけ多く子供と一緒に過ごそうとする。

しかし根本的には、過干渉な子育ては将来についての新たな不安や戸惑いを反映している。現代の中流階級は、将来うまくやっていけるように子供を完璧に教育しなければならないという信念に支配されている。しかしそのための努力は支離滅裂で、矛盾を孕むごちゃ混ぜの状態である。子供の教育という重要な問題において必要とされているのは何か、自分たちの具体的な役割は何かがわからず、わたしたちは途方に暮れているのだ。正確なところ、子供たちになんの準備をさせればいいのか？　母親や父親として、子供たちにどうやって将来の準備をさせるべきなのか？　いままでの親はそれを考えずに子育てをしてきたのだろうか？　それとも、昔のほうが親と子の役割は現代よりもはっきり、シンプルに定義されていたのだろうか？

答えは明らかだと考える人もいるかもしれない。だがこれは思ったより複雑な問題であり、子育ての中間期最大の難題でもある。あらゆる側面において子供の長所や短所、趣向や特徴が明らかになってくるのがこの時期だ。変わった行動、少しばかり腹の立つような癖、楽しい個性といったものが固定され、性格ができあがってくる。そうやって一人の人間としての全貌が表われはじめる。中流階級の親は、この時期を決定的なものと考える。子供がなりうる最良の自分になるために、この時期に何ができるのか、あるいは何もできないのか。しかし親にもどうすればよいのかよくわからないし、望むゴールに子供が到達できるかどうかもわからない。ヒューストン郊外に住む母親のレスリー・シュルツ——またのちほど登場する——はこう話す。「子供が小さかったときに疑問に思ったのは〝離乳食のタイミングはこれで正しいかどうか〟だった。いまはそれが〝子供のための自分の選択はこれで正しいかどうか〟になっている」

実際問題として、正しいかどうかはあとになってもわからない。

「集団活動型育児」は、沿岸地域の人々の肥大した特権意識の副産物、あるいはせいぜいテキサス州規模の野心と見なされることも多い。しかしアネット・ラーロウの著書を読みながら頭に浮かんだのは、ミネソタ州セント・ポールのＥＣＦＥで会った二人の女性のことだった。二人はある母親グループで知りあったそうで、そのグループのことを「委員会」と呼んでいた。全員が子供の活動のためのさまざまな委員会で知りあったからだ。そのうちの一人からもらったメールには、〝委員会の女性はみんな、頭がよくて、思いやりがあって、楽しく活発な人ばかり。だけどみんな燃え尽きてしまいそう〟とあった。

翌日、メールをくれたマルタ・ショアとカフェで会った。マルタは統計学の教授で二児の母。あまりにも多忙なので、今年は親として活動に参加するのは子供一人につきひとつにすることに決めたという。

理由を訊いてみた。

マルタは一瞬困惑したような表情を浮かべ、しばらくしてからこういった。「だって一人ひとつと決めなければ、全部で十八になるから」

しかし質問の意図はそういうことではなかった。訊きたかったのは、ひとつだけでも続ける必要があると感じるのはなぜかということだった。マルタはすでに九歳の娘の水泳のレッスン、ヘブライ語の学校、ピアノ教室の送迎を（あるいは、最低でも送迎の手配を）しており、そのうえ娘のガールスカウト隊のリーダーでもあった。さらに、娘のために柔道やアートのレッスンを探したりもしていた。こうした習い事をさせる時間や経済的余裕があるわけではない。しかし娘が興味を示したからには、少なくとも検討はしなければならないと思っている。また、自分の三歳の子がまだクラスに参加しているという理由から、ＥＣＦＥの広報活動もしていた。

マルタには、こうした活動をまったくしない自分は想像できなかった。なぜそこまでの水準で（すべてそれなりに費用がかかり、しかもフルタイムで働きながら）こだわりつづけるのか訊いてみたが、そもそも質問の意味がわからないようだった。彼女にとっては、なぜ息をしているの、という質問とおなじように感じられたらしい。

翌日、「委員会」のべつのメンバーで、マルタの友人でもあるクリッシー・スナイダーに会った。四人の子育てで家にいたクリッシーも、今年は「安息の年」だといっていた。それでも教会の評議会と子供牧師会の役員はしているという。子供たちの課外活動について訊いてみると、次のような答えが返ってきた。彼女の言葉をそのまま書いておく。

今年の夏、エディはふたつスポーツをする予定なの。それから、日中にはべつにやることがある。週に五日の水泳が五週間。アートのクラス。これは上の子供たちと一緒だから、乗せて行くのは一回だけで済む。でもそのあとはべつ。エディはティーボールとサッカー。ヘンリーは遠征の多いサッカーチームと野球のレクリエーションリーグに入ってるし、イアンも野球のレク・リーグに入ったばかり。そのあとは家庭教師が来てヘンリーとイアンのリーディングの授業。ヘンリーはピアノとチェロもやっているのよ。チェロは学校で、ピアノは個人レッスンで。どっちを続けようか迷ってる。お金がかかりすぎるから、宝くじでも当たらないかぎり両方は無理ね。本人は得意だから両方つづけたいっていってるけど。イアンは学校でバイオリンをやってる。これにはわたしも参加しないといけないのよ、スズキ・メソードだから。

いちばん下のミーガンは二歳なので、習い事にはまだ早い。

どちらの母親も、経済的に余裕があるわけではない。子供たちは公立の学校に通っている。クリッシーが夫と四人の子供と住んでいるのは、百二十平方メートルほどの家だ。けっして豪邸ではない。また、習い事をさせるというのは、べつの趣味を捨てることでもある（子守りと夜間の習い事のあいまを縫うようにして夫と夜のデートをするととても高くつく、とマルタは何度もこぼしていた）。しかしこれが彼女たちのしていることであり、まわりの親たちのしていることでもある。本にもそうすべきだと書いてある。情報化時代の子育てでは当然のようにこういうことが起こる。マルタはこういっていた。「どこかに、〝スポーツをしている女の子はドラッグをやったり妊娠したりする確率が低い〟って書いてあった。そのときこう思ったの。〝よかった、娘が四歳のときにサッカーをはじめていなかったら、チームスポーツなんて絶対やらなかったはず〟って」

スポーツはあまり関係ないかもしれない、娘はこのままでもきっと大丈夫、とマルタが気づくには少し時間がかかった。

「役に立たない子供」の出現

こんにち、ほとんどの中流階級の親はマルタやクリッシーのやり方がふつうだと考えている。わが子のこととなれば、それが度を超しているとは思わない。わが子の将来のためなら、自分がボロボロになっても——自分がボロボロだと思えても——かまわない。親はなんだってする。わが子にはそうするだけの価値があるのだから。

しかし大人は昔から子供に甘かったわけではない。歴史学者のスティーブン・ミンツによると、十九世紀よりまえには、明らかに大人は子供に厳しかった。当時の大人は子供時代を〝未熟で不完全な時期〟と見なしていた。[7]親が〝ノスタルジアや愛情をこめて子供に言及する〟ことはめったになかった。ニューイングランドの入植者が、生まれたばかりの子供を〝それ〟とか〝小さな他人〟と呼ぶのは珍しいことではなかった。[8]そしてこの小さな邪魔者たちを危害から守るために特別な対策を講じるようなこともなかった。〝子供たちはロウソクや暖炉の火で火傷をしたり、川や井戸に落ちたり、毒物を飲んだり、骨折したり、針を飲みこんだり、鼻に木の実を詰まらせたりした〟とミンツは書く。[9]また、子供たちが人生の過酷な現実からショックを受けるのを避けようともしなかった。〝聖職者は、できるだけ早く子供に死について考えさせようとした。説教では生々しい地獄の様子や、永遠の責め苦を受ける恐怖が語られた〟。[10]

引用はすべてミンツの『ハックのいかだ』（未邦訳／*Huck's Raft*）から。この本には、アメリカ建国のころから現在に至るまでの子供のことが詳細に書かれている。プロの歴史家でない親にとって、この本は発見の連続となるはずだ。歴史を学ぶことで、現在の確信や信念の背景にあるものがよくわかる。とくに子供時代の扱いの変遷には驚かされる。現代の親は、子供に関する信念は本能にもとづくものであり、変わることはなく、これ以下のものにはなりえないと考える傾向があるからだ。ミンツによれば、子供とは傷つきやすく愛すべき無邪気な存在だという考えを、アメリカ人は最初から持っていたわけではない。[11]とはいえ、まったくなじみのない考え方というわけでもなかった。十八世紀には哲学者のジャン・ジャック・ルソーが、子供は純粋で自由であり、抑制や狡猾さとは無縁の存在だと述べた。十七世紀にはジョン・ロックが、子供は白紙の状態で生まれ、両親の教育によって変えることのできる存在であると述べた。しかし大人が子供を貴重な存在と思いはじめたのは、十九世紀初頭になってからだった。ハイチェアが出てきたのがこのころで、これは文字どおり新しい、一段上昇した子供の役割を示すものとなった（いってみれば、子供が食卓に自分の席を獲得したのだ）。おなじころ、初めての育児書が出版された。アメリカ初の公立学校ができたのもこのころだ。小児病院や孤児院といった、子供のための福祉施設もできはじめた。考え方そのものの変革が始まった。

しかしながら、この変革によって子供が新たな特権を得たかというとそうでもない。子供は貴重な稼ぎ手だったからだ。十九世紀初頭には、産業革命によって子供の労働の需要が急増した。小さな村の子供たちは、あちこちにできはじめた製粉所や鉱山に働きに行った。町でも露店や工場にたくさんの子供がいた。農業も商業化しはじめ、農場での子供の労働はとくに貴重なものとなった。いや、子供たちはすでに農場の経済のなかでなくてはならない存在だった。[12] ミンツによると、子供は五歳になるまでに草むしりを覚え、八歳までには収穫作業を覚えた。十九世紀末には、子供の収入は母親の収入を上回るほどになり、また、十代の少年の賃金が父親の賃金を超えることも珍しくなかった。[13]

進歩主義時代とは、多くの学者がゆるやかに一八九〇年から一九二〇年ごろを指して使う言葉だが、この時代になると大人たちはようやく団結して児童労働を禁じようとした。変化には時間がかかった。多くの場合、農場での労働は例外とされた。子供の人格形成の場と見なされていたからだ。第二次世界大戦中も、若者の多くが海外にいたため、児童労働の制限を緩和せざるをえなかった。しかし終戦が転換点となった。現在のわたしたちが考える子供時代の定義――教育と情緒の発達だけにあてることのできる長い庇護の期間――が、アメリカで一般的になった。[14] フルタイムで働くのは大人だけ。子供は働かない。働くことができない。それどころか、親が子供にお金を与えるようになった――「お小遣い」という奇妙な習慣のはじまりである。[15] 子供のいちばんの仕事は学校に行くことだ。ビビアナ・ゼリザーは『子供にあえて値段をつけるなら』（未邦訳／*Pricing the Priceless Child*）のなかでこう書いている。〝十九世紀には労働力として役に立った子供が、教育事業によって役に立たない子供につくりかえられた〟。子供たちのやるべきことは、実際の仕事《アクチャル・ワーク》から宿題《ホームワーク》になった。もちろん、教育には価値がある。しかし家族に収入をもたらすわけではない。〝子供の労働は家計を支えた。一方、新しい子供の仕事はおもに子供自身のためになる[16]（強調は本書筆者による）〟。

子供は独特のやり方で最初に情報経済の一員になった。学業が――家計を支えるのに必要な実生活の技術とほとんど無関係なものが――子供たちの専門分野になった。学問とスポーツ。現代的な子供時代がはじまった。

序章でも紹介したが、ゼリザーはこの歴史上の変化を印象的な言葉で表現している。子供は〝経済的に無価値でも、気持ちのうえではプライスレス〟な存在になったのだ。[17]

愛情が注がれるようになり、子供は多くの恩恵を受けた。家族から貴重でかけがえのない存在として扱われることによって、畑を耕すことで貢献していたころよりも家庭内での権力は大きくなった。この新しい、神聖ともいえる地位のおかげで、従来の家族構造の上下関係が逆転したという社会学者もいる。都市計画の専門家であるウィリアム・H・ホワイトは、一九五三年のフォーチュン誌上で、戦後のアメリカは子供が主導権を握るいわば〝子供主義〟であり、子供が〝独裁的〟な影響力を持つほどに采配を振っている、と論じた（ホワイトはその後、一九五六年に『組織のなかの人間』〔岡部慶三、藤永保訳、東京創元社〕というベストセラーを書いている）。子供が大人のために働くことをやめた瞬間から、誰が家族の中心かわからなくなった。[18]

この逆転現象は、現在の中流階級の行動にさらにはっきりと見てとることができる。ラーロウは『不平等な子供時代』のなかでこう書いている。〝中流階級の子供は親と口論し、親が無能であると不平をいい、親の決断を軽んじている〟。これは、ラーロウが見た貧困層や労働者階級の子供には当てはまらない。彼らは〝大人の指示に、口答えせずに即座に従う〟。ラーロウが気づいたところによれば、低収入の親は命令し、指示する。中流階級の親は選択肢を与え、交渉する。[19]

子供は親の気遣いを感じとる。ほかの時代であれば親が阻止し、罰したはずの口答えに、現代の中流階級の親は褒美を与える。程度の差こそあれ、かつてはどの子供も身のほどを知るようにいわれた。現在では、裕福でない人々――そもそもの初めから権力のない人々――の子供だけがそういわれる。一方、中流階級の子供は、自分のことは自分で決める権利があると教わる。長い目で見れば、この考え方はよい影響をもたらすことも、悪い影響をもたらすこともある。子供たちはどんな権力構造にも立ち向かい、権力者を出し抜くことができると思ったまま社会に出ることになるからだ。しかし、すぐにわかることがひとつある――こうした態度は親にとってあまりよくない。〝親が子供に積極的に身につけさせようとしているまさにそのスキルによって、親の権威が危うくなり、場合によっては否定される〟とラーロウは書く。[20]

多くの母親や父親がボーイスカウトに魅力を感じるのも、子供たちが傲慢になっているせいかもしれない。ボーイスカウトは規律を教え、敬意をはらうことを教える。もちろん、それを教えるのはボーイスカウトだけではない。教会もそうだ。しかしボーイスカウトでは責任を持つのは親であり、法衣を着た他人ではない。足病外科医でカブマスターのランディは、こういっていた。「子供は大人をロール・モデルとして見ているんだ。何もいわなくても大人がやっているように行動する」そして少し考えてからこうつけ加えた。「子供を礼儀正しくさせておけるのはとてもすばらしいことだ。レストランに行って、子供にマナーを守らせることができるのも」

家族のなかで子供の役割が変わったのだとすれば、それひとつを取っても重大な歴史的進歩だ。しかし産業化と近代化は必然的に親の役割も変えた。時がたつにつれて、母親と父親も家計における従来の機能を失った。産業革命よりまえは、子供を教育的、職業的、宗教的に指導していたのは親だった。親は服をつくり、テーブルに食べ物を載せ、子供が病気になれば看病した。けれども産業化にともなってこうした役割はひとつ、またひとつと家族でない人々や、完全な外部組織に委託されていった。最終的には、〝家族単位の経済〟という考え方そのものがなくなってしまった。親に残された唯一の仕事は、生活を維持し、子供の身の安全を守ることだった。

以来、両親の役割というテーマが議論になると、かならず母親や父親が失った従来の役割の話に行きつくことになった。この点は、無干渉であろうと〝タイガー・マザー〟並みの過干渉であろうと、アタッチメントを重視していようと愛のムチを振るっていようと関係がない。こんにち、

「子育て」に必要なものは昔よりはるかに曖昧になっている。何が必要ないかはわかっている。数学や地理や文学を教えたり（学校がする）、病気の治療をおこなったり（小児科医がいる）、服やズボンをつくったり（外国に多数の工場があり、既製品が量販店〈オールド・ネイビー〉で売られている）、食材を育てたり（工場式の農場があり、生産物がスーパーマーケットで買える）、職業訓練をしたり（短大や講習、教育ビデオがある）。こうしたことを親がする必要はない。しかしながら、子育てとは何をするものか――これを定義するのははるかにむずかしい。中流階級の親の唯一の共通認識としては、親がしていることがなんであれ――一日三時間バイオリンの練習をさせることであろうと、なんのプレッシャーも与えていなかろうと――すべては子供のため、子供だけのためにしていることなのだ。いまや家族のため、社会のために子育てをする親はいない。

親というのは、子育てにまつわる物事はいままでもずっとこんなふうだったのだと思いこんでいるところがある。それはちがう。現代の家族がこんなふう――現代風――なだけであり、そのなかにあるわたしたちの立場もまったく新しいものなのだ。親としてのこうした暮らしがいかに新しく、いかに例外的で、いかに歴史に反しているかを心に留めておかないと、いまわたしたちが母親や父親として生きている世界がまだ発展途上にあることが見えてこない。現代的な認識の〝子供時代〟がつくりだされてから、まだ七十年も経っていないのだ。長い歴史から見ればほんのうたた寝程度の期間である。

グローバル基準に最適化された子供

「悪くない場所でしょう?」

非の打ちどころのない装いをしたすてきな四十歳の女性、レスリー・シュルツが赤レンガの家の玄関で出迎えてくれる。ここはヒューストンの南西にあるシュガーランドという高級住宅地だ。寝室が五部屋ある五百平方メートル弱の家――レスリーと夫が十年ほどまえに三十五万ドルで購入した家――は、このあたりの基準では大きな家でもなんでもない。整然とした区画《ブロック》には、おなじくらい広々とした家（居間がふたつに大聖堂のようなキッチン、寝室にはすべてバスルームがついている）が並んでいる。来る途中に走ってきた大通り、パーム・ロワイヤル・ブールバードにはさらに大きな家が並んでいた。一千平方メートル級の家もあった（最初はカントリークラブの建物かと思ったが、似た建物が次々と目に入ってきた。王族の団地といった風情）。

レスリーを訪ねたすぐあとに、裕福なインド人医師たちがこういう広い家をいくつも所有しているのだと、ほかのシュガーランドの住人からくり返し聞かされることになった。事実かどうかはわからない。聞きようによってはいわれのない差別にも聞こえる。だが、こうした住民の変化の背景はすぐにわかった。一九九〇年には、シュガーランドの住人の七十九パーセントが白人だった。[21]現在は、白人が四十四・四パーセントで、アジア系が三十五・三パーセントである。この地域の政治的な考え方は昔もいまも保守系だ。二〇〇六年に辞職するまで下院院内総務を務めたトム・ディレイを考えるとよい。だが、最近になってインドや中国から向上心あふれる移民が流入してきたことによって地域の様相が変わった。多くの白人住人の目からすると、地元の学校の〝成績優秀〟の基準が変わったことで自分たちの生活に直接影響が及んでいるという。

レスリーは次のように話す。「このあたりの白人の家族が子供に努力させるなら、たいていはスポーツをやらせる。たとえば、肩を壊すまで一年中水泳をさせるとか。でも、アジア人の家庭は勉強を重視している」

その言葉どおり、レスリーも子供に最低週一回はスポーツをさせている。十三歳の娘はバレーボールのチームに入り、毎日練習をしている。十歳の息子は野球を週二回、空手を週二回、オフシーズンにはフラッグフットボールを週二回。レスリーにとっては学校の成績もまちがいなく重要で、娘は優等生だと誇らしげに話す。また、全州の三年生向けのテストが迫っていた昨年の夏には、息子のために家庭教師を雇ったという。けれども彼女の声には、ここまでしなきゃならないのかという疑念も混じっている。「ずっと考えてたわ。まだ二年生なのに、なぜ家庭教師まで雇おうとしているんだろうって」

かつてならうまくいったはずのアプローチだった。シュガーランドのような上位中流階級の居住地に引っ越し、子供にチームスポーツをさせ、よい成績を取らせれば、かなりの確率で州内のよい大学に入り、学位といくらかのコネを手にして社会に出ることができる。ある程度のポジションが無理なく確保できる。レスリーの夫はテキサスで育ち、ヒューストン大学に入った。そしてそこでレスリーと出会った。二人は母校にたいへんな思い入れがあり、応援に行ったフットボールの試合についてフェイスブックにたくさん投稿している（合言葉は「行け、ヒューストン・クーガーズ！」）。

だが最近になって、長く大切にされてきた秩序を揺るがす事件が起きた。一九九七年、「上位十パーセント・ルール」として知られる五八八号法案が州議会を通過した。[22]これは上位十パーセントの成績で高校を卒業したすべての子供が州立大学に入学できることを保証するものだ（教育費が支給されるわけではない）。貧しい黒人やヒスパニック系の人々は、子供が――よい学区に住む子供たちとの比較ではなく――同地域に住む子供たちのなかだけで相対評価を受けられるのを歓迎した。テキサスの田舎に住む貧しい白人も同様だった。しかしこの法律はレスリーのような裕福な郊外の住人にも興味深い影響をもたらした。かつては、テキサスA&M大学、テキサス大学オースティン校、ヒューストン大学などの学生は、シュガーランドのような地区にある州内最優秀の公立学校の出身者が大半を占めていた。いまはそうした学校も定められた数を守らなければならない。そしてレスリーの意見では、上位十パーセントで卒業するのは〝タイガー・マザー〟に育てられた子供たちなのだ（たまたまこの訪問の数カ月まえに、エイミー・チュアの『タイガー・マザー』〔齋藤孝訳、朝日出版社〕が出版されたばかりだった）。

「娘の中学校では白人は半分以下よ」とレスリーはいう。実際、学校のデータによれば白人はわずか三十一パーセントだ。[23]「いちばん多いのはインド人とほかのアジア人」五十三パーセント。「だから学業面の競争は激しいの。大学入学を考えると大問題よ。八年生を終えるころには、娘は高校の単位をふたつ取っているはず。でも五つや六つ取る子もいる。だから高校卒業までに娘がクラスで上位四分の一に入っていればラッキーね」

レスリーの分析は大雑把すぎるように見えるかもしれない。また、子供にリスクを回避させようとする意識がまわりの親よりも低いように見えるかもしれない。しかし、これがこのあたりの一般的な考え方だ。ネットワークが張りめぐらされ、さまざまな役割が外部に委託され、多様な文化に対応しなければならないこの時代を子供たちは生きていくわけで、子供にその準備をさせるためのルールもできたばかりだ。レスリーは、去年娘が七年生になったとき最初の週に学校の懇親会に参加したんだけど、という。「アジア人の親はみんな手を挙げて、デューク大学のプログラムのことを質問していたわ」レスリーにとっては聞いたこともないプログラムだった。「インド人やほかのアジア人の親たちもみんなうなずいてた。わたしは考えたこともなかった。いったいなんの話をしてるのかしら——そういって帰ってきちゃったわよ」

答えはあとでわかった。デューク大学の〈能力開発プログラム〉は全米を対象とした組織で、ふつうは十一年生が受けるSATやACTを、七年生に受けさせる。[24] 一定の水準以上の成績を取った子供は、南東部から中西部の一帯で夏季や通年にわたっておこなわれるさまざまなカリキュラムに参加できる。優等生の娘がその資格を手に入れたとわかると、レスリーは「学校のカウンセラーに連絡して訊いたわ。〝どんなメリットがあるの？　大学進学に有利なのかしら？〟」当然の質問よね、とレスリーは思った。けれども返ってきた答えはひどく曖昧なものだった。「〝それはあなた次第です〟っていわれたわ」このプログラムを受けても成績表には反映されない。また、デューク大学という名前がついてはいるが、デューク大学に入るのに有利になるわけでもない。「だからまったく勧めなかったわけじゃないけど、娘にはあなた次第よっていったの」

結局、娘は参加しなかった。レスリーはいう。「いまになってふり返れば、行かせるべきだったかもしれない。でもあまり気が進まなかったのよ、課外活動はもう充分だと思って。クラスは全部、準上級だし、娘にあまりストレスを感じてほしくなかったから」

知らない人も多いが、マーガレット・ミードにもアメリカの子育てについていいたいことはたくさんあった。一九四二年に書かれた『火薬をしめらせるな』（國弘正雄、日野信行訳、南雲堂）はミードの著作のなかではあまり有名ではないが、この本には彼女が見聞きしたことが記されている。いまとなっては古めかしく感じられる部分もある。しかし子育ての方法やそれにまつわる心配事に関するページは、先週書かれたといっても違和感がないほどだ。ミードがこの本を執筆した時期と、子供が従来の役割を失った時期——現代風の守られた「子供時代」が発明された時期——がほぼ一致しているのは偶然ではない。第一の義務が子供を教化することになったとき親に何が起こったかを、ミードはおそらく意図せずに、それでいてどんな社会評論家よりも的確に記録した。

人類学者として、ミードはさまざまな家族構造や育児哲学に精通していた。ミードがアメリカの親についてどこか変だと思ったのは、子育てに明確な目標がないところだった。たとえば英国の貴族なら、目標は自分の子供を一人前の貴族に育てあげることだ。インドの稲作農家であれば、おなじ土地で農業を営めるように訓練することだ。バリ島の鍛冶屋であれば、鍛冶屋を継ぐ息子を育てることだ。昔のヨーロッパでも、開発途上国でも、文字を持たない社会でも、親は古い伝統を守る者であって、新しい伝統をつくりだす者ではない。ミードはこう書く。〝他の社会なら、両親は子供を自分たちの生活様式に合わせて育てれば済む。…（中略）…こういう社会では両親の仕事も比較的簡単である。自分が座ったのと同じように、子供にも座り方を教えればよい〟。教えるのが苦手でも関係なかった。〝個人レベルの無知や無能〟があったとしても、背後から親を支える確たる社会の慣習があった。親はただそれを維持すればよかった。[25]

けれどもアメリカは特別であると、ミードはすぐに気がついた。頼るべき古い社会の慣習がなかった。子供に受け継がせるべき生活様式もなかった。アメリカという国が約束したのは――アメリカの魅力であり、力でもあるのは――国民が伝統や、硬直した不変の社会構造に縛られないことだった。アメリカ人には、世代ごとに自分たちのすべてをつくりあげる自由、つくりなおす自由があった。いまもあるはずだった。息子も娘も、父親や母親とはちがう場所で、ちがう方法によって、ちがうことをする。ミードは次のように書いている。〝アメリカの親は子供が自分から離れていくことを期待する。距離的にも職業的にも社会的にもである。つまり子供が他の町や州へ行き、自分とは異なる職業につき、違った技能を身につけ、できるならば自分たちとは異質な人々と「旅する」ことを期待するわけである〟[26]。

さまざまな意味で、この考え方は非常にすばらしい。しかし母親や父親自身が子供の道しるべになれないということでもある。ミードが論理的に導きだした結論によれば、アメリカ人は息子や娘に親自身の人生とは似ても似つかない人生を歩ませようとしている。アメリカの父親にとっての息子の存在を表わすのに、ミードは〝秋のような存在〟という言葉を使う。すてきな言葉だし、技術的な変化のめまぐるしい現代社会にもよく合っている――父親は息子に自分を超えさせようとしているのだから。ミードはこう書く。〝ちょっと経つと、父親には全く手の負えない器具をいじくりまわし、どこに取っかかりを求めたらよいか全く意味不明なことばを小生意気に話す代物になってしまう〟[27]。

どんなに賢明で有能な母親や父親であっても、「不確かさ」のまえでは弱みが生まれる、とミードは書く。アメリカでは、この不確かさは子供が生まれると同時にはじまる。親になったばかりのアメリカ人は、子供のためになるならと、流行りやブームを手当たり次第に試そうとする。ミードはこう観察する。〝一方では教育、食餌療法、人間関係などに関する新しい流派が雨後のたけのこのように、また初春のザゼン草のようにここを先途と、生いしげっている。実績によって証明されていない新奇な流派がである。他方、真面目で教養もある人々が、千年も前にアリストテレスが提示した古典的な修辞法に従おうとしている〟。ある年にアタッチメント理論にもとづく育児が必需品のようにもてはやされ、三年後には下火になっていたのもこの不確かさのためだ。クライ・イット・アウト方式がいっとき流行し、その後数シーズンでひどい方法だと見なされるようになったのもこのためだ。オーガニックの自家製ピューレが突然ガーバーのベビーフードにとって代わったのもこのためだ。ある世代の人々はガーバーの壜詰めを食べて問題なく成長し、その後本を書いたり、会社を経営したり、ノーベル賞を取るような科学者になったりしているというのに。親が〈ベイビー・アインシュタイン〉の製品を買うのもこの不確かさのせいだ。子供の認知能力を育てるという確たる証拠があるわけでもないのに。ある友人――非常に聡明で理知的な男性――から、きみはなぜ息子が小さいうちに手話を教えなかったのかと善意百パーセントの真顔で聞かれたことがあったが、その理由もここにある（「母も教えてくれなかったから」とわたしは答えた。「でも見てよ。わたしは明敏だし、税金も払っているし、なんの問題もないでしょう」）。どんな書店にも育児本が何百冊、何千冊とあって、内容が正反対だったりするのもこのためだ。世間の知恵などないのだ。ミードはこう書く。〝古い、静的な文化においては、成長の度合をはかるための行動基準が存在する。歩きはじめるまでは赤ん坊で、乳歯を失うか、かん木を乗り越えられるとか、牛を原っぱに連れていけるようになるまでは小児とかいう風にである。…（中略）…ところがアメリカにおいては、そのような一定の基準など、ありはしない。あるのは今年の分の赤ん坊だけなのだ〟[28]。

そして学校にあがった子供の予定を親がびっちり埋めるのもこの不確かさのせいである。人生を豊かにし、将来への準備になるような活動をさせたいのだ。ミードはこう書く。子供についていえば、〝親に出来るのは、子供が自力で将来を切り開いていくべく準備してやることだけである〟[29]。子供が自力で将来を切り開いていくべく準備してやるというのも、ひどく具体性を欠く表現だ。しかし、戦略的な考え方を育むためにチェスを教えたり、上級《AP》クラスに参加させたり、チームワークや忍耐力や粘り強さを身につけるためにスポーツをやらせたりするのは、なんとなく役に立ちそうに思えるわけだ。いまや子供に商売や組合や農場のことを教える必要はない。ミンツが書くように、第二次世界大戦後のアメリカの社会には独特の思い込みがある。〝すべての若者が大人になるためにたどるべき道はひとつである〟[30]。つまり、運良く中流階級に生まれたからには、幼稚園から十二年生に至るまでの階段と、それに続く大学への道がある。この道のせいでまわりの子供はすべて競争相手になり、全員がおなじ基準（SAT、GPA、APスコア、課外活動への参加記録）で評価される。こうした環境で親にできるのは、子供が競争を乗りこえられるよう後押しし、かつて子供が家族の畑を耕したのとおなじ根気強さで子供を育みつづけることだけである。脚本家で映画監督のノーラ・エフロンは、二〇〇六年にこう書いている。〝子育てとは、ただ子供を育てることではない。子供をつくりかえることであり、フォアグラのアヒルであるかのようにさまざまなものを無理やり詰めこむことだ〟[31]。

ミードが『火薬をしめらせるな』を執筆したころ、アメリカは単一民族の国家に近かった。その後、一九六五年にリンドン・ジョンソン大統領が移民国籍法に署名し、アジア、ラテンアメリカ、アフリカからの移民制限が緩和されるようになるまで二十三年かかっている[32]。しかしひとたびこの法律が通過すると、アメリカは世界で最も多様な国となり、ミードの見解はますます反響を呼んだ。そして経済がグローバル化し、さまざまな境界が曖昧になりはじめると、ミードの見解はさらに意味を持つようになった。親は子供に、自分たちの人生とは根本的に異なった人生を送るための訓練をしなければならない。しかもそれだけでなく、もしかしたら言葉すらちがう環境で送るかもしれない人生に向けて、子供を訓練しなければならない。こうした不安を背景として、一九八〇年代には子供に日本語を教えることが流行した。こんにち、幼児を中国語のクラスに通わせようとする親がいるのもこれとおなじ不安のせいである（二〇〇七年に幼児向けチャンネルの〈ニコロデオン〉が突然のように『ニーハオ、カイラン』の放映をはじめたのもこのためだ）。子供にどんな準備をさせればいいかわからない親が、考えられるすべての未来に向けて備えようとしているように見える。

レスリーはこの不安を率直に話した。状況のちがうほかの親からも似た話を聞いた。たとえばクリッシー。子供四人の習い事の恐るべきスケジュールについて話してくれた、ミネソタの「委員会」

の母親だ。ある日のＥＣＦＥのクラスのあと、こう尋ねてみた——子育てのプレッシャーはどこから来ているの？

「いろんなところから来てると思うけど」クリッシーは答えた。「ひとつはトーマス・フリードマンから来てる」フリードマンはニューヨーク・タイムズ紙のコラムニストで、よく国際化《グローバリゼーション》について書いている。念の為にいっておくと、このときはとくにグローバリゼーションについて話していたわけではない。「フリードマンの『フラット化する世界』（伏見威蕃訳、日本経済新聞出版社）という本。中国人やインド人の家族は子育てに必死で、仕事は全部彼らに奪われてしまうかもしれないって」クリッシーは首を横に振った。「読みおわって、〝なんてこと！〟って思ったわ」自分の子供たちの将来の仕事が簡単に奪われてしまうかもしれないのだ。デンバーどころか、デリーに住む学生によって。

だけどあなたの四人の子供たちのほうがもともと有利だとは思わないの？　とわたしは尋ねた。アメリカの白人で、中流階級で、セント・ポールのいいマグネット・スクールに通っていて……。

「もちろん、かなり有利だとは思ってる。だけど世界はいまも変わりつづけている。わたしの時代だけでもずいぶん変わったし。この先十年、十五年で何が起きるかなんて誰にもわからない」

クリッシーには子育てを導いてくれる確たる社会の慣習がない。ミードならそういっただろう。

グローバル基準に最適化された子供　パート2

まわりの母親にはスポーツを重視する人もいるけれど、スポーツは数学ほど大学入試の役に立つわけではない――レスリーはそう思っているようだ。親によって考え方はさまざまで、子供を成功させるために必要だと信じるものはそれぞれに異なる。推測や個人の経験などを総合して漠然と考えるからだ。ひと口にタイガー・マザーといっても、さまざまなタイプがいる。

　それがよくわかったのは、ある晩夏の午後、ヒューストン郊外のミズーリシティの公園でスティーブ・ブラウンと座っているときだった。ミズーリシティはシュガーランドとはわずかに異なる。アフリカ系アメリカ人の住民が多く[33]（四十二パーセント）、シュガーランドほど裕福ではない（それでもかなり豊かではある）。一方、両者に共通するのは、自治体ぐるみでスポーツに熱狂しているところだ。スティーブも心底スポーツに熱中している。この公園に来たのは七歳の息子のサッカーを見るためだ。

「今日は試合？」スティーブはメッシュの椅子をふたつ並べながら尋ねる。スティーブ夫妻は二人とも南部出身の黒人で、彼らが住んでいるのも小ぎれいな地区だが、一軒あたり十五万ドルほどと、レスリーのところよりは控えめだ。しかしこの公園を見るかぎり、シュガーランドとそう変わらない。ここまで手入れの行き届いた美しいフィールドはなかなか見られない。

「ちがうよ」スティーブの息子が答える。「試合は土曜日」息子はフィールドに向かい、わたしたちは木陰に腰をおろした。

　サッカーをやっているのは親の希望なのか、子供の希望なのかを訊いてみた。

「それは……家族の希望だね」スティーブはいう。スティーブはハンサムで愛想もよく、熱心だ。

息子のプレーを見ていると、もともと力強い肩にさらに力がこもる。「ぼくは子供のころ、ありとあらゆるスポーツをした。高校に入るまで、いちばんやりたかった種目、つまりテニスにおちつくことはなかった」思い入れはまだ残っているようで、スティーブは白いテニスウェアに身を包んでいる。「だから息子にもいろいろなことを体験させたかった。フットボールのできる年ごろになったから、体験させようと思って、夏のあいだはキャンプに行かせたよ。だけどサッカーのスキルはほかのスポーツにも応用できるからね」

スティーブが育った家庭では、「スポーツは王様だった」という。スティーブはテニスの奨学金のおかげで大学の学費をまかなうことができた。スティーブの父親はバスケットボールの奨学金のおかげで大学に行けた。

スティーブの息子が水を飲みにきた。「みんなはどこだ？」スティーブが半分空《から》になったフィールドを見て尋ねる。

「わかんない」息子は走って戻っていった。

スティーブの息子についてはほかにも事前に聞いていたことがある——必ずしも競争好きなタイプではないのだ。見ていてもわかった。スティーブの妻のモニクが話してくれたとおりだった。わたしはスティーブに訊いてみた。じつは息子が絵を描くほうが好きだったら？

スティーブは笑う。「そうだね。それでも、少なくとも十歳くらいまではスポーツをやらせるよ」そして理由を説明する。「ぼくの弟もスポーツマンタイプじゃなかった。十二歳離れていてね。父親も無理強いはしなかった。弟には、ぼくに教えたようには教えなかった」スティーブは気を遣い、慎重に言葉を選びながらつづけた。「無理強いされなかったことが弟の個性にどう影響したかはわからない。だけどまったくちがう人間に育ったよ、ぼくと弟は」

実際のところ、弟は弟でうまくやっている。しかしスティーブは人から一目置かれる存在だ。大学時代に競技スポーツに打ちこんだことが人生に有利に働いたとスティーブがいうなら、反論するのはむずかしい。スティーブはヒューストンで広報関係の会社を経営している（じつは〝上位十パーセント・ルール〟のためのロビー活動もおこなった）。フォートベンド郡の民主党の議長でもある。最初に彼と連絡を取ったとき、彼が自治体でこんなに高い地位にいる人物とは知らなかった。スティーブを知ったのは、パルマー小学校のPTAを通してだった。パルマーは同地区のなかでも多様性に富んだ小学校である。モニクや、ほかにもこの章に登場する何人かの親が役員を務めている。スティーブが地元の有名人だったのはまったくの偶然だ。

つまり、あなた自身の経験によれば、スポーツと成功は切っても切れないってこと？

「そうだね。人から見てもわからないかもしれないけれど、成功をものにする意志の力が身につく。それが実際の生活にも現われると思う。強い意志と熱意。それに大志」

スティーブはもう一度フィールドを見て、くり返す。「みんなはどこだ？」

「だからもうしばらくはつづけさせるよ」スティーブは息子を見ながらいう。「スポーツで組織とか規律とかチームワークを学べば、どれも現実の暮らしに応用が利く。息子にとってしっかりとした土台になる。競争はしたくないと思うときもくるかもしれない。それならそれでかまわない。それでもぼくは、スポーツは人生の一部だと思うけどね」

あなたと息子が、何か共有できるものを持つために？　それとも、大学の奨学金をもらうチャンスを増やすために？

「まあね、奨学金はもらっておいて損はないよ」スティーブはそういって笑う。「確かにそれもある」そして少し考えてから突然、こんどはもっと真面目にいう。「それもあるけど、ぼくの家族はみんなスポーツマンなんだよ。そういうふうに育てられたんだ」

それからスティーブはわたしが思ってもみなかったことをいうが、予測くらいはしておくべきだったかもしれない。「まえの世代にとってのバスケットボールが、こんどはサッカーになると思う。だからサッカーが得意なのはすばらしいことだ。ぼくが育ったころよりずっとね」

いい換えれば、いまは国際化《グローバリゼーション》の時代であり、世界一人気のあるスポーツはサッカーである。だからもしあなたがスポーツの〝タイガー・マザー〟なら（自分はそうだ、とスティーブは進んで認める）、そしてもしあなたがこの時々刻々と変わりゆく時代に競争力を持った子供を育てたいと思うなら（スティーブはまちがいなくそう思っている）、やらせるべきスポーツはサッカーなのである。

集団活動型育児は親の自己愛の発露である、と見られることも多い。これが当てはまるケースもある（「自慢の子供」の意味の〝トロフィー・チャイルド〟という言葉が子育ての辞書に追加されたことからも決定的だ）。謙虚なふりをしながらわが子の偉業について長々と語る親には、誰しも会ったことがあるだろう。しかしそうした中流階級の懸命な子育てをもう少し好意的に解釈することもできる。つまり、恐怖に対する当然の反応、経済全体が縮小することへの理にかなった、心の奥底からの反応だと釈明することもできる。

わたしの両親が初めて家を買ったのは一九七四年で、七万六千ドルだった。頭金は両方の祖父の助けを借りて工面した。インフレの影響を差し引いたとしても、こんにちではたいした額ではない。現在、おなじ家を買うとなれば三倍はかかるだろう。そして祖父たちのような職業の人々――ブルックリンの病院管理者と、クイーンズの映画館の映写技師（映像や音響が気に入らない常連客に「ピントを合わせろ！」とか「音を大きく！」などと怒鳴られる仕事だ）――には、おなじくらい大きな支援はできないだろう（祖父二人はほぼ同額ずつ出した）。現代のドルにはここまでの力はなく、中流階級の家族にも昔ほどの貯金がない。不況まえの平均的な家庭の借金は、可処分所得を三十四パーセント上回っていた。[34]

ジュディス・ウォーナーは『完全なる狂気』のなかに、中流階級の経済力の低下について痛々しいほど詳細を記している。五百万ドル以上の資産を所有しているアメリカの家庭数が最多を記録した一方で、中流階級の世帯収入はインフレを考慮すれば一九七〇年代から変わっていない。[35]平均的な家庭の収入に対する住宅ローンの比率は増大する一方で、医療費も容赦なく高騰している（ホワイトハウスの中流階級特別委員会の調査によれば、民間の健康保険に加入している家族でも、医療費は平均で年収の九パーセントに達している）。[36]ここ数十年では、とりわけ男性の予想収入額が大きな影響を受けている。一九八〇年から二〇〇九年のあいだに、三十五歳から四十四歳（理論上は働き盛りの年代）の大卒の男性の賃金は、生産性の向上に比べて半分以下しか上昇していない。[37]女性も、母親になることで法外なコストを支払うことを要求されている。労働市場での性差による不平等を研究しているスタンフォード大学の社会学者シェリー・コレルは、同程度の能力を持った子持ちの女性と子供のいない女性との賃金格差は、いまや一般的な男女の賃金格差よりも大きいと述べている。[38]

しかし、こんにちの親にとって最も恐るべき数字はアメリカ農務省による試算で、これによると二〇一〇年生まれの子供一人を育てるのに必要な金額は、中間所得層の場合には二十九万五千五百六十ドルである。[39] 高所得層ではこれが四十九万八百三十ドル、低所得層でも二十一万二千三百七十ドルにのぼる。しかもこの数字には大学教育費は含まれない。[40] ちなみに大学教育費はインフレを上回るペースで増加しつづけている。二〇一〇年の時点において、四年制の私立大学で年間に必要な金額は平均三万二千六百ドル以上、公立大学でも約一万六千ドルである。

こうした厳しい状況下では、こんにちの中流階級の人々が子供の将来を不安に思い、この子たちが成長してもあまり豊かになれないのではないかと考えるのも無理はない。良心的な親であれば、子供の利益を保証し、未来をわずかでも明るいものにするためにできることはなんでもするだろう。

皮肉にも、この不安は裕福な中流階級の家庭に――つまりこうした経済の変化にいちばんぎょっとし、特権を失うことを最も怖れている上位中流階級の家庭に――鮮やかに表われている。二〇〇五年に、経済学者のペーター・クーンとフェルナンド・ロサーノが論文に書いたところによれば、わたしたちの経済はいま、未曾有の転換点を迎えているという。アメリカの労働者のなかで高い収入を得ている人々は、収入の低い人々よりもはるかに長い時間働いている傾向がある[41]（上位二十パーセントと下位二十パーセントの比較による）。二十世紀には、全般的にその反対だった。そして長時間働く動機は金銭的な見返りではないと、この二人の経済学者は推測している。それよりも、労働市場のはっきりしない雲行きのなかで自分を際立たせたい、そうすることによって不安定な時期にも雇用を確保できるようなプラスの評価を手に入れたい、と思うのである。長時間働かないことによる機会損失はあまりにも大きいのだ。

アネット・ラーロウと共同研究者たちは、子育てにもこれと似た現象があるという。大卒の母親ほど、子供に習い事をさせる――高収入の人ほど長時間働いているのとおなじ理屈だ。こうした母親たちも、子供を課外活動に参加させないことによる機会損失は大きすぎると思っている。軍備拡大競争にも似た、問題のある心理だ。参加者たちはやめられるものなら喜んでやめたいと思っている。しかしやめるのは遅れをとることと同義なのだ。

非の打ちどころのない母親

「ぼくのサングラスは?」十三歳のベンジャミン・ショウが後部座席のドアをあけて尋ねる。午後二時四十五分。ちょうど学校が終わったところだ。ベンは隣の空《から》の座席にバックパックを放りだす。母親のラン・チャンは中国語で答える。二人の会話はいつも中国語だが、わたしがそばにいるのでランも英語に切り替える。「何か食べる?　果物とか?　水かゲータレードでも飲む?」

「いらない」ベンは答える。「スケートは何時間だっけ?」

「二時間」

「えっ?」ベンの表情が曇る。ふだんはこういう顔をする子供ではない。自信とやる気でいっぱいで、いつも笑顔だ。じつは、わたしとランが会うための調整をしてくれたのはベンだった。とはいえ、ランの英語も会話に不自由ないくらい流暢ではあるのだが。「宿題がたくさんあるし、あしたは数学のテストなのに」

ラン自身もふだんは笑顔でいることが多く、気取らないタイプの女性だ（ジーンズを穿き、手首のシュシュを除けばアクセサリーはつけていない）。ランは探るような目でルームミラーを覗き、息子を見る。

「ほんと？　金曜日じゃなかったの？」

「いや、あしただよ。あと、ボキャブラリーのテストも」

「それで、宿題には何時間くらいかかりそう？」

「三時間」

こんどはランが表情を曇らせる。

「少し寝たら？　二十五分はかかるから」〈シュガーランド・アイス・スポーツ・センター〉まではそのくらいだ。

ベンは首を横に振る。

「じゃあ、ほかには？　学校のことで何かある？」

「うん。たくさん宿題がある！」ベンは歯を見せて笑う。

「その話は三回聞いた。コーチに話してみたら？」ランはルームミラー越しに笑顔を返す。「忙しくてたいへんね」

単純にステレオタイプに当てはめて考えるなら、ベンはどう見てもタイガー・マザーの教育の成果そのものだ。六年生になるまではヒューストンにある一流のマグネット・スクールに通っていた。いまは市内でも名高い私立学校、セント・ジョンズに通っている。フィギュアスケートを始めたのは六歳のころで、練習は週に六日。うち二日はシュガーランドまで通う。十二歳のとき、二〇一一年の全米ジュニア・フィギュアスケート選手権のジュブナイル部門で十四位になった。また、火曜日の夜はボーイスカウト、日曜日にはピアノのレッスンがある。ピアノは毎日三十分ほど練習している。学校の成績も優秀だ。疲れ知らずのタイガー・マザーにしても、どうしたらこんなにたくさんの活動につきあえるのだろう？

ベンの母親ランは確かに疲れ知らずだ。けれどもランは、子育てに関わる論争（いや、それをいうならあらゆる主題に関する論争）から抜け落ちている小さくて大切なことを、完璧に実践してもいる。ランはとてもやさしく、愛情深い。不安も抱えているが、それが攻撃的なかたちで表われたりはしない。どちらかといえば葛藤や弱さに近いかたちを取る。ベンが頑張ってやっていることの多くは、もともとランの発案ではなかった。アイススケートをやりたがったのはベンのほうで、あるクリスマスに近くのショッピングセンターでスケート選手を見かけてから夢中になったのだ。ピアノをやりたいといいだしたのもベン本人で、近所の子供が弾いているのを見て興味を持ったのである。

念のためにいっておくと、ランはベンを公文式の教室に行かせたりはしていない。ちなみに公文式は一九五〇年代に日本ではじまった放課後の学習塾で、ヒューストン地区だけでも何十もの教室がある。四年生のとき一度試してみたが、ベンがいやがったのでランも強制はしなかった。スケートリンクの観客席に座ってベンを見ながら、ランは話す。「正直にいうと、わたしも公文式は好きじゃない。わたしは中国出身だけど、中国のシステムは厳しすぎる。それがすごくいやだった。ベンのことはふつうに育てたいの」

じつは、ベンはレスリーの娘とおなじく、数学では一学年だけ上にいる。ただ、同級生には二学年分上にいる子も多い。だがランはこれで充分だと思っている。「優秀」なだけでは駄目で、「このうえなく優秀」であることが新たな標準である、という考えには明らかに戸惑いを覚えている。友人やまわりの親たちが標準テストの結果を比べあっているのを聞くと、いつも気後れしてしまうという。「そういう話はベンには聞かせたくないの。もちろん、何かを達成したいなら努力しなければならない。それは知ってもらいたいけど、無理強いはしたくない」

エイミー・チュアの『タイガー・マザー』は読んだ?

「少しだけ」ランは答える。「ちょっと誇張があるように思った。それにわたしの経験では、たとえタイガー・マザーのように行動しているとしても、自分がタイガー・マザーであるとはいわないと思う」

しかしランとタイガー・マザーのあいだにはひとつだけ共通点がある。わが子のために多くを犠牲にしているところだ。ランがこうした道をたどったことを意外に思う人もいるかもしれない。中国の有名な芸術家や知識人のいる一家に生まれ、自己主張することは大切だと信じて育った。父親からバイオリンを習い、たったの八歳で詩や散文を発表しはじめた。北京師範大学を卒業後、中国で記者や編集者として働いた。アメリカに来たのは、夫のジアンがテキサス州立大学MDアンダーソンがんセンターから博士号取得後の研究職を提供されたからだった。

渡米後しばらくは中国語の新聞社で働いた。だがその後ベンが生まれて、すべてが変わった。最初の四年はベンと家で過ごした。ベンが幼稚園に入るころには、記者として働くことはもう考えていなかった。残業が多すぎるからだ。代わりに生物学の分野でいくつかのコースを履修し、いまはテキサス小児病院で遺伝子治療の研究をしている。

いまの仕事はやりがいがあると感じている。しかし最初に愛した仕事ではない。ランが最初に考えたのは物書きになることだった。いまの仕事は勤務時間が短いため、一日の終わりには家でベンと一緒に過ごせる。毎朝車で学校まで送り、週末にはランか夫がピアノのレッスンに連れて行く。ランは週末にスケートリンクにも送っていく。平日にも、学校の始業まえの早朝にべつのリンクまで送ることもある。ボーイスカウトの活動もあり、こちらは火曜日の夜と週末だ。

送迎にたいへんな時間がかかっているのではないか、と訊いてみた。

「ぞっとするくらいね」ランは答える。「シュガーランドに住んでいればずいぶん楽なんだけど、そうするとこんどは職場が遠くて毎日の通勤がむずかしくなる」考えこむようにリンクの氷を見つめながら、ランはつづける。「〝もうスケートはやりたくない、バスケットボールがやりたい〟なんていいだしたらどうしよう。そうなった子もいるのよ。子供だから、何があってもおかしくない」

ベンにはありそうもない話だ。この夏、ベンはコロラド・スプリングスで七週間をすごし、巨大なリンクで毎朝六時から夜六時まで練習した。練習から戻ると、父親のいいつけに従ってオンラインの数学講座で勉強した。ランは二年分の休暇を使い果たして、このうちの五週間につきあった。ベンの父親も三週間をともに過ごした。リンクから三キロほど離れたアパートメントに一家で滞在したのだった。
いまさらやめるなんて許されない、、、って、ベンに話すこともできるんじゃない？

「それは絶対しないつもり」ランはいう。「ベンにはこういってあるの。〝やりたいことがあるなら、わたしはできるかぎりサポートする、時間やお金や労力をかけるのはかまわない。あなたはただベストを尽くしなさい〟って」

こうした負担は――時間であれ、お金であれ、労力であれ――ランにとってはなんでもない。怖いのは、息子の人生への〝感情の投資〟だという。

「親としては、わが子に完璧になってもらいたい」ランはいう。「でも、それは無理。スケートを見ていてもよくわかる」ランの指差した先では、ベンがとても優雅なプログラムを滑っており、わたしが見るかぎり最良のできだ。「見た？　いまのジャンプ」よく見えた。見逃すほうがむずかしい。「いまのはダブルアクセル。だけどまだ確実にできるレベルじゃない。あの子はうまく着地できるとすごく喜ぶけど、失敗するとひどく落ちこむ。そうすると、わたしもおなじ気持ちになるのよ。感情をコントロールするのがむずかしいの」

長髪をポニーテールにした女性が手をうしろで組み、ベンのあとについて滑りはじめた。トレーナーのシャノン、とランは説明する。わたしたちはしばらく眺める。ベンはじつに堂々と滑っている。「スケートの才能があるのね」とランはいう。わたしとおなじことを考えていたようだ。ランもようやくくつろぎ、喜びやプライドが顔に浮かんでいる――これがわたしの子だなんて信じられない。

「理屈で考えれば、〝スケートはただのスケート、子供はみんな滑るのが好きなものだし〟って思う。でも競技会のまえは楽しいだけじゃない。外からただ見ていることなんてできない。感情的にも巻きこまれる」

ランはまた氷を見つめる。「わたしの人生には三つの部分がある。ひとつは仕事。ひとつはベンジャミン。そしてもうひとつは十時以降の書き物と編集をする自分。ときどき、すごく疲れることもあるけれど」

もしもっと自分の時間があったら、書くことに集中したいと思う？

「ええ。書きたい本はたくさんある」ランは中国ですでに二冊の本を出版している。「三冊いっぺんに出版する予定なんだけど。シリーズだから。でも終わらない。時間がなくて」

ベンはあなたの本を読んだことがあるの？　とわたしは尋ねる。ランは首を横に振る。ランはベンの世界を知る必要があるが、その逆はない。たとえ読みたがったとしても――ベンはまさに母親の本を読みたがるような子供なのだが――読めない。似た状況のほかの親たちとちがって、ランは息子に中国語を読むことを教えていない。

第2章で、子育ての仕事の大半をこなしているのは母親であると述べた。この不均衡は、子供が幼児期を過ぎてもずっとつづく。二〇〇八年、ラーロウと、共同研究者エリオット・ヴァイニンガーは、小学生の子供のいる家庭に関するふたつのデータを分析し、〝母親の生活は、父親の生活よりも子供の集団活動にはるかに深くかかわっている〟という結論に達した。[42]この結論は研究者たちにとっても驚きだった。子供の放課後の活動の大半はスポーツだからだ（ラーロウらはこの理由として、〝父親は活動のひとつにコーチとしてかかわっているかもしれないが、母親は残りのすべてにかかわっている〟からではないかと仮説を立てている）。調査対象となった母親たちは、子供が小さいころからしてきたように、スケジュールや送迎の調整、家族のガミガミ屋の役割を引きうけつづけている。また、心理面での負担を強いられ、いつもやきもきしているのも母親だ。

子供の活動の登録を済ませたり、どうやって練習に連れて行くかを考えたり、忘れ物をさせないように気を配ったり、発表会の衣装やユニフォームにアイロンをかけたり、次の日曜日の遠征先はどこかを調べたりするのはすべて母親だった。[43]

そして、おそらくさらに重要なことだが、ラーロウとヴァイニンガーの研究の示すところによれば、〝仕事をしている母親たちのうち少なくとも一部の人々は、仕事に使う時間と子供の活動の支援に使う時間のバランスをどう取るかで苦労している〟。[44] ランのような女性が記者のキャリアをあきらめ、時間に比較的融通のきく研究所の仕事に就く理由はここにある。残念ながら、子供の集団活動は時間の融通がきかず（たとえばボーイスカウトが集まるのは火曜日の夜だけだ）、つねに予測がつくともかぎらない（「えっ、地区優勝したの？　それで、この週末はどこまで送っていけばいいの？」）。一週間の予定にちりばめられるこうした活動を、ラーロウとヴァイニンガーは「圧力点《プレッシャー・ポイント》」と呼ぶ。[45] 交渉による変更の不可能な、時間の決まった予定であり、これによって生じる負担は不均等に母親にだけ降りかかる。二人はこう書く。〝母親の時間の使い方のパターンは、父親に比べてはるかに混乱している〟。

こうした時間の使い方のパターンが生じているのは、アメリカの文化全体が特異な転換点にあるからだ。一家の稼ぎ手であることを自分の義務と考える男性の数は大きく減少している。[46]一九八〇年には五十四パーセントだったものが、二〇〇〇年には三十パーセントにまで低下した。一方、親のうち一人は家にいて子供の面倒をみるべきだと考えるアメリカ人の数は上昇しており、一九八九年には三十三パーセントだったものが、二〇〇二年には四十一パーセントになっている。[47]

いい換えれば、働く女性に対する見方が寛容になるにつれて、親への期待が増大しているのだ。

表面的には、このふたつの傾向は矛盾しているように見える。しかし相互に関係するものとして捉えることもできる。あらゆる職場に女性がいること――その結果、家族以外の人間に子供の世話を任せること――について、わたしたちは自分で思うよりも複雑な感情を抱いているのかもしれない。

歴史を見てもわかる。過去にも、女性が教育や自立の手段をいくらか手にしたとたんに振子が大きく逆に振れ、突然のように社会全体が〝女は家庭にいるべきだ〟という明白なメッセージを量産しはじめることはたびたびあった。こうしたことを論じる本は長年のあいだに多数出版されてきたが、一九九六年に刊行されたシャロン・ヘイズの『母親に関する文化的矛盾』（未邦訳／*The Cultural Contradictions of Motherhood*）はいまも最も説得力を持つ一冊として強く印象に残っている。ヘイズの見解によれば、自由市場が家庭という聖域をおびやかせば、女性は〝徹底した育児〟をしなければならないという激しいプレッシャーを感じるのだ。[48] 善意の育児専門家でさえ、女性読者がそうしたプレッシャーを感じるような本を書く。ヘイズは、当時ベストセラーだった『仕事と育児』（未邦訳／*Working And Caring*）の著者T・ベリー・ブラゼルトンに言及する。ブラゼルトンは著書のなかでこう宣言する。〝職場では、女性は…（中略）…有能でなければならない。しかし有能な女性というのは、子供にとっては最悪の母親である可能性もある。家庭では、女性は柔軟で、温かく、気配りができなければならない〟。[49] こんにち、アタッチメント重視の育児を熱心に信奉する人々もいることを考えれば、この例は古風でゆるやかなものに思えるだろう。アタッチメント重視型の育児は、さまざまな点で魅力もあるが、母親側にたいへんな時間的負担を強いるものでもある。理論上、三歳になるまで母親は子供のそばを離れられないのだから。共働きが必要な家庭や、いかに時間を使うかにおいて優先順位の異なる女性にとっては、まったく現実的な議論とはいえない。

いま挙げた二例は、女性の自立と行き届いた子育てのギャップをつなぐ最近の見解だ。アン・ハルバートは二〇〇三年刊行の著書『アメリカを育てる』（未邦訳／*Raising America*）のなかで、二十世紀の子育ての実際について調査をおこない、こんにちに到るまでの事例を多数集めた。十九世紀から二十世紀への変わりめは、大学へ行く女性が増えつづけた時期である。育児専門家たちは、高等教育は母親になるための準備として最適だと公言した。子供というのはどこまでも興味深い研究対象であり、無限に深めることのできるテーマでもあるからだ（当時のある著名な思想家はこう書いている。母親が大学教育を受けていると、〝自分のほうが母親よりもはるかに知識があると感じて息子が落胆するようなことがなくなる〟）。[50] 一九二〇年代になり、女性が髪を短く切り、新たに得た選挙権を行使するようになると、研究者たちは母親に家に戻ること、子供の発達に関する新たな研究にもっと注意を向けることを勧めるようになった（一九二五年のニューヨーク・タイムズ紙の記事にはこうある。〝宇宙からの奇妙な力でも働いているのだろうか、旧来の家庭を崩壊させ、ビジネスや娯楽の世界で女性を男性とおなじ舞台に送りこみ、競争におけるマナーやモラルをひっくり返したのとまさにおなじ経済的、社会的な力が、こんどは親という仕事に作用しようとしている〟[51]）。「親《ペアレント》」という単語が動詞として一般的に使われはじめた時期も興味深い。一九七〇年のことだ[52]。女性がエプロンを投げ捨て、ピルを飲み、男女平等憲法修正条項を求めて闘った、分水嶺ともいえるこの時期に、「親」という語は一日中することのできる動作としての意味も持ったのである。

しかしこの逆行現象が最も端的に現われたのはアイゼンハワーの時代で、一九六三年にベティ・フリーダンによる第二波フェミニズムの宣言ともいえる『新しい女性の創造』（三浦冨美子訳、大和書房）が刊行される背景ともなった。第二次世界大戦は、結果的に女性が開花した時期でもあった。当然の理由から結婚は遅くなり、長いあいだ男性が担ってきた国内の仕事（いちばん目立つところでは軍需産業の労働）に女性が就くようにもなった。看護師や陸軍婦人部隊として前線の近くで貢献する女性もいた。だが一九五〇年代になると、その数は大幅に縮小した。女性は働きつづけてはいたものの、十年まえとおなじ大望を抱いて労働市場に参入していたわけではなかった。一九五〇年には女性の平均初婚年齢は二十歳まで下がった。フリーダンはこう書く。〝アメリカ史上最も若い年齢である。西欧のほかのどの国と比べても若く、いわゆる開発途上国のかつての初婚年齢とおなじくらい若い〟[53]。

幸いにも、フリーダンが『新しい女性の創造』に書いている問題の多くは、こんにちでは時代遅れの感がある。しかし、だからといっていまは逆行現象が起きていないかというと、そんなことはない。現象の種類がちがうだけである。

一九五〇年代、女性は完璧な家庭をつくることに強いプレッシャーを感じていた。外で仕事をしていない女性は国勢調査に〝職業：主婦〟と記入し、これはフリーダンの著書でもくり返し言及された。[54] もちろん、よき母親であれというプレッシャーもあったが、すべての象徴であり努力の中心であったのは「家庭」だった。豪華な夕食を時間どおりにつくらなければならない。ベッドも整えなければならない。床はピカピカに磨かなければならない。こうしたことに一心に身を捧げる女性がたびたび空虚で満たされない思いに駆られることなど、誰も気にも留めない。フリーダンがこうした虚無感を「名もなき問題」と呼んだことは有名である。[55] 申し分のない家庭を維持するのは女性の仕事であり、それが報われないと思うなら、プリズムを三十度回転させてさらに視線を屈折させ、自分がまちがっていたと思えばいいだけである――つまり、家事は重要な仕事であり、けっして些事ではないのだ、と。フリーダンはこれをマディソン街で知った。あるコンサルタントからひそかに入手したという内部研究文書からの引用は、フリーダンの著書のなかでもとくに目から鱗が落ちるような部分だ。

主婦の面目を高める方法は、それぞれの仕事に向くように製造されている製品を使用することである…（中略）…衣類を洗濯するにはA洗剤を、皿洗いにはB洗剤を、壁洗いにはC洗剤を、床にはDクレンザーを、またブラインドにはEクレンザーを、と多種類の洗剤やクレンザーを使いわけることは、一つでなんにでも使える洗剤を使うより、主婦にエキスパートであるという自負を抱かせることになる。[56]

これが「名もなき問題」を解決するマディソン街流の方法だった。女性が不満を感じたり、主婦の仕事に受けてきた教育を生かせないと思うなら、それに対抗する答えを出せばいい——主婦の仕事にはまちがいなく教育が必要であり、女性は家庭の科学者である、というわけだ。

こんにち、女性はこうした家庭の科学を放棄し、家事に費やす時間はフリーダンの時代の半分ほどになった[57]（正確にいえば、一九六五年には一週間あたり三十二時間だったものが、現在では十七・五時間になっている）。けれども現代の女性はべつの意味で家庭の科学者になった。女性はいまや子育ての専門家であり、どの時代の母親よりも多くの時間を子供と過ごしている。わたしがこの変化を実感したのは、ミネソタのある女性に会ったときだった。彼女の母親は自分を〝家庭の主婦〟であるといったそうである。一方、彼女のほうは自分を〝在宅の母親〟といっている。この呼び名のちがいは文化の移り変わりを反映している。女性がプレッシャーを感じるポイントが、一点の曇りもない家庭を維持することから、非の打ちどころのない母親でいることへと移ったのだ。

こんにちの市場も、女性のプロ意識に訴えようと、細分化したベビー用品を提供している。六十年まえに主婦向けの掃除用品を売ったときとまったくおなじ手法だ。一九五〇年代の女性は、オーブン用のクリーナーと床磨き用のワックスと木製品用の特殊スプレーのちがいを理解して使いこなすようにいわれた。現在の女性は、問題解決能力を育むおもちゃと想像力を働かせて遊ぶおもちゃのちがいを理解して使いこなすようにいわれている。こうした変遷により、子供と遊ぶことが実際には〝遊び〟ではなく〝仕事〟であることがよくわかる。かつての「家事」と等価なのだ。一九五〇年代にはスーパーマーケットの家事用品の棚に向かった女性たちが、現在ではベビー用品専門店の〈バイ・バイ・ベビー〉へと向かう。かつては家事情報を中心に扱う女性誌《グッド・ハウスキーピング》を購読した女性たちが、こんにちでは子育てのいわば「博士号」をもたらしてくれそうな育児書の並ぶ書店の棚に向かう。

こうしたスタンダードへの反発も、それぞれの時代に見合ったかたちで起こった。一九六〇年代後半から七〇年代には、女性たちは「完璧な家事」に対して反乱した。スー・カウフマンは一九六七年に『わが愛は消え去りて』（山本光伸訳、角川書店）を書いた。エリカ・ジョングは一九七三年に『飛ぶのが怖い』（柳瀬尚紀訳、新潮社）を書いた。これには理想の女性像への不満が書き連ねられている。〝料理をし、家事をし、店番をし、帳簿をつけ、みんなの悩みごとを聞いてやり、…（中略）…善良な女なら、夫の狂気の看護と世話に一生をささげただろう。わたしは善良な女ではなかった。ほかにすることがたくさんあったのだ〟[58]。一方、こんにちでは、典型的な反乱は悪い妻になることではない。悪い母親になることだ――『悪い母親』（未邦訳／*Bad Mother*）は、二〇〇九年に刊行されたアイェレット・ウォルドマンのエッセイ集のタイトルにもなっている。[59]

母親の悪行の話がわたしたちの心を捕らえて離さないのは、「徹底した子育て」[60]をしなければならないという強迫観念がいまだに根強く存在し、母親たちが自分はモラルに照らしてまちがっていないという安心感を求めているからだ。たとえば、ヘイズの発見によれば、仕事と家庭とのあいだで悩んだ末に家にいることを選んだ母親は必ず、これが子供たちにとってベストだからといって自分の選択を正当化する。だが、おなじように悩んだ末に外で働くことを選んだ母親も、決まってまったくおなじことをいう。自分が仕事をすることが子供たちにとってベストなのだ、と。ヘイズはこう書く。〝こうした女性の大多数は、「子供は悩みの種であり、仕事をしているほうが楽しい」とはいわない〟[61]。代わりに次のような主張をするという。「子供がやりたい課外活動に取り組めるだけの余分なお金を稼いでいるのだ」。あるいは、「働く大人の見本を示しているのだ」とか、「仕事をすることによって親でいるときも集中でき、子供と過ごす時間の質が高まるのだ」とか。いずれにしても、答えを正当化するためにつねに子供が使われる。

非の打ちどころのないシングルマザー

「あの子がこれを着るかどうかは五分五分ね」シンディ・アイヴァンホーは、大手デパート〈J・C・ペニー〉でラックからワンピースを引っぱりだしながらいう。「サール？　サラ？　サリタ？」

まるで芸術家のように棚を物色していたシンディの娘は顔をあげ、かわいらしい鼻に皺を寄せた。

「そんな顔すると、ボトックス注射を打つから」シンディは医師なので、これはいいジョークになっている。とはいえ、シンディの専門は脳外科であって、形成外科ではないのだが。シンディは長いあいだヒューストンのテキサス大学附属メモリアル・ハーマン病院で働いていた。彼女はこの病院で、二〇一一年に銃乱射事件で重傷を負ったガブリエル・ギフォーズ議員のリハビリ・プログラムの作成にも関わった。数年まえに開業医に転身したが、その後もベイラー医科大学で教えたり、論文を書いたりしている。

サラは、モノトーンの少しばかり挑発的な服を手に取る。「駄目。まだ十二歳なんだから」とシンディはいう。サラが友人のバート・ミツバー――女子が十二歳でおこなうユダヤ教の成人式――に着ていく服を探しているのだ。

シンディはわたしに顔を向ける。「いちばんつらいのは、へとへとに疲れてることね。なりたい自分になかなかなれないから。仕事をしていなければよかったと思うこともあるけど、そうするとおかしくなっていたかもしれない。実際、仕事は気分転換になっているし――」

サラはスカートのようなものを母親に見せるが、はっきりしたかたちはわからない。

シンディはそれをじっと見る。「駄目。ブルマーみたいじゃないの」

「これに合うブラウスを持ってる」

「ああ、あるわね。でも……駄目」シンディはため息をつく。

もしそこまで疲れていなければ、どんな人になると思う?

「夜、寝るまえに宿題のチェックをするときも不機嫌にならないかも。あとは、娘がバート・ミツバーのことを長々としゃべるのをきちんと聞いてあげたり、うちのティーンエイジャーの少年に」――シンディの息子のことだ――「ちょっと本音をしゃべらせるとか。あの子はストレスを感じても我慢することが多いから。そういうことにもっと時間をかけると思う。だけどすべての責任がわたしにのしかかっているから」シンディは二〇〇六年に離婚した。前夫はもうヒューストンに住んでいない。

シンディは長くゆったりとした六〇年代風のサンドレスを手に取った。「こういうのが気に入ったら、短く直してあげるわよ」

サラはさもいやそうに薄布のドレスを持ちあげる。「そんなのより、絶対こっち」笑顔でいうサラは、生意気な感じはしない。

シンディはうなずく。「わかった」試着室に向かい、わたしたちは共用の椅子に腰をおろす。サラはカーテンのうしろへと姿を消す。シンディは話をつづける。「家で仕事をしなくなるまで、何年もかかった。それができるようになったのは、ひとつには子供がいるから。だけどほかにも、経済的なこととかいろいろストレスがあって、わたしはいまも……」シンディは最後までいわなかったが、なにをいいたいかはわかった――疲れてる、だ。

サラは試着室を出たり入ったりして、服を見せる（「駄目」……「駄目」……「どうかしら」……「かわいいじゃない」……「短すぎる」……「すぐに小さくなっちゃうわよ」）。

シンディはいう。「心配なのは子供たちの思い出よ――わたしはどんなふうに記憶されるのかしら。〝ママはいつも仕事をなんとかしようとしてた。ママはいつもなんとか期限内に支払いをしようとしてた〟とかなんとか。〝ママはいつもいろんなことをよりよくしようとしてた〟」

そのとき、サラがパッと姿を現わす。このときは表情に皮肉なところが微塵もない。それもそのはず、すばらしく似合っていた。面白いことに、サラが冗談のつもりで手にしたワンピースだった。

昔からよくあるような、サラ流にいえば〝フリフリのサテンのドレス〟だ。軽い気持ちで選んだものだったが、それを着たサラは輝いて見えた。

シンディは満面に笑みをうかべる。「ちょっと肩ひもを見せて」そしてひもを少し調整する。「どう、いい感じ？」

サラはうなずく。自分でもまだ驚いている。

「くるっと回ってみて」シンディも感心して眺めながらいう。「土曜日の夜のパーティーにこれを着ていきたい？」

「うん」

サラは踵を軸にしてくるりとうしろを向き、気取った様子で試着室へ戻る。シンディは目で娘を追う。「親は子供を世間に送りだす。親は子供を愛する。子供のためなら命も惜しくない」シンディは首を横に振る。「ただ、もう少し休息がほしいだけ」

幸福と子育てに関する研究はとてつもなく複雑であり、いくらか問題を含んでいることも多い。しかし研究がどんなふうにおこなわれても――どんな手法やデータを使おうと、どんな意識や気持ちを数値化しようと――シングルマザーについてはあまりいい結果が出ない。

いちばんの理由はおそらく経済面だろう。シングルマザーには離婚した人々だけでなく、未婚の人々も含まれる。概して未婚の母親は大学に行っておらず、そのため経済的な可能性がひどく小さい傾向にある。親が二人いる家族に比べて収入は四分の一以下、[62] 健康上の問題を抱えていることも多く、[63] 社会的なつながりも少ない。[64] こうした過酷な現実を考えれば、未婚女性が母親の幸福度調査の結果にある一定の影響を与えているのもうなずける。

シンディの場合はちがう。未婚ではなく、離婚している。収入もまずまずで、快適な家に住んでおり、親身になってくれる友人たちもいる。ただ、中流階級特有の安心感に満ちたシンディの暮らしからも、やはり結婚している夫婦に比べれば離婚した母の苦労が大きいのは見てとれる。離婚した母親たちが給付金を受け取っている割合が高いのも事実だ。[65] 平均的な収入は、親が二人いる家庭の半分程度である（シンディも、不動産市場が破綻する直前に新しい診療所の賃貸契約を結んだせいで、いまでも資金繰りに苦労している）。離婚家庭の子供は父親といるよりも母親の家にいる時間が長いため、シングルマザーは両親の離婚を経験した子供の感情にも対処しなければならない。[66] ホックシールドの言葉を借りれば「第三の勤務《サード・シフト》」——家族の感情を鋭敏に感じとるエンパスの仕事——をこなさなければならないのだ。さらに、中流階級のシングルマザーも結婚している母親とおなじく、徹底した子育てへのプレッシャーを背負っている。それでいて子育てにあてられる時間は結婚している母親より少なく、時間に融通をきかせることもむずかしい。国民生活時間調査の結果を解析したスザンヌ・ビアンキは、最近の論文にこう書いている。独り親は往々にして〝親が二人いる家庭とおなじだけの時間を割くことを求められるが、その求めに応じるための大人は一人しかいない〟[67]。

家族の時間の使い方に関するデータを解説した、二〇〇六年刊行のビアンキの共著『アメリカの家庭生活のリズムを変える』（未邦訳／*Changing Rhythms of American Family Life*）には、こんな話がたくさん出てくる。シングルマザーは結婚している夫婦（とくに父親のほう）と比較して自分の時間がきわめて少なく、〝だいたいいつも〟マルチタスク状態にある。[68] シングルマザーは結婚している母親より一週間につき四・五時間ほど人付き合いに費やす時間が少なく、食事をする時間も一・五時間少ない。[69] シンディはこういう。「たまに、友だちと飲みに行くことはある。それから、とーってもめずらしいことだけど映画に行くこともある。いつも遅れるけど」

こうした時間の問題はすぐにストレスに転換され、生活のほかの領域に波及する。たとえばデート。試着室のそばに座りながら、シンディは話す。「この夏に出会った人と出かけたとき、相手にこういったのよ。〝きっと学校がはじまるころには、あなたも火事の建物から逃げるようにわたしから遠ざかるんでしょうね。八月の終わりか九月になれば、いまのわたしにある自由なんてパッと消えてしまうんだから〟」

数分後、シンディに息子からのメールが届いた。学校でクロスカントリーをして膝を痛めたらしい。〝帰りに氷を山ほど買ってきて〟。シンディは携帯電話から目をあげて宙をみつめた。「友だちにもさんざん話したけど、わたしなら、わたしみたいな人間とはデートしない。だって〝ごめんなさい、氷を買いにいかなきゃ〟なんて最悪」J・C・ペニーを出るとすぐに、シンディは氷を買いに行った。ほかに誰もいないのだ。帰宅したら、息子の膝を丁寧に氷で包んでやらなければ。

男の仕事は終わらない

完璧な母親にならなければならないという過度なプレッシャー（ジュディス・ウォーナーは『完全な

る狂気』のなかでこれを〝ママの神秘〟と呼ぶ）[70]を経験しているのは、女性ばかりではない。男性もおなじプレッシャーを感じている。家族・労働研究所《ファミリーズ&ワーク・インスティテュート》はこの現象を〝新しい男性の神秘〟と呼び、二〇一一年には同名のレポートを発行している。アメリカ全土の労働者を対象として分析した結果、こんにちの父親は子供のいない男性よりも長時間働いていることがわかった[71]（前者は週に四十七時間、後者は四十四時間）。また、週に五十時間以上働いている割合も高かった（子供のいる男性は四十二パーセント、子供のいない男性は三十三パーセント）。しかしながら、このレポートでいちばん驚くべき点は、仕事と家庭に関する葛藤である。こんにちの男性はこの葛藤を女性よりも強く感じている。ことに共働きの夫婦の場合には。[72]

こうした男性の葛藤が起こるのは、不透明で過酷な現代の経済が理由のひとつであると説明されればそんなに意外でもない。この研究の対象となった男性は、同研究所が以前調査をおこなったころと比べて、失業についてははるかに大きな不安を抱えている。一九七七年には、八十四パーセントの男性が自分の仕事は安泰だと思うと回答していた。[73]ところが二〇〇八年には、不況のまえであったにもかかわらずこの数字が七十パーセントまで低下している。また、テクノロジーの進化によって、現代の労働者は家にいても一日じゅう仕事が侵入してくることに耐えなければならない。調査対象の四十一パーセントが、少なくとも週に一度は勤務時間外に仕事関係のメッセージを受け取っているという。[74]そして二〇〇八年には、〝職場では、猛烈に働かなければならない〟という項目にイエスと答えた男性の数は一九七七年よりもずっと多い（一九七七年の六十五パーセントに比べ、二〇〇八年には八十八パーセント）。さらに、〝職場では、とても急いで仕事をこなさなければならない〟にイエスと答えた数も増えている[75]（一九七七年の五十二パーセントに比べ、二〇〇八年には七十三パーセント）。

だが、このレポートの共著者であり、家族・労働研究所の所長でもあるエレン・ガリンスキーの推測によれば、アメリカの文化全体が何を優先するかが変わってきたため、現代の父親の心理的な優先順位も変化しつつある。ガリンスキーはわたしにこう話した。「父親たちは、自分が子供の人生にとって、線と丸だけで描いた棒人間みたいな存在になるのはいやなんですよ[76]」

サッカー場に座って息子を見ているスティーブ・ブラウンは、これ以上ないくらい鮮やかな一例だ。スティーブの電話はまるでピンボール台のように鳴ったり震えたりしつづけており、彼は練習のあいだ何通ものメールを見ていた（「この時間は、いつもはブラックベリーでの連絡時間なんだ」といってスティーブは謝った）。途中、親であることの何がいちばんたいへんかと訊いてみた。「やりたいことすべてをやる時間を見つけること」とスティーブは即答した。「仕事と生活のバランスをどう取るか。いまはコミュニティとのバランスもある。三つ全部のバランスを取らなきゃならないときもある」スティーブは、行こうと思えば資金集めのパーティーや政治関係のイベントに平日毎晩参加することもできる。コミュニティ、と彼がいうのはそういう意味だ。「これはほんとうに解決のむずかしい問題でね。たとえば、議長として過ごすのはどの週がいいか？　家にいる必要があるのはどの日か？　モニクが外出したいのはどの日か？　きちんと選ばないといけない」

仕事のほうはたいていの男性よりも融通がきく。自分で会社を経営しているので、時間は自分で決められる。仕事が多くて平日に収まりきらなければ、週末に働くこともできる。問題は、スティーブ自身が週末に働きたくないことだ。いまはサッカーのシーズン中で、上の息子がなかなかいい選手なので、サッカー場に行きたい。だがこれは同時に、もっと政治に打ちこみたいという気持ち——スティーブには政治的な野心もある——を抑えることにもつながる。家族のために。スティーブはいう。「いまはワシントンＤＣやオースティンを目指すべきときじゃない。どこかで決断することになるだろうけれど、それは子供たちがもう少し大きくなってからだ」

　ひと世代まえの男性であれば、こうは考えなかっただろう。いまも考えない人もいる。スティーブは進歩的な男性ではあるのだが、家事はほとんどモニクがしているという。子供の世話も大半はモニクがしている。ただ、モニクの反応を見るためだけに大真面目な顔で「いちばん子供の面倒を見ているのはぼくだよ」と冗談をいうのは好きなのだが。モニクは料理をし、スティーブは皿洗いをする。モニクは子供を入浴させ、翌日の服を用意するが、これはときどきスティーブがすることもある。その日の夜にモニクと話をすると——モニクはヒューストンの中心街でソーシャルワーカーをしている——ＥＣＦＥ参加者のケニアとまったくおなじことをいう。「一日のなかでいちばんストレスがたまるのは、仕事が終わった五時から、十時までのあいだね」

　昨年、息子たちは二週間ほどルイジアナ州バトンルージュのモニクの両親の家で過ごし、テニスのキャンプに参加した。モニクはいう。「わたしたちは毎日遅くまで仕事をして、出かけたりはしなかった。遅れを取り戻すみたいに、いままでできなかった打合せとか雑用をして過ごしたの」

　子供が生まれてから働き方がどう変わったか尋ねると、モニクはこう答える。「昔は里子関係の仕事をしていたの。夕食後の時間帯の仕事が多かったから、いまはもう無理。だけど里子のためにはたらくのは大好きだった」

　モニクは子供たちを見つめる。そろそろ彼らが蛾のように家のなかを飛びまわりはじめる時間だ。

「ときどき、子供たちのお尻に接着剤をつけてやりたくなるわ」モニクはそういって笑う。「二人の面倒を見るのは、一人分の四倍たいへん」

「それはどうかな」キッチンの隅で慎ましくテイクアウトの食事をしながらテレビで全米オープンテニスを見ていたスティーブがいう。「ぼくなら二倍というね」

　モニクはあきれたようにぐるりと目をまわして見せる。この人は何もわかってないんだから、とでもいうように。

　スティーブはまっすぐにモニクの目を見ていう。「いちばん面倒を見ているのはぼくだからね」

　モニクも見つめ返していう。「いちばん面倒を見ているんだったら、マティスが夜中の二時半にびしょ濡れで起きだしてきたのを知ってた?」マティスは三歳の息子だ。

　スティーブは一瞬目を見ひらく。「いや」

「おもらしをしたのよ。わたしは起きて着替えさせて、シーツも取り替えたわ」

　スティーブはそのあいだずっと寝ていた。モニクは責めなかった。二人には二人なりの取り決めがあり、それでうまくいっていた。「いちばん面倒を見ている、ね」モニクはそういって、スティーブに笑みを向ける。

引きこもり

このあたりでは自転車に乗っている子供があまりいない。シャーロック・ホームズの吠えない犬の話の現代版のようなこの奇妙な不在の理由は、ヒューストン郊外で数日過ごしてみてやっとわかった。きょうは蒸し暑く、日差しも強い。わたしが子供のころなら、午後のあいだ路地で遊んでおいでと母親に家から追いはらわれるような日だ。しかしこの緑の多い並木通りは——テキサス州ミズーリ・シティのパルマー小学校のすぐそばだというのに——静寂につつまれていた。

静かすぎる、と思いながらわたしはキャロル・リードの家に向かう。素敵なレンガ造りで、裏庭に小さなプールのある家だ。通りにはほんとうに人影がない。

キャロルが玄関で迎えてくれる。モニクとおなじくパルマーのＰＴＡ活動をしているが、さらに少し高級な地区で、さらに少し高価な家に暮らしている。けれどもこのあたりで会った女性の大半とはちがい、キャロルはマサチューセッツ州で育った（アクセントでよくわかる）。短い髪と縁の太い眼鏡を好むのも珍しい。さらに、わたしがここで会ったほとんどの女性とはちがって——いや、ほかのどの場所の女性ともちがって——上の子と一世代近く離れた子供を育てている。最初の子供を生んだのはキャロルが二十一歳のときだった。そしていまから六年まえ、四十七歳のときに、二番めの夫とのあいだに子供がほしくなり、中国から女児を養子に迎えた。エミリーと名づけられたその赤ちゃんが初めてやってきたときには、心臓の手術を終えたばかりで栄養状態も悪かった。それがいまでは元気な小学一年生だ。キャロルは娘とともに家にいる。

当時といまの子育てのちがいについて、キャロルはさまざまなことを話してくれる。いまは人付き合いも広がり、とても過ごしやすい。まえのときより自信も経験もある——他人から指図されるようなこともない。「でもエミリーはひとりっ子だから、わたしが遊び相手にならないと駄目なのよ」

だけど、三十一歳になる息子もひとりっ子だったわけでしょう、とわたしは指摘する。なぜそんなにちがうの？「わからない」しばらく考えてから、キャロルはいう。「でも息子とはあまり遊ばなかった。近所にもっと子供がいたし。お泊まりも多かった」そしてまた少し考える。「エミリーは家に人が来ると喜ぶけど、よその家には行かないわね」

もちろん、エミリーがそういうタイプの子供だから、という可能性もある（「ママ、一緒に遊んで！」）。けれどもキャロルに家のなかを案内してもらっているうちに、べつの考えが浮かんだ。エミリーにはすばらしい寝室があるだけでなく、すばらしい遊び部屋もあった。黄色いドールハウスがどんと置かれ、大きなイーゼルやしゃれたキッチンまである。そのうえ画材や、ぬいぐるみや、おもちゃがあふれている。それが半透明の引出しや明るい色の木箱に入っていたり、窓際の長椅子のなかにしまわれていたり、遊び場全体に積みあげられていたりする。ミニチュアのテーブルと椅子の上にも。子供にとってはワンダーランドだ。幼稚園の遊び場や小児科の待合室とも区別がつかないほどである。ただ、奇妙なのは、この部屋が中流階級のほかの子供の遊び部屋と大差ないところだ。道具にもおもちゃにも、変わったところはない。国外で製造され、手ごろな値段で売っている。アマゾンでも、近所のウォルマートでも買える。

部屋を案内しながら、キャロルはいう。「ここはエミリーのアパートみたいなものね。ここでわたしたちをもてなしてくれるの。よく模様替えもしてる。レストランになることもあるのよ。コーヒーとか、スムージーとか、ケーキを出してくれるの」キャロルはおもちゃのコーヒーメーカーやミキサーを指差す。「お店になることもある」こんどはショッピングカートやレジを指差す。

わたしはまじまじとキャロルを見る。

彼女は笑う。「わかってる」あたりを見回しながら、キャロルはいう。「息子には、こういうものは何もなかった」

親が子供時代を感傷的に受けとめることで、多くの矛盾が生じた。なかでも興味深いのは、多くのものを与えられた子供ほど家計にとって役に立たなくなる点だ。十九世紀後半までは、子供が家計を助けることが不可欠であり、わたしたちの知るような玩具はなかった。子供たちは、見つけたものや家事の道具（棒、鍋、ほうきなど）で遊んだ。学者のハワード・P・チュダコフは、著書『遊ぶ子供たち』（未邦訳／*Children at Play*）のなかでこう書いている。〝歴史家のなかには、近代以前の最も一般的な子供の遊びは玩具を使ったものではなく、ほかの子供――きょうだい、いとこ、同年代の子供――とのあいだに起こるものだった、という者もいる〟[77]。

しかし一九三一年までには子供用品はかなり増え、子供も独自に部屋を持つべきだとフーバー大統領が宣言するまでになった[78]。子供の健康に関する諮問機関の助言によれば、子供には〝家族内の大人から干渉されたり、大人の活動とかちあったりせずに遊べる、または勉強することのできる場所〟が必要だったからだ。現在の「子供部屋」は、行政機関の勧告によって生まれたのである。

第二次世界大戦の直後――現代的な子供時代の概念が本格的に広がりはじめた時期――は、

おもちゃのブームが本格的にはじまった時期でもある。一九四〇年には、玩具の売上はわずか八千四百万ドル程度だった。これが一九六〇年には十二億五千万ドルに達している。[79] スライムのような〈シリー・パティー〉（一九五〇年発売）や、〈ミスター・ポテトヘッド〉（一九五二年発売）といった古典的な玩具の多くがこの時期に開発された。当時のおもちゃはいまと比べればつまらないものだ。とくにエミリーの部屋のようにものにあふれた遊び部屋が主流になりつつあるなかでは。パメラ・ポールは『子育て株式会社』（未邦訳／*Parenting, Inc.*）のなかで、玩具業界の売上は〝新生児から二歳までが対象のものだけで〟年間七億ドルを超える、と書いている。[80] アメリカ玩具協会によれば、二〇一一年の子供用玩具の国内売上は二百十二億ドルで、これにはビデオゲームは含まれない。[81]

こうした過剰な豊富さが予想外の結果を生んだ。スティーブン・ミンツは『ハックのいかだ』で次のように述べている。二十世紀よりまえの玩具は、本質的に人との関わりを必要とするものが多かった――縄飛び、ビー玉、凧、ボールなどである。一方、〝現在製造されている玩具は暗黙のうちに一人遊びを前提としている。そういう孤独は、二十世紀よりまえの子供にはなかった〟。[82] ミンツの頭にあるのは、たとえば一九〇三年に発売されたクレヨンだ。あるいは、組み立て玩具のティンカー・トイ（一九一四年）やリンカーン・ログ（一九一六年）、それにレゴ（一九三二年）だ。[83]

ミンツはこうも書いている。もっと一般的な話をするならば、〝こんにちの若者の生活の明確な特徴は、昔の若者よりも一人で過ごす時間が長いことだ〟。[84] 昔よりも少人数の家庭で育ち（現代のアメリカの子供の二十二パーセントがひとりっ子である）[85]、過去の世代の子供たちよりも自分の部屋を持つことが多く、家そのものも大きくなっている。暮らしの構造自体がほかの家族とのつながりを希薄にしている。また、住んでいる場所も郊外やさらにその外側の準郊外であるため、隣人や友人とも遠く離れている。

　こんなふうに孤立することによって、親たちにますます余分な仕事が生じる。子供は親を遊び相手として徴用する——エミリーのように。あちこちに送迎する必要もある。親にとっては義務に近い。子供が寂しい思いをするのではないかと心配だからだ。これもまた、母親や父親が子供にたくさん習い事をさせる理由のひとつだ。ラーロウは研究対象となった家族を見てすぐにこれに気づき、こう書いている。〝中流階級の親は心配なのだ。子供を何か集団活動に参加させないと、放課後や春休み、夏休みに遊び相手がいなくなってしまう〟[86]。

　不幸なことに——そしてまったく意図せずに——結果として永続する悪循環を生んでしまう。幼い時分からスケジュールのきっちり詰まった生活をしていれば（幼稚園や保育園でも、一日の時間を切り分けてスケジュールを組み立てる方式が増えている）、退屈を感じることがほとんどない。つまり子供たちは退屈をどう耐えるかを知らず、退屈を軽減するために親の助けが必要になる。オーバリン大学の心理学者で〈子供について考える〉（*Thinking About Kids*）という人気子育てブログを書いているナンシー・ダーリングは、二〇一一年の投稿で自分自身が子供だったときのことを書き、これを指摘している。

　わたしたちはいつも退屈していた。子供のための課外活動は中学生になるまでなく、例外は週に一度のスカウトと、青少年農業クラブと、日曜学校だけ。仕事をしている母親はごく少数。

わたしたちは三時に下校すると、ただブラブラと時間を過ごした。〈セサミ・ストリート〉はまだなくて、子供番組は〈バッグス・バニー〉と〈ロッキー&ブルウィンクル〉だけで、しかも土曜の朝には放映がなかった…（中略）…それでたいてい母親に暇だと文句をいうことになるのだが、母親は母親で料理や掃除をしたり、メロドラマを見たり、近所の人たちと集まったり、さまざまな非営利活動（スカウト、教会、赤十字など）を運営したりするのに忙しいので、部屋を片づけなさいといわれるのがオチだった。だから結局、親に頼らずに自分で何かを見つけるようになった。[87]

だから自分の子供がおなじことをできないと、少なからず腹が立つわけである。子供が自分で遊びを考えだす能力を、わたしたち自身が低下させているにもかかわらず。もちろん、こうした集団活動に利点がまったくないわけではない、とダーリングはつけ加える。しかし彼女はこうも考える。集団活動によって〝子供が自力でやることを見つける経験が非常に少なくなっており、子供が受け身になっている[88]（強調はダーリングによる）〟。こうした受け身の姿勢は、小学校を卒業するころにはしっかり根づいてしまうこともあり、自由な時間に何をするか自分の責任で探すことが重荷になってしまう。のちにダーリングはわたしにこう説明した。「〝やった、自由になる時間ができたぞ——ぼくは切手を集めるんだ！〟なんていう子供はいない。趣味がかたちになるには、長い時間がかかるから[89]」

だがこんにちの中流階級の子供は家庭内で特権的な地位にあり、親も過保護なため、退屈なのは当然親の責任である、と子供たちは思っている。ラーロウはこれにも即座に気づき、こう書いている。〝中流階級の子供たちは往々にして、大人から注目されたり、大人に遊んでもらえたりすることを当然の権利だと思っている〟。[90]

もし親が安心して子供を外に送りだせるなら――そして子供のみずから楽しむ能力を信じられるなら――子供たちを忙しくさせておかなければいけない、楽しませなければいけないという親のプレッシャーはまちがいなくずっと減るだろう。しかし、現実はますますそこから遠ざかっている。ここにまた、感傷ゆえの矛盾がある。子供に経済的な価値がなくなればなくなるほど、わたしたちはより積極的に子供を守ろうとするのである。

この傾向は、近代の遊び場の歴史をひもとくだけでよくわかる。一九〇五年には、アメリカ全体でも遊び場の数は百に満たなかった。[91]ところが一九一七年には、改革者たちが声高に求めたおかげもあり、四千近くまで増えている。これ以前には、子供たちは路上で遊んでいたのだが、新しい、命に関わる発明品――自動車――の登場によって急に危険から守られる必要が生じた。そこで一九〇六年に、改革者たちはアメリカ遊び場協会を設立したのである。[92]

こんにち、子供たちはほかのどの時代よりも隔離された生活を送っている。彼らが育つ家では、コーヒーテーブルにパッドがつけられ、コンセントにはカバーがつけられ、階段の手前に柵が取りつけられる。子供たちの行く遊び場は、路上の危険を寄せつけないだけでなく、遊具そのものの安全も考慮されている。たとえばブランコはおむつのような座り心地だし、ジャングルジムの下の地面にはスポンジが敷きつめられている。

だから、子供が一人で外に――食料品店や、通りの先にある友だちの家に――出かけられるくらい大きくなると、当然のように親は子供を送りだすことに違和感を覚える。外の世界は危険だと信じているからだ。アメリカ運輸省の調査によると、徒歩や自転車で通学する子供の割合は、一九六九年には四十二パーセントだったものが、二〇〇一年には十六パーセントまで減っている。[93]子供に対する犯罪はここ数十年のあいだ着実に減少しており、いまは子供たちにとっていちばん安全であるにもかかわらず[94]（ひとつ実例を挙げると、一九九二年から二〇一一年までのあいだに、子供の性的虐待の件数は六十三パーセント減少している）[95]。

このような子供の安全への不安は、外で働く女性に対してわたしたちの社会が抱える複雑な思いの表われでもある。多くの母親が家の外で働いているため、街の通りに向けられる目は少なくなる。向けられる目が少なくなるため、街の通りにある潜在的な危険への恐怖が大きくなる。ミンツはこう指摘する。一九八〇年代――女性がリーボックのスポーツシューズを履き、角ばったデザインのパワースーツを着て颯爽と職場に通った十年――のあいだずっと、託児所で性的虐待があるのではないかという疑心暗鬼がはびこっていた。〝いまになって考えれば、子供を赤の他人のもとに置いていく親自身の不安と罪悪感が託児所の職員に転嫁されていたことがよくわかる〟[96]。ほぼ同時期に、まったく見ず知らずの犯人による誘拐事件や、ハロウィンのお菓子にカミソリが混入される事件があいつぎ、親たちの不安はますます高まった。[97]行方不明になった子供の顔が牛乳パックに印刷されるようになったのもこのころだ。ところが実際には、見知らぬ他人による誘拐の件数は毎年五百件から六百件程度、つまり、およそ十一万五千人に一人という割合だった[98]（一方、車に轢かれて死亡した子供の数は約四倍にのぼる）。[99]

こんにち牛乳パック以上に誘拐の恐怖をかきたてるのは、過剰なケーブルテレビのニュースや、目に見えるようになった犯罪記録である。このふたつは、テキサス州ではとくにはっきりわかる。わたしが話をしたシュガーランドやミズーリシティのほとんどの親が、すばらしく安全性の高い中流、もしくは上位中流階級の住宅地で暮らしているにもかかわらず、どこかの時点で必ず誘拐に関する不安を口にした。その後すぐに知ったのだが、テキサス州には公的な、インターネットで検索できる性犯罪者の登録情報があった。ネットに接続して自分の住所を打ちこめば、最近釈放された性犯罪者が近所にいるか、どこに住んでいるかが誰にでもわかる。キャロル・リードは、上の子を育てたときにいまほど注意しなかった理由のひとつはこれだという。「昔はいまほど怖くなかった。あるいは、どれほど怖いかわかっていなかった」

正直にいって、私自身は最初はこうした不安をきわめて不合理なものと思っていた。近隣の確固たる健全さや、地元の学校と距離が近いことを考えれば、無用な心配に思われた。しかしその後インターネットで調べると、キャロルの家から一キロ足らずのところに住む男性の住所とプロフィールが即座に表示され、さらにほかの三人の情報がつづいた。いずれも二キロ以内の場所である。彼らの犯罪歴は、詳細まではわからない。有罪となった性犯罪者が襲った相手は九割がた知人であり、見知らぬ人間の子供ではない。[100]とはいえ、これは親が安心できるたぐいの情報ではない。自分がおなじ立場だったら安心できるかどうか、わたしにもまったくわからない。

子供を家にこもらせ、強力磁石のような力でソファに引きつける理由はほかにもある――こんにち普及しているさまざまな電子的娯楽だ。

「息子は外に遊びに行ったかと思えば、二回に一回は数分で友達と一緒に戻ってきてテレビゲームをはじめるの」シュガーランドのある母親はそういっていた。彼女の息子は十歳だ。

ここ十五年ほどの技術の進歩はまちがいなく目覚ましいものだ。このテーマについては次章でも詳しく触れる。最初に宣言しておくが、わたしは情報化時代の新しいありようについて警鐘を鳴らすつもりはない。けれどもテレビゲームに関する生のデータ（二〇一〇年のカイザー家族財団の研究によれば、八歳から十歳の子供は毎日一時間ほどテレビゲームで遊んでいる）[101]を見て、そこに同年代の子供のテレビ視聴に関するデータ（三時間四十一分、二〇〇四年に比べて三十八分の増加）を加え、さらに学校の課題と無関係なコンピューターの使用時間（四十六分）を加えれば、こうした娯楽の積み重ねが子供にどういう影響を与えるか、親が心配しはじめている理由がわかる――退屈な時間に耐えられない世代の子供たちならばなおのこと心配である（カイザーの研究では、こうしたメディアのヘビーユーザーのうち六十パーセントは〝よく退屈だと感じる〟と答えている。ライトユーザーでは四十八パーセント）[102]。画面を見ていると、時間はあっという間に過ぎる。仲間を必要とするゲームもあるが、一人でやるもののほうが多い。最近の研究によれば、七年生と八年生の男子の六十三パーセントは、〝たびたび〟または〝いつも〟一人でテレビゲームをしているという。[103]

この新しい、集中的な時間の使い方を心配する気持ちもまた、親たちが勝手知ったる集団活動に子供を参加させる理由のひとつだ。わたしが訪れた多くのコミュニティでスカウト活動が人気を集めていたのも、これである程度説明できるように思う。

アメリカのボーイスカウトは一九一〇年に設立された。都市化が急速に進み、農場でのきつい労働よりも都会生活の安易な快楽を選ぶという、若者の堕落が懸念されはじめたころである。[104]子供の労働が犯罪として扱われるようになり——ビビアナ・ゼリザーの容赦のない言葉を借りれば——子供が〝役に立たなく〟なりはじめた時期でもあった。

結果として、男性の軟弱さが極度に懸念されるようになった。それはこんにちもつづいている。うちの子はＸｂｏｘで遊んだり、Ｈｕｌｕでアニメや映画を見たりする時間が多すぎる、という親はたいていこの軟弱さへの懸念を表明しているのだ。ボーイスカウトは、画面のまえで座って過ごす時間の解毒剤としてはうってつけに見える。この章の冒頭に出てきたスカウトマザーのローラ・アンはこういう。「ボーイスカウトは大好き。先週、スカウトのキャンプがあったの。アンドルーとロバートは、放っておいたらやらないようなことをたくさんやった。革細工とか、アーチェリーとか、ＢＢガンを撃ったりとか。昔懐かしい遊びね」

次世代にとっては、もしかしたらゲームやオンラインでの冒険がじつは役に立つかもしれない。ＨＴＭＬコードで書かれた未来への準備になっているのかもしれない。しかしそれは問題ではない。正しかろうとまちがっていようと、わたしたちはどこか本能的な部分で、いまだに体を使ってする物事が現実に役立つスキルに結びつくと考えている。二〇〇六年に刊行された『男の子のための冒険ブック』（未邦訳／*The Dangerous Book for Boys*）が驚異的な人気を誇ったのも、実際に触れることのできる、手を使う作業へのノスタルジアがあったからだろう。この本にはさまざまな物事のやり方が書いてある――五つの基本的なひもの結び方。ウサギを狩って、料理する方法。手押し車や電池やツリーハウスのつくり方。[105] 大人にとっては、テレビゲームの価値を理解するほうがはるかにむずかしい。

しかし子供はそうではない。子供にしてみれば、テレビゲームにはフローを体験する大きなチャンスがある。明確な目標とルールが提供され、フィードバックが提供される――どのくらいうまくプレーできたかすぐにわかる――からだ。テレビゲームをすることで、得意なことをするチャンスや、何かをマスターしたような感覚が味わえる。カリフォルニア大学アーバイン校でテクノロジーの利用について研究している文化人類学者の伊藤瑞子は、次のように話す。「こんにち、子供たちの世界には異様な緊張感があります。高等教育への道を進むための競争、よい仕事を得るための競争は激化しつづけています。だから子供たちは、失われた自由を求めてオンライン空間に向かうのです」つまり、激化した競争に勝つために、子供たちにはべつの枠組みの活動が必要なのだ。「一方、親は能率を重視し、オンライン空間での活動を時間の無駄以外の何物でもないと見なします」[106] 外での自由時間が増えれば、子供たちが屋内で娯楽に没頭する時間は減るのだろうか。伊藤はこれも疑問に思っている。

幸福という名の重荷

アンジェリーク・バーソロミューは四十一歳、キャロル・リードの家の数軒先に住んでいる。似たようなレンガ造りの家で、やはりパルマー小学校まで数ブロック、そしてアンジェリークもPTAの役員である。だが、家のなかでの課題はちがう。キャロルは一人の子供を楽しませておくために苦労している。アンジェリークには四人の子供に加え、頻繁に泊まりに来る継娘がいる。つまり、たびたび航空管制官と大差ない役割をこなさなければならない。この日の午後は、かなり静かだった。十三歳のマイルスはフットボールの練習、九歳のブラジルはピアノのレッスンに行っている。いちばん下のニゲルは昼寝中。そこでアンジェリークは——大きなフープイヤリングをして裸足で歩きまわる魅力的なアフリカ系アメリカ人女性だ——めったにない平穏な時間を利用して夕食の支度をしている。もう少しやる気のある夜ならチキンを二羽、ヤムイモ七つ、イチゴを一箱出すところだが、この晩はシンプルにタコスだ。アンジェリークがターキーのひき肉を炒めていると、四歳の娘ライアンが降りてきて、リビングルームのソファで元気よく飛び跳ねはじめた。アンジェリークは顔をあげる。

「本かクレヨンを持ってこようか？　塗り絵でもしててもらえない？」

「だって本はそっちだもん」ライアンはそういって指差す。

「お願い、行儀よくしてて。お願いよ」アンジェリークは本を取る。「大人同士の話があるの。邪魔しないで」

大家族で何がいちばんたいへんか、わたしはアンジェリークに尋ねる。予想したのはみんなの予定の管理とか、結婚生活を円満に保つこととか、住宅ローンの支払い、睡眠時間の確保、自分の時間をつくりだすこと、仕事をつづけること（パートタイムで法医学の研究所に勤めているが、彼女がほんとうにやりたいのは人の心を打つようなスピーチをすることである）のような答えだったが、返ってきたのはそのうちのどれでもなかった。

「子供たちのあいだでバランスを取ること」アンジェリークは即答する。「全員が大事にされていると思えるようにすること。誰がそう思っていないかはわかるから」

アンジェリークは多くの親が話さないようなことまで率直に話すが、子供を特定するのを慎重に避け、〝子供たち〟〝全員〟といった複数形を使う。「うちの子供たちはみんな、自分のことは自分でする。だけどわたしが一瞬立ち止まってそれを認めることを望む子もいる。つねに忙しく動いているものだから……」

いま、この静かな時間にさえ、あすの大会議のための書類やいちばん上の子の体育活動の申込書が山積みになり、処理を待っている。病院への医療機器のセールスをしている夫はサンアントニオにいるため、手を借りることはできない。いつもあてにしている姉妹の一人は――アンジェリークは十人きょうだいである――夜勤をしているので、いまは階上《うえ》で寝ている。

しかしアンジェリークと夫はなんとかうまくやってきた。大きくて風通しのよい家に住み、裏庭には曲がりくねったスライダーのついたすばらしいプールまである。子供を保育所に入れる余裕もある。アンジェリークには日中、仕事をする時間がある。ＰＴＡの活動や、学校に衣類を提供する地元のボランティアも手伝っている。そして正気を保つために毎朝六時に起きて瞑想とお祈りをしている。

いかにも疲れそうだ――体力的にきつそうである。しかしアンジェリークにとっていちばんの疲労のもとは、子育ての感情面の要素であるという。「どの子を相手にするかによって、おなじ親がまったくちがう性格になるのが面白いの。子供たちに対してどんなにエネルギーを注ごうと、それをほかの子以上に必要とする子供が出てくる。たとえばあの子は」いま彼女が頭に思い浮かべているのは、さっきもぼかして言及した子だ。「いつもほかの子より手がかかる」アンジェリークはデザートのイチゴを刻みはじめ、話題をもっと一般的なテーマに変える。「わたしにとって子供たちはほんとうに大事なの。それを全員にちゃんとわかってほしい。全員におなじ愛情と気配りをもって育ててる。ただ、それぞれとの関係はちがう」

じゃあ、自分は大事な存在だ、と子供たち全員が思えるように、あなたは何をしているの？「一緒に買物に来てと頼んだり。あることができないふりをして、手伝ってと頼んだり。おなじベッドで寝たりもする。これはとても大きなことよ。寝るまえにはお祈りをするの」アンジェリークは勢いよく冷蔵庫をあけ、なかを見て顔をしかめる。チーズが足りない。「それからわたし自身が寝るときにはいろいろ思い返すの。ある子供にいったこととか、べつの子になんて答えたかとか、またべつの子にどう反応したかとか……よくなかったと思うようなことがあれば、翌朝起きたときまずその子のところに行く」

なぜ次の質問をしたのかは自分でもよくわからないが、言葉が自然と口をついて出た。いい母親って、どういうものだと思う？

アンジェリークは手を止めてこの謎かけの答えを考える。しばらくして、こういう。「子供たちを見て、〝おなかがすいているの？　悲しいの？〟という母親。感情を読みとる母親」それから作業を再開し、十八枚入りのタコスシェルの箱を引っぱりだすと、カウンターにドンと置く。「感情を読みとるの」アンジェリークは念を押すようにくり返す。「話を聞くまえに気づく母親。本人がいうまえに、その子の置かれた状況がわかる母親。それが、わたしが思ういい母親ね」

多くの面で、こんにちの母親にはアンジェリークのように現代的かつ良心的であることが期待される。母親は、えこひいきするべきではない。母親は、子供の気持ちに敏感であるべきだ。そして何より、子供に大事にされているという感覚を持たせ、こけら板を一枚一枚重ねて屋根をつくるように、レンガをひとつひとつ積んで壁をつくるように、子供たちの自尊心を育まなければならない。ただし、ここでのキーワードは〝現代的〟だ。子供時代が〝神聖化〟される[107]（またもやビビアナ・ゼリザーによる絶妙な表現である）まえには、親の心が子供の感情の揺れに反応する地震計の役割を兼ねることは期待されていなかった。ただ子供の服を繕ったり、食事を与えたり、行儀よくするように教えたりして、厳しい世間に出ていく準備をさせるだけで充分だった。

こうした親としての第一の義務が完全に外部へ——公立学校へ、小児科医へ、スーパーマーケットへ、GAPなどの衣料品メーカーへ——委託されるようになって初めて、子供の感情面のニーズに応えることにはっきり焦点が合わせられるようになった。アン・ハルバートの『アメリカを育てる』には、一九三〇年代の社会学者アーネスト・グローブスの言葉が引用されている。〝子育てにまつわるあらゆるこまかな義務から解放されて、こんにちの家族はもっと重要な責任に気持ちを集中できるようになった。ほかの施設にはできないこと——すなわち、進路を示し、刺激を与え、愛情あふれる関係を築くことである〟[108]。

〝進路を示し、刺激を与え、愛情あふれる関係を築く〟とは具体的にはどういうことだろうか？　控えめにいっても、抽象的に過ぎる方針である。しかし第二次世界大戦以降、すべての子育ての専門家がこれを主張してきた。〝刺激を与え、愛情あふれる関係を築く〟というのは、ほぼ半世紀まえの映画〈メリー・ポピンズ〉でも中心的な教訓だった。この映画ではジョージ・バンクスという登場人物が、エドワード朝時代の厳格でよそよそしい家長から、感情に忠実な、凧をあげて遊ぶような人間へと変貌を遂げる（これ以降、ほとんどの映画で父親が学ぶことになる教訓である）。そしてこれはこんにち、ほとんどの育児ブログの中心的なテーマでもある（何年ものあいだ、ニューヨーク・タイムズのサイト内にある〈マザーロード〉という子育てブログの説明はこんなふうにはじまっていた——〝子育ての目標はシンプルです。心身ともに健康で幸せな子供を育てることです〟）。社会学者のシャロン・ヘイズは『母親に関する文化的矛盾』のなかで、ベンジャミン・スポック、T・ベリー・ブラゼルトン、ペネロペ・リーチという、史上最も人気の高かった三人の育児専門家の著作を次のようにまとめている。〝個人の幸福は、誰もが賛成できる、とらえどころのないものになってしまった〟[109]。

ここでいっておくと、個人の幸福はまさにわたし自身が息子のために考えた目標でもある。だが、イギリスの精神分析学者アダム・フィリップスがある論説に書いた意見には納得せざるをえなかった。

思うに、人生において何もかもうまくいけば子供は幸せになると思いこむのは非現実的である

――〝非現実的〟とは、満たされることのない要求であるという意味だ。それは幸せな人生など存在しないからではなく、幸せには、なれといってなれるものではないからだ。大人は必ずしも気づいていないが、子供は幸せになれという親からのプレッシャーに苦しんでいる。親を不幸にしないための――あるいは、いま不幸な親がそれ以上不幸にならないための――プレッシャーである。[110]

家族のなかで子供にもっとはっきりした役割があれば、おそらく親はここまで必死に子供を幸せにしようとは思わないだろう。心理学者のジェローム・カガンは、おそるべき洞察力で一九七七年にこう予言している。いわゆる〝役に立たない〟子供たちは、〝耕した畑や集めた薪の山を指差してみずからの有用性を示すこと〟ができない。[111] そのため、大げさに褒めたり、愛しているとくり返し言葉にしたりしないと自信が持てなくなる危険がある。

また、マーガレット・ミードのいう確たる社会の慣習が道しるべとなって、子供にどんな準備をさせるべきかが正確にわかれば、親は子供の自信を支えようとここまで気をもまなくて済んだだろう。スポック博士は、子供が守られる時代になって最初に本を書いた育児専門家だが、『スポック博士のしつけ教育』（久米穣訳、講談社）と題された一九六二年の著書でこの苦悩について記している。スポック博士がミードの娘の小児科医だったのもおそらく偶然ではない。〝わたしたちは子供にどうふるまってもらいたいかよくわかっていない。なぜなら、子育ての最終的な目標が曖昧だからだ〟。さらに、博士はこう述べる。〝特別に目的を持って〟しつけをおこなわないかぎり、アメリカの中流階級の親は、〝幸福、適応、成功といった一般的な目標に頼ってしまう。うまくいっているあいだはこれでもいいように聞こえるが、かなり漠然としている。どう達成すればよいかがよくわからない。幸福の問題点は、直接求めることができないところだ。幸福とは、価値ある活動の副産物でしかないのだから〟[112]。

エイミー・チュアの『タイガー・マザー』があれほどのメガヒットになった理由もここにあるのではないだろうか。この本にもまったくおなじことが書かれている――幸せについての雲をつかむような話はすべて忘れ、代わりに傑出することを目指しなさい。仕事をうまくこなしたことで生じる幸福は最良の幸福である。寄せられる敬意も持続する。

だが皮肉なのは、チュアでさえこのアプローチに疑問を持っている点だ。チュアはウェブサイトにこう書いている。〝もし魔法のボタンがあって、子供のために幸せか成功か、どちらか一方を選べるとしたら、わたしは迷わず幸せを選ぶだろう〟[113]。

宿題は現代の団欒《だんらん》

「いいシャベルじゃない。どこから持ってきたの？」ローラ・アンが尋ねる。カブスカウトの登録会は終わり、子供たちはすでに夕食も終え、いまは全員でキッチンテーブルを囲んでいる――宿題の時間だ。七歳の息子ロバートは、穏当な量の宿題を静かにこなしている。しかし九歳のアンドルーのほうは、大きな厚紙の人形を科学者に仕立てあげなければならない。彼は考古学者をつくることにした。シャベルを器用に指ではさみ、人形に取りつける。「レゴのセットから」とアンドルーは答える。

「それで、なにを手伝ってほしいの？」ローラ・アンは尋ねる。「ほかに何が必要？」

アンドルーは人形にひげを描き、短パンとベルトを描き足す。「見て！」といいながら、灰色の帽子も加える。

「素敵じゃない！　クレヨンはどこ？　泥が要るんじゃない？」ローラ・アンはすばやく立ちあがり、棚からクレヨンを取ってくる。

ここでわたしはローラ・アンに尋ねる。なぜ手伝おうとしているの？　アンドルーは上手にやっているし、結局のところただの人形じゃない。

わかってる、でも癖になっているのよ、とローラ・アンはいう。課題のなかにはもっとむずかしく、実質的に親の助けを必要とするものもある。子供がそういう宿題をやっているあいだ座って見ているだけというのは、なんとなく怠惰な気がするのだ。「スコットランドの自由研究を見てほしいんだけど」ローラ・アンはそういってガレージへ向かう。昨年生徒全員に出された課題で、先祖について調べるというものだった。数分後、ローラ・アンは三枚つづきの黒い板を持って戻ってくる。〝スコットランド、アンドルー・デイ作〟とてっぺんに書いてある。まんなかのパネルには、たすきのようにキルトがかけられている。「捨てられなかったの」

確かに印象的だ。〝土地と人々〟〝現代のバグパイプ奏者へのインタビュー〟といった表題の下に写真や文章がちりばめられている。そのとき提出された課題のなかでこれがいちばん人目を惹いたんじゃない？　わたしは尋ねる。

ローラ・アンは首を横に振る。「このくらいの高さのキリンがあった」そういって一方の腕をめいっぱい上まで伸ばす。「ほかにも、街にある建物をつくるっていう課題があったんだけど、リライアント・スタジアムの開閉式の屋根をつくった子もいたわ」ローラ・アンは手をキルトに通す。「念のためキルトをつくったのよ。買えないかもしれないと思って。キルトの模様を縫えるミシンがあったから……」

ここでロバートが、宿題終わったよ、と口をはさむ。ローラ・アンはざっと目を通す。「あら、いい文章ね。まだ火曜日なのに、一週間分の宿題が終わったのね！」

ローラ・アンは席について、アンドルーの手伝いを再開する。テーブルは画材やノート、練習帳、マーカーペン、鉛筆などでいっぱいで、まるで教室の工作台のようだ。「いまじゃ宿題が家族揃っての夕食の代わりね」ローラ・アンはそういい、しばらくその発言の余韻を味わいながら、考古学者の人形のシャツを整える。「悲しいことかもしれないけど、ほんとうよ。子供がいろんなことを話すのはこういうときだから。一緒に座って、一緒に何かをつくる時間」ローラ・アンは料理があまり好きではなく、宿題が夕食代わりになったのはそのせいもあるかも、という。都会暮らしなら、それでも容易にやっていける。この晩も子供たちが食べたのはテイクアウトの料理で、発泡スチロールの容器がまだそばに散らかっている。「母がわたしのことを気にかけているのはいつもよくわかってた。食事をつくってくれたから」ローラ・アンは息子の課題から視線をあげる。「母は愛情をこめ、時間をかけて料理をした。だけどわたしはちがう」家事はひとつまえの世代の仕事だった。ローラ・アンの世代は、キッチンを宿題の場に変えた。ローラ・アンは布をはさみで細く切って息子に手渡す。「これがわたし。奉仕の才能を発揮してるってわけ。愛情をこめ、時間をかけてね」

スズキ・メソードの音楽指導法が生まれたのは、第二次世界大戦直後だった。[114] 幼児にバイオリンの弾き方を教えるために考えだされたものだ。この指導法の根幹には、正しい楽器と正しい技術と正しい環境が与えられればどんな子供でも上手に演奏できるようになるという、鷹揚な理論がある。スズキ・メソードを実践するには、子供は本腰を入れて取り組む必要があるが、この指導法がユニークなのは親も本腰を入れて取り組まなければならないところだ。親もレッスンに参加し、そこで教えられている内容に注意をはらう必要がある。毎日の練習を監督することも求められる。家で交響曲をかけたり、時間があるときにはコンサートに連れて行ったりと、子供を音楽漬けにしておかなければならない。

こんにちでは、スズキ・メソードはバイオリンだけでなく、あらゆる楽器の指導に用いられている。また、中流階級の親の子供の活動に対するアプローチのうまい比喩にもなっている。何をするにも百パーセント関わり、ぴったり子供の横について一緒にやらなければならない。バイオリンだけではない。カブスカウトのレース・イベント〈パインウッド・ダービー〉に使う模型自動車をつくるときもそうだ。スポーツの遠征シーズンにエージェントの役割を務めることも、六つものサマーキャンプの取りまとめをすることも、子供が退屈したときにレストランごっこをするのもそうだ。公文式のドリルをやるのも、学校の自由研究に協力するのもそうだ。学校の宿題を手伝うのもそうで、これは学校からもますます求められている。宿題は新しい家族の晩餐なのだ。
だが、こうしたなかで失われてしまったものがないだろうか？
本物の家族の晩餐の回数を——七〇年代後半以降、かなり減少しているわけだが[115]——もう少し増やすことができるのではないだろうか。ダイニングルームが自習室代わりに使われたりしなければ。あるいは、夕食の時間が最高の元気回復のときとして、よりよい使い方をされるならば。昔の習慣や物語や愛情あふれる思い出などを語る、家族をひとつにまとめる時間になるならば。

こうした新しい状況のもとでしわ寄せを受けているのは、家族の時間だけではない。夫婦の時間もおなじである。宿題が現代の団欒なら、サッカーの練習は現代版の夜のデートだ（そもそも夜間の練習自体が現代の産物である）。おなじようなことをスティーブ・ブラウンが、サイドライン際に座って息子のプレーを見ながらいっていた。「先週は、妻と一緒にこうして過ごす時間が取れたんだ。邪魔が入らずにおちついて話のできる、ママとパパのいい時間だった」そよ風が吹きぬけて木の葉を揺らし、草を波打たせる。スティーブは目を閉じた。

スティーブのいいたいことはよくわかった。日は沈みかけ、木陰は涼しく、ハンサムな息子はすばらしい試合をしていた。だが、ママとパパのデートにサッカー場よりいい場所があってしかるべきなのだ。子育てのプレッシャーは物事の優先順位を変えたが、その変化があまりにも劇的だったため、わたしたちはかえってそれを忘れている。一九七五年には、夫婦が一緒に過ごす時間は平均して一週間あたり十二・四時間だった[116]。これが二〇〇〇年には九時間だけになった。こんなふうに時間が減ると、わたしたちも期待しなくなった。夫婦の時間は盗むようにしてつくるもの、隙間時間から、あるいはほかの目的に乗じてかすめとるものになった。

宿題は現代の家族の団欒。新しい現実をいい表わしたローラ・アンのこの言葉が強く印象に残った。毎晩の儀式のように息子たちに宿題をさせることを、ローラ・アンは自分の〝奉仕の才能〟のなせる業《わざ》だといっていた。まさにそのとおり。だがこの特定の奉仕は、コミュニティや公共の福祉へと向けられるのではなく、家のなかに向けられている。そもそもそうしたボランティア活動や公共の福祉への関わりも、ここ数十年のあいだ確実に減少しつづけてきた。[117]少なくともわたしたちがそのために汗水流す時間は減ってしまった。わたしたちの奉仕の才能は、いまや子供のためのものである。わたしたちの世界は狭くなり、うまく子育てをしなければという胸中のプレッシャーは強くなる一方だ——うまい子育てというのがどういう意味であれ。ジェローム・カガンはこう書いている。公に自分の価値観を示すことのできる場はいまではほとんど残されていない。しかし子供をどう育てるかによってそれを示すことができる。[118]ほかの文化では、あるいはほかの時代には、目上の人々の世話をしたり、社会運動に参加したり、市民団体を主導したり、ボランティア活動を行ったりすることによって、みずからの価値観を示すことができた。現代のアメリカでは、子育てがそうしたものの代わりになっている。育児本が文字どおりバイブルになっている。

親が子供のためにここまで苦労するのは理解できる。しかしここで少し考えるべきだ——アネット・ラーロウの『不平等な子供時代』には中流階級の子供が世のなかで大きな成功を収めているとはっきり書かれている。しかしほんとうに集団活動型育児がその成功の原因であるのか、それとも中流階級の子供たちは好きにさせておいてもおなじように成功するのか、その答えはラーロウの本からはわからない。もしかしたら、答えは後者かもしれない。

九〇年代後半、家族・労働研究所の代表で共同創設者でもあるエレン・ガリンスキーはあることを思いついた。仕事と家庭のバランスをうまく取ろうとする親の努力を子供はどう感じているのか、あれこれ憶測するよりも、直接子供たちに尋ねたらどうなのか。そこで家族・労働研究所は八歳から十八歳までの千二十三人の子供を対象とした、大規模かつ詳細にわたる調査をおこなった。その結果を分析してまとめたのが、一九九九年に刊行された『子供たちに訊く』（未邦訳／*Ask the Children*）である。かなりはっきりしたデータが出ている。八十五パーセントのアメリカ人は、親が子供と過ごす時間が足りないと思っている。だがガリンスキーの調査では、もっと母親と一緒に過ごしたいと思っている子供はわずか十パーセントであり、もっと父親と過ごしたいと思っている子供も十六パーセントだけだった。しかしながら、母親の〝ストレスが減る〟ことを願っている子供は三十四パーセントもいた。[119]

やはり現代の家族の団欒は、夕食であるべきなのかもしれない。

第5章　思春期――悩むのは「子」より「親」？

親になるときには誰も教えてくれない。いちばんむずかしい時期は、ずっとずっと先だということを。

――ダニ・シャピロ『家族の歴史』（未邦訳／*Family History*）[1]

ある暖かい晩、レファーツ・ガーデンズ――ニューヨークの不動産価格が高騰するまでは中流家庭にも手が届いた、ブルックリンの瀟洒《しょうしゃ》な地区のひとつ――に建つ古い石づくりの家に母親六人が集まり、キッチンでテーブルを囲んでしゃべっている。普段は仕事や子供や町内会といった日常の付き合いをしている六人は、思春期の子供たちを話題に盛りあがっていて、やや愚痴っぽい雰囲気ではあっても、これまでに驚くような話は出ていない。そこへ、この場の最年少で公立学校教師のベスがこんな話題を持ちだす。十五歳になる息子のカールが、最近「悪い目的のために頭を使っている」と。

ほかの五人は話すのをやめ、ベスに視線を向ける。

「学校の成績はそっちのけで、管理者を回避する方法を考えだすの」ベスは続ける。子供のコンピューターの使用を制限するためにインストールしたソフトウェアのことだ。「フェイスブックを見てばかりで、宿題はしてないみたい。それから、たとえば〝ロシア人娼婦〟を三回入力《スリー・インプッツ》してみたりとか」

テープ起こしのときにはそう聞こえたのだが、あとでベスに確認したところ、聞きまちがいであることがわかった。正しくは、「ロシア人娼婦の三穴挿入《スリー・インプット》を見たり」だった。

なんであれ、ベスの発言に対して、こちらも公立学校の教師をしているサマンサが大声でぴしゃりという。「取りあげなさいよ、ベス！　そんなコンピューターなんか、取りあげるのがいちばん！」

「使わせないわけにはいかないのよ。学校の提出物もネット経由で出してるから」

「じゃあ、あなたのコンピューターでさせればいいじゃない。とにかく取りあげるのよ！」

「キッチンにデスクトップを置いたら？」ディアドラがいう。今晩のホステス役の彼女は、ベスとおなじ職場で働いている。

「それはもうやったわ。リビングに置いてる」次いでベスは、息子がポルノを見ようとすること自体は心配していないと説明する（セックスに対する考えを歪めかねないマニアックなポルノには感心しないけれど）。ほんとうに心配なのは、インターネットに時間を使いすぎていることだ。しかもそれを親に反抗するためにわざとやっており、成績は下がる一方だという。

サマンサはまだ納得しない。「でも、退学にでもなったらどうするの、ベス？」

「退学にはならない。Dをひとつ取っただけだもの」そこまでいうと、ベスは一瞬考えてから続ける。

「カールのセラピストに電話したんだけど、〝あの子のコンピューターを見たらポルノが何時間分もあったんです〟っていったら、知らなかったっていわれたわ。セラピストにも秘密にしていたのね」

「ああ、うちも似たようなものよ」代理教員のゲイルが突然口をはさむ。いままでほとんど黙っていたので、全員の顔が一斉に向けられる。「メイも」――ゲイルの娘で、サマンサの長女カリオペの親友だ――「セラピーを受けてたの。で、わたしの給料一年分のお金がかかったのに、大事なことは話していなかった――刃物での自傷行為については。セラピストと話してたのは、どれほどバイオリンが嫌いかってことだけだった」

その後もさまざまな話がぽつぽつと出てくる。互いの第一子が歩きはじめのころに地域の公園でディアドラと知りあったケイトは、この夏に長女のニーナがある問題を起こした話をする。夫婦のあいだまでひどく緊迫して、この場で話す気になれないという（あとでわかったことだが、その問題とは軽微な万引きだった）。ニーナはおなじ年に大学でミスをしてもいた。父親にレポートを見てもらい、添削の跡を残したまま教授に提出してしまったのだ。

ここでとうとうサマンサが降参する。テーブルに両ひじをついてうなだれ、額を両手で支える。

「みんなおなじ穴のむじなね。全員におなじような話がある」そういうと顔をあげて一同を見る。

「真面目な話、うちは警察沙汰になったの」

警察沙汰？　いままで友人たちが話しているあいだ、サマンサだけはそういう災難とは無縁で、まわりの話にちょっとあきれてさえいるように見えたのに。実は正反対だった。はじめから、みんながが抱えるトラブルをわがことのように受けとめていたのだ。

変化するのは誰？

もうすぐ母親や父親になる人たちが子育ての喜びを想像するとき、思春期を思いうかべることはほとんどない。育児のなかでも楽しくない時期としてよく知られているからだ。シェイクスピアは〝女中を孕ませ、古きを貶め、盗みを働き、けんかを起こす〟ことにしか使えない時期だと切り捨てる。[2]映画監督のノーラ・エフロンは、犬を飼わなければとても耐えられない、と述べている（〝犬がいれば、家のなかにわたしと顔を合わせて喜んでくれる相手ができるもの〟）。[3]幼い笑顔も、温かい頬ずりも、楽しいキャッチボールも過去のものになり、早朝五時のホッケーの練習や、思いがけずまた目にする三角関数や（サイン、コサイン、ああもう！）、迎えを呼ぶ真夜中の電話などが取って代わる。しかもこの程度の面倒なら思春期にしてはましなほうだ。

だが、実際にはどうだろう。ディアドラの家に集まった女性の子供たちも、思春期としてはいい部類に入る。ほとんど全員が非常に優秀な大学や、ニューヨーク市でも高い学力を誇る公立高校に通っている（一人だけ私立高校だが、こちらも名門）。学校以外のことにも積極的に興味を持って才能を発揮しているし、どの子も直接会った人からは自信も親切心も思いやりもあると見なされる。

それなのに、親の苛立ちは募るばかり。ここから重要な疑問が浮かんでくる。大人は思春期を子供とちがったふうに経験するのではないか？　思春期という区分は、子供自身の特徴というよりも、むしろ親にとって有用な分類なのではないか？

　テンプル大学の心理学者ローレンス・スタインバーグは、こんにちのアメリカでは思春期研究の権威ともいわれているが、彼もこの考えには大いにうなずけるという。「思春期が子供にとって困難な時期であるとは思えませんね。ほとんどの子供は、とても心地のいい靄《もや》に包まれながら暮らしているように見えます。むしろ親たちと話したときのほうが気がかりに思うことがありますよ。話を聞くと、〝うちのティーンエイジャーのせいでこっちがおかしくなりそうだ〟というのがよくわかります」[4]

　定番の教科書のようになっている彼の著書『思春期』（未邦訳／*Adolescence*）の二〇一四年版では、〝不満ばかりのティーンエイジ〟の神話がさらに厳しく批判されている。〝思春期におけるホルモンの変化が子供の行動に及ぼす直接的な影響はごくわずかである。思春期の反抗は例外であって、通常は起こらない。また、アイデンティティの危機に苦しむ子供もほとんどいない〟[5]。

　しかしながら、親にとってみれば状況はずっと複雑だ。スタインバーグが一九九四年に出版した『交差する道』（未邦訳／*Crossing Paths*）は、思春期に向かう第一子の変化を親はどうやって乗りきるのか、丸一冊を費やして論じた数少ない本のひとつだ。長期にわたって二百以上の家庭を調査した結果をもとに書かれているが、この本によれば、第一子が思春期に入ると親の四十パーセント（母親は半数近く、父親は三人に一人）が心の健康を損なうという[6]。拒絶される感覚に苦しんだり、自尊心の低下が起こったり、性生活が思わしくなかったり、頭痛、不眠、胃痛といった身体症状に悩まされることが増えたという報告もある[7]。こうした問題は、家にティーンエイジャーがいることが原因ではなく、親が中年期に入ったことが原因だと片づけたくなるところだが、この本の研究結果が示す答えはちがう。スタインバーグはこう書いている。〝親の精神状態を予測する際に、本人の年齢よりも子供の発達段階に注目したほうが、はるかに予測の精度が高かった〟[8]。

つまり、それぞれに七歳と十四歳の子供を持つ母親二人よりも、ともに十四歳の子供を持つ四十三歳と五十三歳の母親のほうが、精神面の共通点はずっと多いのである。さらに、スタインバーグの調査によれば、思春期の子供がいる母親はなんらかの苦痛を抱えていることが多い。

スタインバーグはこの理由を次のように説明する。思春期の子供は料理に喩えると塩のようなもので、どんなレシピであってもその味を強める効果がある。すでに発生している摩擦——とりわけ職場や、結婚生活における摩擦——を思春期の子供が悪化させる。ときには、長年のあいだ親が気づいていなかった問題、薄々感じているだけだった問題が表面化することもある。スタインバーグの研究に沿って考えるなら、いわゆる中年の危機も、思春期の子供さえいなければずっと楽なものになるかもしれない。ティーンエイジャーには、どんな問題も浮き彫りにしてしまう不思議な力があるのだ。

もちろん、これは子供が何歳でもある程度起こることだ。しかし、たとえば七歳の子供と比べて、なぜ思春期の子供のほうがこうした力が強いのだろうか？　これについては、歴史的な観点から考えると説明がつく——思春期は、子育てのほかのどの段階よりも、近代における「子供時代」のパラドックスが鮮明に立ち現われる時期なのである。社会学者のビビアナ・ゼリザー流にいえば、子供にとって〝役に立たない〟状態でいることがとりわけ問題になる時期なのだ。

思春期というのは近代の概念である。心理学者で教育学者のスタンレー・ホールが一九〇四年に「発見」したのは偶然ではなく、ちょうどそのころにアメリカ人の子供を見る目が感傷的なものに変わりつつあったのだ。親は大都市や工場に子供を働きに行かせるのをやめ、特別な保護を与えて家に置いておくようになった。史上初めて、子供がかなりの年齢になるまで親が保護して面倒を見るようになったのである。そして十代の子供を間近で見守りつづけたのち、親はひどい時期――ホールの言葉を借りれば〝嵐とストレス〟の時期――を乗りこえなければならないのだと悟った。目のまえのカオスをほかにどう説明したらいい？[9]

いや、じつはもっと単純に考えれば、近代に生じた〝子供は守られるべき〟という考え方が、ある程度年齢のいった子供には当てはまらないだけかもしれない。とはいえ、もちろんこんにちの親には、長いあいだ子供を保護する選択肢しかない。学校をやめさせて働かせるのはもはや許されないし、成功のためにはますます力を入れて教育を受けさせる必要がある。そのうえ、親は子供を〝守らなければならない〟と強く感じている。特に中流家庭では長く待ってから子供をもうけることが多いため、子供の身の安全と経済的な安定に心を砕く。専門家や、ほかの親や、あらゆるメディアから、子育てに膨大な時間をかけるべきだといわれ、実際に子育てが生活の中心になる。

しかし子供は成長するにつれて、自立すること、主体的に行動すること、独自の目的意識を持つことを強く望むようになる。生物学的に大人として成熟しつつあり、なりたい自分になろうと努力する子供をあまりに長く保護、監督していると、きわめて奇妙で困難な影響が出ることもある。現代の家庭は、思春期が大人なのか子供なのかという問題に家族の誰もが答えを出そうとして、つねに緊張をはらむ場所になっている。父親と母親の意見が対立することもあれば、両親の意見が一致しても子供が同意しないこともある。ただし、答えがどのようなものであれ、この問題は必ずストレスを生む。しかもたいてい、答えはすぐには見つからない。

序章で述べたとおり、本書は子供が親に与える影響についての本である。思春期にはこの影響がとくに強いため、親はまったく無防備なまま、自身の存在すら揺らぎかねない状況に置かれる。育児ブログを書いている人々の大半が幼い子供の親であるのは偶然ではない。経験の新鮮さに触発されているというのがもちろん理由のひとつ。しかし同時に、書きこむ問題にありふれた内容が多いため、公開しても誰の信頼も裏切らない、という事情もある。うちの子供は豆が嫌いだと書いても子供のプライバシーを侵害したことにはならないし、当の親の子育てがとくにまずいということにもならない。だが、思春期の子供について書くとなると話はちがってくる。大人になりかけている時期で、独自の習慣と複雑な脆さを持っているからだ。自分の生活についての記事をブログに毎日書かれたら、子供はいい顔をしないだろう。親自身、子供の話を積極的に披露しようとはしなくなる。少なくとも公然とそういう話はしない。親の心配の種は、子供にどんなものを食べさせるかとか、どんな活動をさせるかということではなくなり、子供が品行方正か、役立つことに時間を使っているか、自分で自分の面倒が見られるだけの余裕と分別と能力があるか、という問題に変わる。

それでも、親たちのなかで思春期について話したいという気持ちが鬱積しているのは明らかだ。

スタインバーグが『交差する道』に取り組みはじめたころ（最終的には妻のウェンディも執筆に協力している）、条件に合う家族は二百七十組あり、このうちの七十五パーセントが調査への参加を承諾した。ほとんどの社会科学の研究では、進んで参加する人の割合は約三十パーセントであると指摘しつつ、スタインバーグは同書の序章にこう書いている。〝驚くほど積極的な反応があったが、理由はすぐにわかった。この年齢層の子供を持つ親たちは、家庭で起きている変化にどうしようもなく困惑しており、なぜ思春期がこんなに不穏なのか知りたがっているのだ〟[10]。

思春期の扱いは非常にむずかしいので、本章ではファーストネームのみを書くことにする。それも本名とは限らず、対象者が自分で申告した名前である。この章だけのことだが、必要な処置と思われる。思春期の子供の人生は厄介であり、トラブルも多いため、子供やその親の個人情報を明かすのはひどく危険なうえ、あまり意味のあることとも思われないからだ。

役に立たない親

トレーニングウェアを着ていても、グレーのたてがみのような髪を見れば、サマンサがかつてヒッピーだったことがわかる。ディアドラの家ではあまり目立たなかったが、いまはランニングから戻ってきたところでポニーテールにしていないので、ゴージャスな髪の様子がよくわかる。わたしたちはサマンサの家のキッチンにいる。場所はディトマス・パーク——芝生に囲まれた豪勢な一軒家が建ちならび、どの家にもニューヨークではめずらしい自家用車と立派な車まわしがあるという、よその土地の人間なら誰もが驚くブルックリンの奇跡のような地区のひとつだ。サマンサと夫のブルースはともにニューヨークの公立学校で教師をしている（ブルースはミュージシャンでもある）。十九年前、この地区がまだ少し雑然としていて、市内の相場（二十三万四千五百ドル）よりも安かったころに家を買った二人には先見の明があったということだろう。サマンサはアフリカ系アメリカ人で、ブルースは――娘のカリオペにいわせると――〝人類史上いちばん白い人〟だ。カリオペはものすごい美人で、年は二十歳。アメリカでも指折りの大学に通っていて、秋には三年生になる。いまは夏休みで帰省中だ。娘がテーブルについたところで、サマンサが尋ねる。

「ベーグルはどれがいい？」

カリオペは苛立ちと愛情の混じった視線を母親に向ける。「あのさ、わたしのこと知ってるよね？」（「もしもし？　いままで何回一緒にベーグルを食べたと思ってるのよ？」という感じで）

サマンサは目をぐるりとまわしてから、ベーグルをひとつ取ってスライスする。

まだ高校生だったときにカリオペは家族から〝アルファ〟と呼ばれるようになった。〝女王様《アルファ・ガール》〟の意味で、そのころの彼女は――控えめにいっても――自分の望みをはっきり口にした。この日のブランチのあいだずっと、わたしはカリオペのわがままぶりについてあらゆる逸話を聞くことになる。「カリオペはあれこれほしがるよね」リビングからおもむろにやって来た弟のウェスリーがいう。ひょろっとした体つきで、おちついた雰囲気のある十六歳の少年だ。「で、ほしいものは必ず手に入れる」そして手にしたギターを鳴らしはじめる。ピアノとドラムの腕もいいそうだ。

「そんなの嘘よ！」笑い半分、あきれ半分でカリオペがいう。

「いや、しばらくこの家の支配者みたいだったじゃないか」

「わたしが？　支配者はママでしょ」

母も娘も押しの強い性格であるため、カリオペが実家暮らしをしていたころにはおそらく頻繁に衝突したのだろう。ディアドラの家で初めて会ったとき、サマンサはいちど娘と特別ひどいけんかをしたことがあるといっていた。ただ、何が原因だったかには触れなかったので、この機会に訊いてみた。サマンサは記憶があやしいという。だがウェスリーが覚えていて、話しはじめる。「カリオペが小論文をふたつ抱えていたんです。ひとつは高校のもので翌日締切り、もうひとつは大学に出すやつで一カ月後の締切りでした。それで」――母親を見ながら――「母さんは大学のほうをやりなさいっていったんですけど」――今度は姉を見ながら――「カリオペは翌日締切りのほうをやろうとしました。〝ママは引っこんでて、こっちは今夜じゅうに仕上げなきゃいけないんだから〟みたいなことをいって」ウェスリーの話しぶりは非常に公平だ。「そうしたら」――また母親に視線を戻して――「仕上げなきゃならないのは大学の小論文のほうだっていい張ってました」

サマンサはじっと聞いている。どうやらそのとおりらしい。

「そんなふうに長いこといい合っていたら、父さんが割って入ったんです」

サマンサが困惑した様子でいう。「馬鹿みたい。なんで翌日までのほうをさせなかったのかしら？」

ウェスリーがまた鋭い答えを返す。「あとから考えればカリオペのいうことがもっともだって思うんだろうけど、あのときはただ自分の意見を通したかったんでしょう。だからけんかが終わらなかったんだよ」

けんかとはたいていそんなものだが、このときも直接の原因は些細なことだった。サマンサをはっきり動揺させたのは、むしろ水面下の苛立ちだった。自分が考えた優先順位に娘が従わなかったために、サマンサは権威を失ったように感じたのだ。カリオペに提案をはねつけられ、嘲られたように感じたのかもしれない。サマンサは嘲りを受けるのが大嫌いなのだ。

「悪態をつかれたからって怒るわけじゃないのよ」話をつづけているうちにサマンサがいう。子供が自分に向かって乱暴な口をきいたときにどう感じるか、説明しようとする。「問題は口調なの」

「それか、わたしたちが〝おちついてよ〟とか、〝頭冷やしなよ〟っていうときも」カリオペがいう。

パチンコで弾かれた玉のような勢いで、サマンサが椅子からパッと立ちあがる。「そうよ！　ああ、もう！」そういって部屋のなかをうろうろ歩きはじめる。「すごく軽んじられてる気がするんだもの。〝あんたなんか重要じゃない〟っていわれてるみたいな」

「だって、ほんとうにピリピリしてることもあるからだよ」ウェスリーが穏やかにいう。「たとえば、清掃業者の人が来るからねって十回もいったりとか――」

サマンサがそれを遮っていう。「それはわたしが〝いいわね、明日来るからね〟っていうとあなたがこういい返すからよ」――声を低くして、十五歳の少年が憤慨したような口調で――「おちつけよ、母さん、今日が何曜日かくらいわかってるよ。もう、ウザい！」サマンサも含め、全員が笑う。「そう聞こえるのよ、わたしには」

思春期は幼児期のくり返しだとよくいわれる。急速に成長する子供は気むずかしく、いつもおなかを空かせており、ませた真似をしたりわがままに振るまったりしながら家のなかを支配する。しかし子供が思春期になったときに母親や父親が直面する困難は、いくつもの点で幼児期と正反対である。子供が幼かったころには、親は自分だけの時間と空間がほしいと思っていた。だがこんどは、自分と一緒にいることをいやがらないでほしいとか、愛情とまでいわなくともせめて敬意を持って接してもらいたいなどと思うようになる。子供が「放っておいてくれる」など考えられもしなかった時期はついきのうのことのようなのに、いまでは子供の注意を惹くことが不可能に近い。

思春期の子供が家族と過ごす時間は減少しているが、それを数値化した非常に綿密な研究がある。シカゴの郊外に住む労働者階級と中流階級の家庭の子供二百二十人を一九九六年から追跡したもので、小学五年生から中学二年生までの時期と、中学三年生から高校三年生までの時期に一回ずつ調査を実施した。研究者たちは各回一週間かけて子供たちに無作為に連絡を取り、いま誰と何をしているか、それは楽しいかを尋ねた。全部で一万六千四百七十七回連絡を取った結果、小学五年生から高校三年生になるまでに、起きているあいだ家族と過ごす時間の割合が三十五パーセントから十四パーセントに減ることがわかった。[11]

ディアドラの家に集まった母親何人かと付き合いのある、ブルックリン在住のべつの母親は、十五歳の娘をレーシングカーのドライバーに喩えた。「わたしはタイヤを全部交換して車をぴかぴかに磨きあげたら脇にどく。そうすると娘は走って行っちゃう。まるでピットクルーね」

ピットクルーの役割を務めるには、かなりの自我の強さが必要だ。ひとつにはこれが子供に権力の一部を譲りわたす——親が持っていた決定権を子供に移す——ことだからだ。同時に、子供が親や親の目標を人生の中心に置かなくなったことを受けいれて、いくらか身を引くことでもある。ニューヨーク州立大学ストーニーブルック校の心理学者ジョアンヌ・ダビラは、次のように説明する。「子供が幼いあいだは、成長していくのをそのままサポートしていればいい。ところが思春期には、こうなりたいという子供の希望に対処しなければならない」[12] ただしこれは親の視点から見た好意的な解釈であり、思春期の子供はもっとずっと悲観していることが多い。アダム・フィリップスはエッセー集『バランスを取って』（未邦訳／*On Balance*）でこう書いている。〝思春期の子供は、みずからカルト集団にさらわれようとする人に似ている〟[13]。親は子供の庇護者から看守に変わり、邪魔しないでとくり返しいわれるようになる。

実は、思春期の子供が親をいかに批判的に見ているかわかるはっきりとした——具体的に計測可能な——方法が、エレン・ガリンスキーの『子供たちに訊く』に出てくる。第4章で述べたとおり、同書は小学三年生から高校三年生までの子供千人以上を調査し、さまざまなトピックの分析結果を扱っている。あるとき、ガリンスキーは子供たちに親の評価をさせた。中学一年生から高校三年生の子供の評価は、ほとんどすべての項目において、小学六年生以下の子供たちよりもずっと厳しいものだった。〝子供の教育に関わっている・困ったときに頼れる・子供と話す時間を取っている・家庭の日課や伝統をつくっている・子供の生活に何が起きているか知っている・癇癪をおこさない〟といった項目で中学生以上の子供が最高評価のAをつけた母親や父親は、全体の半数にも満たなかった[14]（公正のためにいうと〝癇癪をおこさない〟の項目では小学六年生以下の子供も同様に悪い評価をつけた）。
子供に感謝されないだけでも親にとってはひどく嘆かわしいというのに（シェイクスピアの『リア王』に〝恩知らずの子供を持つことは、ヘビの牙よりも痛烈だ〟という有名な一節がある）[15]、思春期には軽蔑までされるようになる。これは手に余る厄介事だ――とりわけ子供を生活の中心に置いている世代の親にとっては。ディアドラの家での集まりから数カ月後、メイの母親のゲイルがこんな話をしてくれた。ゲイルが娘たちをベビーシッターに預けたことは、両手で数えられるほどしかない。一方、ゲイル自身は子供のころ姉妹と一緒に二週間連続でベビーシッターに預けられた。「でもね、わたしたちは幸せだったの」とゲイルはいうが、自分は母親としてもっと子供に関わりたかったという。そばにいる親になりたかったのだ。そして実際にそうなった。そこへ思春期が訪れた。娘たちがニューヨークの地下鉄に一人で乗れる年齢になると、長女のメイがゲイルに対してとげとげしい態度を取るようになった。会話もだんだん緊迫したものになっていった。積極的に子供と関わってきたのに、子供からの拒絶やさまざまな心痛を避けることはできなかった。

子供が離れていく不安だけでも充分に厄介だが、思春期をさらにむずかしくしているのは――スタインバーグによれば――親密でそれなりに平穏だった時期とのギャップである。多くの心理学者が指摘しているように、思春期には家庭のシステム全体が劇的に変化する。力関係やしきたりが不安定になり、小学生のあいだはうまく維持され機能してきたヒエラルキーが揺らぐ。『ブラックウェルの思春期ハンドブック』（未邦訳／*Blackwell Handbook of Adolescence*）には、生活に大変動が起こる点で〝思春期よりひどいのは幼児期だけである〟とまで書かれている。[16]力関係が再調整され、家族が再編成され、習慣も見直される。スタインバーグは『交差する道』で、〝古い台本は新しい登場人物に合わなくなるのだ〟と述べている。[17]

そう考えると、思春期の困難は確かに幼児期のくり返しだ——最初にあった秩序が、いまはもうないのだから。乳児のころだけでなく、よちよち歩きのころの問題もくり返される。子供はまたも自由を求めてもがくのだが、今回は自分の意志を通すために理屈もこねるし、体も強くなっている。スタインバーグは『交差する道』のなかで、繊細かつ大胆な仮説を立てている。〝子供が幼いうちは、親のほうが体力的に勝っているために子供をコントロールできる。この事実のみから引きだされる親の優越感を、わたしたちはいままで過小評価してきたように思う。批判しようというのではない。体力的に勝っていることで、親としての管理力と重要性が再確認できるのだ〟。[18]

しかし思春期の子供の親は、体力によるコントロールとそれに伴う安心感を徐々に手放さなければならない。最後に残されるのは言葉だけだ。この変化により、確実に衝突が起こる。にわかに怒鳴り合いが増え、理由のない（ように思える）反抗も増える。勉強をしなさいとか服を片づけなさいといったなんでもない指示をしただけで「ひどい癇癪につながるのよ。何かいうと、息子はすぐにカッとなるの」とは、べつのブルックリンの母親——政府の顧問弁護士——の言葉だ。思春期には幼少期よりけんかの回数が増えるのかどうか、専門家の意見は分かれるところだが、けんかの際の激しさとスキルが増し、中学二年生から高校一年生のあいだに口論が最も激化する点については大方の意見が一致している（実際、親と思春期の子供の口論に関する三十七の調査を対象にした一九九八年のメタ分析においてまさしくこれとおなじ結論が出ている)[19]。思春期には論理的思考力も向上し、親の理屈を――ときには卑劣なやり方で――逆手に取るのもうまくなる。思春期の子供はどうしたら親が苦しむかを心得ている、とティーンエイジャーの親は口をそろえていう。

「高校のとき、ママにいったら本気で傷つくようなことなら、すぐに思いつきました」カリオペはこう打ち明ける。

それを聞いて、サマンサは信じられないという顔で娘を見る。「そうだったの？　ひどいわね……」

自由を求める思春期の子供がこれほど攻撃的になるのは正確なところなぜなのか。ナンシー・ダーリングは研究のなかで、綿密な分析をおこなっている。[20]ダーリングによれば、親が道徳的な基準や社会的な慣習を守らせようとする場合、ほとんどの子供は反抗しないという。[21]人を叩かない。親切にする。掃除をする。すみませんという。こうしたことはすべて妥当と受けとめられる。安全についてもおなじことがいえる。たとえば、シートベルトを締めるようにいわれても、権利を侵害されたとは思わない。子供が反発するのはもっと個人的な嗜好、好みの問題――どんな音楽を聴くか、どんな趣味を持つか、誰とつきあうか――に口を出されたときである。子供が幼ければ、個人的な嗜好といっても害のないものばかりなので、親はそれほど心配しない。ティラノサウルスのバーニー？　イライラするけど、反対するほどのものじゃない。通りの向かいのあの男の子？　ちょっと乱暴だけど、まあふつうの子よね。ジョナス・ブラザーズ？　鼻につくけど、甘ったるい音楽を聴いたところで誰が傷つくわけでもなし、というわけだ。

ダーリングによれば、思春期には道徳や安全に嗜好の要素が絡み、はっきり線引きできなくなることが問題なのだという。〝あんたがよく一緒にいるあの子だけど、運転の仕方が気に入らないし、勧めてくるものにも感心しないわね〟。〝あんたがやってるあのゲームだけど、暴力的なところが好きになれないし、女性の扱いがひどくてうんざりだわ〟。教会にジーンズを穿いていくといったありふれたことも大問題になる、とダーリングは育児ブログに書きこんでいる。[22] これは自己表現の問題なのだろうか？　それとも社会的な習慣からひどく逸脱した行為なのだろうか？

　単なる趣味の問題がきわめて深刻な事態に発展することも多い。キッチンテーブルを囲みながら、サマンサは最近カリオペとけんかしたことを話してくれたが、そのときの原因はビヨンセだった。正確には、ビヨンセに関する誤解といったほうがいいだろう。サマンサはポップシンガーで女優でもあるビヨンセを、ほかの誰かとまちがえていた。そしてカリオペに向かって、なぜこんなやぼったい人間が好きなのか理解できないといったのだ。

　この傲慢な（そして——あとでわかったことだが——不正確な情報にもとづく）意見にカリオペは本気で苛立ち、母親は頭がおかしいんじゃないかと思った。自分がどんな音楽を聴こうが他人には関係のないことで、自分の勝手ではないか。しかしサマンサにとってはモラルの問題だった。ビヨンセをまちがった価値観の代表者のように思い、娘が大ファンであることに心底うろたえた。

　その後二人で話すうちに、サマンサは自分が思い浮かべている女性が別人だったことを知る。娘にインターネットでビヨンセの写真を見せられて、ほかの誰かと混同していたことに気づいたのだ。その結果、カリオペは二倍腹を立て、サマンサは二倍屈辱に思い、けんかそのものは二倍無意味になった。

スタインバーグが研究において発見したところによれば、思春期のあいだの親側の状況が悪化する要因はいくつもある。たとえば離婚だ。子供が思春期に入ったとき、結婚している親と離婚した親とでは心の健康に大きな差があった。その理由を、スタインバーグはこう推測する。離婚した親――とくに母親――と子供との関係が非常に緊密なため、子供が離れはじめると、親にとっては痛手なのではないか。[23]

こんな発見もある。同性の子供を持つ親は、異性の子供を持つ親に比べて思春期をはるかに厄介に感じるという（スタインバーグによれば、とりわけ母親と娘の衝突は激しいものになるそうである。これはスタインバーグ以外の研究者も再三述べている）。そして同性の親が直面するこうした困難も、突然均衡が崩れることによって起こるという。思春期までは同性の子供のほうがずっと近い存在であるため、親離れによる苦痛がより大きくなる。[24]

しかしながら、この現象についてはべつの説明もありうる。インタビューをするなかでわりと頻繁に見られたことだが、同性の子供がいるとつい自分と同一視してしまい、親はわが身をふり返ったり、自分が高校生だったころを思いだしたりして不快感を覚えるのだ。「子供が自分とおなじことで悩むようになるまえのほうが、子育てはずっと楽だと思います」とブルネ・ブラウンはいう。ブラウンはヒューストン大学で恥の意識を専門に研究している。「子供が初めての洒落たディナーに呼ばれなかったとか、デートに誘ってもらえないとか、約束をすっぽかされたとか――こうしたことは親が恥を感じる強力な引き金になります」[25]

さらに複雑なことに、ティーンエイジャーのころに出会ったいじめっ子と自分の子供が重なってしまうこともある。サマンサはディアドラの家で、ときどき本気でカリオペが怖くなる、といっていた。「子供を見て、ときどきすごく怖くなるのよ。だって高校のときの知り合いを思いだすんだもの。意識が高校生のころに戻っちゃって。〝ちょっと待って。わたしは親なのよ〟って自分にいい聞かせなきゃならないほど」

スタインバーグはまたべつの発見もしている。子供が親から離れようとしているときに、外のことに関心がないと——仕事なり趣味なり、夢中になれるものがないと——親は思春期がとくにつらくなるという。スタインバーグの研究の対象者の場合、子育てに熱心でも消極的でも、いわゆるヘリコプター・ペアレントでもリモコン操作のドローンのような親でも、不思議とこれが当てはまった。スタインバーグはこう書く。〝子育てに多くを注ぎこんだかどうかが決め手になると思う向きもあるかもしれないが、実際にはそうではなかった。子育て以外に力を注ぐものがないことが問題だった〟[26]。家庭にとどまることを選んだ母親はとくに心の健康を害しやすかったが、趣味を持たない親や、仕事に満足していない親——誇りをもって働くのでなく、お金のためだけに働いている親——も同様だった。子供がステージの中心からいなくなることで、スポットライトが再び親自身の人生に向けられ、そもそも自身の人生のどこに満足があり、どこに不満があったのかがあらわになるからだ。

いちばんはっきりわかったのは、ベスと話したときだった。ベスは公立学校の教師である。本書の冒頭で、十五歳の息子が「悪い目的のために頭を使っている」と文句をいっていた母親だ。ベスにはすでに大学に通っている娘もいる。その娘はというと、申し分ない。彼女の思春期はとくに劇的な出来事もなく過ぎたので、ベスもただ感心するばかりだった。一方、息子のカールはといえば……話はまったくべつだ。ポルノについては対処できた（セックスに興味のない十代の男子なんてどこにいる?）。しかし、反抗的な態度とか、親に向かって悪態をつくとか、〈スタークラフト〉にはまってインターネットで延々とゲームをしつづけるのには、ほとほとうんざりだった。いや、うんざりどころでは済まなかった。自分のしてきたことがすべてまちがいだったように感じられ、自信を失ったという。カールは頭のいい子で、競争率の高い公立の中学と高校に合格した。だが息子が学業面で、いや、何につけても自発的にやる気になれず苦労しているのがベスには見てとれた。あらゆることがうんざりするような意地の張り合いになり、あらゆることがけんかへと発展した。「一緒にどこかへ出かけるときとか……それどころか朝起こそうとするだけでも、毎回大げんかになったわ」ベスの気分は息子の気分に左右されるようになった。穏やかな関係でいられる週には気分がよかったが、息子が自分の内だけに引きこもると、けんかにならなくても「こっちまで憂鬱になった」。

高校二年にあがるまえの夏休み、カールはひどく怠惰になり、じかにマットレスに寝るようになった。「わたしが〝カール、起きてシーツを敷きなさい〟っていうと、息子は〝出てってよ。あんたなんか母親失格だよ〟なんていうのよ」

八月下旬、ベスは最後通牒を突きつけた——家のルールを尊重しなさい、それができないなら出ていって父親と暮らしなさい。カールは出ていった。それまでは毎晩、毎週末、実質的には人生のすべてをベスと過ごしてきたのに。

「〝わたしはなんのために生きてるのかしら？〟って思ったわ。わたしにとって、仕事はのめりこむようなものじゃなかった。いつでも子供たちがいちばんだったのに」

息子が前夫の家で暮らし、娘が大学に戻ってしまうと、ベスは新年度になんの楽しみもないことに気がついた。「残ったのが仕事だけなら、何かほかのものがほしいと思った」

この苦境に、ベスは建設的に対処した。カールに手紙を書き、前夫にも手紙を書いた。なんとか折りあおうとし、相手に共感しようとし、自分の非を認めようとした。ベスはカールを精神科に連れて行き、きちんと診察を受けさせた。結局のところ、よくある診断が下された——ADHD（注意欠陥・多動性障害）である。治療法もよくある薬の服用だった。カールの成績はのきなみ一段階か二段階上がった。なんどかベスを訪ねたあと、カールは留守番電話に次のようなメッセージを残すようになった。

もしもし、母さん、カールだけど。きょうはすごく楽しかったからお礼がいいたかったんだ。ぼくは、その、なんていうか、コンピューターのことはすごく無責任だったよ……いままでずっと。ぼくはさ、すごく扱いづらい子供だったよね。ただ謝りたかっただけ。それから、またぼくを信じてくれてありがとう。まえにあんなにけんかしたのに。愛してるよ……。

カールがこのメッセージを残したのは、わたしたちがこうして話をする半年まえだった。「ずっととっておくつもり」再生して聞かせてくれてから、ベスはそういう。

彼女は無理にカールを家に呼び戻そうとはしなかった。カールも自分から戻ることはしなかった。二人のつながりは弱いままで、何かあれば容易にひっくり返ってしまいそうだった。けれどもベスは、自分のなかで仕事への取り組み方がわずかずつ変化しはじめたことに気がついた。そして冬になるころにははっきりと自覚した――自分はほんとうに生徒のことが好きなのだと。ほんとうに慕ってきて、とくに心を動かされた生徒が二人いた。一人は自分が出る芝居を見にきてくださいといった男子。もう一人は母親を亡くしてもりっぱに立ち直った女子だった。「息子から得られなかったものを、生徒からもらったの。感謝の気持ちとか、心のつながりとか。だけど家族や子供から何もかも得られるわけじゃないってわかるまで――ほんとうに実感するまで、ずいぶんたいへんだった」

結婚生活の危機　パート2

「最近、あなたとまったく意見の合わない問題があったわね」本章の冒頭で軽微な万引きを起こした娘のニーナについて話したケイトがいう。「それで結局、わたしが正しかった」

夫のリーは――歳は五十代なかば、髪はグレイで長め――面くらったようにケイトを見る。「なんのことをいっているのかわからないよ」

「ポールの家のパーティーのこと」

リーは息を大きく吸ってからいう。「でも、あれは——」

「まず聞いて、いい？　これだけはぜひいっておきたいの」リーは苛立ちをこらえ、妻に発言権を譲る。

空気が張りつめる。ケイトとリーは結婚して二十二年、夫婦仲は安定している。一緒に運動をするし、買物も二人でするし、夕食も必ず一緒に食べる。どちらも家で仕事をしており、いままで平穏にやってきた。けれども息子と娘が思春期に入ると——歳はそれぞれ十五と十九——ケイトは夫婦間の力関係が変わったことに気がついた。ディアドラの家に集まったとき、ケイトは率直にそういっていた。「ティーンエイジャーの子供がいると、けんかがすごく増える。子供たちが家を出れば、たぶん減るとは思うけど」

ケイトの家はディアドラの家のすぐそばだ。いまは昼まえで、ケイトとリーはある意見の不一致について話しあっている。少なくとも、広い心で話しあおうとしている。むずかしいことだが。

ケイトが話を再開する。「子供が誰かの家のパーティーに行くなら、わたしは親がその場にいるって確認したいの。子供が知らなければ、その家に電話して確かめるわ」これは本気で、いままでは実際にそうしていた。「それが今回はちょっとうっかりしてた。ヘンリーの友達の一人として会ったことがあるし、以前はとても信頼できる子だと思っていたから」

それで息子はパーティーに行ったのだが、親はどちらも外出していた。ケイトはつづける。「その子はいくつも嘘をついていた。自分の親には誰かの家に泊めてもらうといっておいて、実は同学年の子をみんな呼んだの。最後には警察がやってきた」帰宅した両親はとんでもないことになったと思い、パーティーに参加した子供全員の家族にお詫びのメールを出した。息子にも全員に電話をかけさせ、謝らせた。

それで、あなたたち二人は何をもめていたの？　とわたしは尋ねる。

「息子がパーティーに行くのを許したことは正しかったかどうか」とケイトは答える。「リーはそんなに大したことじゃないっていうんだけど」

「いまでもそう思ってる」リーがいう。

「それじゃ駄目なのよ。もし留守にしていたのがわたしたちで、ここでパーティーがひらかれて、警察が来て、このうちがめちゃめちゃになっていたら、悪夢だった。うちの子にはそんなことに関わってほしくないの」

思春期の子供がより好戦的になり、すなおに指示に従わず、大人と一緒にいるのを嫌がるなら、こうした新しい発達段階から生じる緊張が親の結婚生活にまで降りかかるのも道理である。しかし、十代の子供が親の人間関係に与える影響を計測するには注意が必要だ。たくさんのほかの要因——キャリアの悩み、健康問題、年老いた親とうまくやっていくための日々の難題など——がいつのまにか忍びこみ、思春期の子供からの影響なのか、中年期によくある変化なのか、はっきり見分けるのがむずかしいからだ。また、結婚生活の満足度が長年のあいだの慣れによってだんだんと下降に向かうのも珍しいことではない（夫婦のセックスの回数が時間とともに減少することは確かだ）[27]。それでもなお、思春期の子供の影響をとにかく数値化しようとする研究者はあとを絶たない。そして結婚生活の満足度が実際にがくんと落ちこむのは、第一子が思春期を迎えたときである――ほかのもっと一般的な理由よりもその影響は甚大だ――と結論づける研究も多数ある。

それどころか、思春期のはじまりと結婚生活の満足度の低下が同時に起こるのを示すこと自体が目的となっているような研究も多い。《結婚と家族のジャーナル》（*Journal of Marriage and Family*）に掲載された二〇〇七年の調査では、百八十八の家族を対象として子供の〝急激な成長、体毛の発生、肌の変化〟、さらに男子の声変わりと女子の初潮の時期まで追跡して、こうした変化が起こるころに結婚生活の愛情と満足度がほんとうに急降下するかどうかを検証した。[28] 結果はそのとおりだった。

だが、夫婦の不和が必ず起こるわけではない。子供が思春期を迎えてから夜の過ごし方が改善され、大人同士の話がまたできるようになったという夫婦もいるし、そもそも子供が生まれてからもずっと関係は変わらないという夫婦もいる。カリフォルニア大学ロサンゼルス校《UCLA》で結婚生活の調査、研究をしているトーマス・ブラッドベリーによれば、第一子が思春期になるまでもちこたえた夫婦は〝生き残り組《サバイバー》〟であり、結婚持続期間が平均よりはるかに長くなるという。〝そうした夫婦はいくつもの嵐を乗り越えており、多かれ少なかれ、その二人独自の決まり事に沿って生活している〟。[29] しかし概して――研究室でも臨床の場でも――夫婦関係は思春期の子供によって強化されるよりはストレスにさらされるという証拠があがっている。UCLAのアンドルー・クリステンセン教授は夫婦セラピーの研究と臨床診療の両方を手がけており、机上だけでなく日々家庭内の衝突に生で接している。彼は親たちのあいだのそうした微妙な葛藤について、ぴったりの例を挙げている。

> われわれは、子供のなかに必ず自分自身を見るものだ。だから、パートナーの子供への態度を見ると、それを自分への態度のように感じる。たとえば、母親が父親に腹を立てているとする――父親があまり野心的でなく、やや怠け癖があって、できたはずの出世をしていないからだ。その母親があるとき、思春期の息子も父親とおなじく積極性に欠けているように思う。母親は、息子のよい手本になっていない父親に怒りを覚え、息子も怠け者になってしまうのではないかと心配する。しかしここで視点を父親側に切りかえると、母親の息子への批判がまるで自分への批判のように感じられ、息子をかばうことになる。これは、臨床の場で見られる子育ての衝突のなかでも最悪のシナリオのひとつである[30]（強調は本書著者による）。

夫婦のけんかが「きのうの夜、赤ちゃんができたと思う」とか「きみはきょう一日いったい何をしていたんだ？」といった言葉からはじまった日々はすでに遠い。いまや直接的にしろ間接的にしろ、けんかの内容はますます子供のこと、子供の将来のことに移ってきた。子供に自己を投影することもある。子供を自分と同一視することもある。つまり、競争心、嫉妬、嫌悪などがすべて起こりうる。これは幼い子供によって引き起こされる感情ではない。ほかの大人によってもたらされる感情だ。

ティーンエイジャーを大人と取りちがえるのは、衝突の多い関係においては特に問題だ。子供が成長し、論理的に考える力や共感する力が身についてくるにつれ、親はつい夫婦の口論に子供を引きこみたくなるが、これは事態を悪化させるだけである。「あ、そう、この問題にチャーリーを巻きこむわけ？」（ある興味深い研究によれば、両親が結婚している場合、十代の女子は母親の味方をしなければならないと感じるらしい。一方、十代の男子は両親が離婚している場合に母親の味方をすることが多い。[31] これはおそらく、父親が家からいなくなると母親を守らなければという義務感が生じるためだろう）

スタインバーグは『交差する道』のなかで、親が思春期の子供を自分と同一視することで夫婦関係をこじらせるべつの例を挙げている。ただし、この発見の裏付けが取れたかどうか、わたし自身は確認していないことをまえもってお断りしておく（また、確認しようとした人がいたかどうかもよくわからない）。スタインバーグが気づいたところによれば、十代の子供がデートをするようになると、調査対象の男性の結婚生活の満足度が大きく下がった。〝実際のところ、子供のデートの回数が増えるほど、父親の結婚生活の満足度は低下した〟。十代の子供というのが男の子だった場合、とくに悪影響があったという。はかりしれない可能性があった若かりしころへの郷愁と性的な嫉妬が関係しているのではないか、とスタインバーグは推測する。ただし、調査対象に直接確認するのは憚《はばか》られたとも述べている。[32]

思春期の子供が夫婦関係に影響を及ぼす理由として、単純に、夫婦が合意できないたぐいの新たな問題を持ちこむから、という点も軽視できない。子供が生まれるまえからデートやスカートの長さや門限について話しあっている夫婦はほとんどいない。ペンシルベニア州立大学の発達心理学教授、スーザン・マクヘイルはこう指摘する。〝少なくとも、授乳や寝かしつけについてはコーチがいるが、思春期が来たときには、何が起こるかも、どう対処すればいいかもわからない〟[33]。

これは子供が何かやらかしたときに、とくに問題になる。クリステンセンはいう。「一方の親が温和で、もう一方がしつけに厳しい場合には、かなりの議論が持ちあがります。非常に大きな問題になりますね。たとえば父親にはドラッグやアルコールにまつわる思い出があり、母親にはいやな記憶しかなかったとすると、夫婦の意見はまっぷたつに割れるでしょう」[34]

ケイトとリーがくり返してきたのもこの手の口論だ。息子のサッカーの試合を一緒に見に行ったとき、二人は最後に娘のニーナをめぐるけんかについて話してくれた。ニーナはスカートを万引きしようとした。ほんの出来心だったが、親としては多額の罰金を払うことになった。二人とも、ニーナがこんなことをしようとする状況は異例で、娘の行動は例外的なものだったという点では意見が一致した。高校を卒業した直後の夏休みで、ニーナは引っ越したばかりの見知らぬ町にいて、知り合いもほとんどいなかった。しかし当時の親二人の反応は対照的だった。ケイトはものすごく腹を立て、娘が話をしようとかけてきた電話に出ようともしなかった。一方、リーは懸命にニーナを慰めた。

「ふだんどおりにしただけ……烈火のごとく怒ったりはしなかった。すごく悪いことをしたと思っているのは声でわかったからね。やったことをあれこれいわずに、娘のいい分を聞いたんだ」

ケイトはいう。「でもわたしにとっては、問題は期末の小論文のときとおなじだったの」リーが添削した跡をニーナがきちんと消さずに提出してしまった小論文のことだ。「度を超せば逮捕される。ひとつの犯罪が一生ついてまわることになる。ほんとに、ほんとうに重大なことなんだと、充分わからせないと」
「だが、あれは窃盗なんかじゃなかった」
「そうよ、だけど窃盗で訴えられそうになった。訴えられていたら、奨学金は取消しだったかも」
「オーケイ、それはいいよ。でもやっぱり――」
「いいえ、〝オーケイ、それはいいよ〟じゃ済まされない。年に二万ドルよ。ぜんぜんオーケイじゃない」

あるいは、ディアドラの家で交わされた次の会話を考えてみる。

ケイト：わたしは子供に対してほんとにすごく厳しいんだけど、夫はそれをわかっているからぜんぜん厳しくしないの。きょうもそのことでけんかよ。子供たちはわたしに話すのが怖いと思うと、父親のところに行ってあれこれ話すわけ。夫はかまわないさ、とかいって、面白おかしい逸話を聞かせたりするだけ。

サマンサ：うちもおなじ。なんでも大したことないっていうのよね。

ベス：うちもよ。わたしはルールをつくる人、夫は子供のお友達。

これはデータでも裏づけられている。なかでもミシガン大学の長期にわたる大規模な研究が有名で、この研究の一部は一九六八年からずっとつづいている。[35]ごく最近のデータによると、十歳から十八歳の子供を持つ三千二百人の親のうち、しつけは自分一人で担っていると答えた割合は母親のほうがはるかに多かった（母親は三十一パーセント、父親はわずか九パーセント）。思春期の子供に対してはより多くの制限を課していると答える母親も多かった。テレビゲームやコンピューターゲームを制限している割合は母親のほうが父親より十パーセント高く、インターネットの使用を制限している割合は十一パーセント高く、テレビの視聴時間を制限している割合は五パーセント高かった。

ナンシー・ダーリングはこう指摘する。ここ十年のあいだに、自分の研究を含め、複数の研究で一貫して示されているところによれば、思春期の子供が乱暴な口をきくのは女子でも男子でも父親でなく母親に対してであり、また、暴力も母親に対して振るわれることが多い[36]（ただし、女子でも男子でもカッとなって父親を攻撃することはある）。スタインバーグの研究によると、思春期の子供と口論をする割合も父親より母親のほうが高く[37]、母親は（おそらくは衝突の頻度が高いために）職場に家庭のストレスを持ちこむことも多かった。[38]

このようにもつれた力関係があるからこそ――世間一般の通念とは反対だが――子供が家を出たときに母親のほうが父親よりつらく感じないのかもしれない。ケイトも、ニーナが大学に行くために実家を離れてから母娘《おやこ》関係がかなり改善されたと進んで認める。スタインバーグは簡潔にこう述べる。〝女性の中年の危機は、思春期の子供を世のなかに送り出すことからではなく、子供とおなじ家に住むことから生じる〟[39]。母親はずっと子供との別れに備えているのだ――子供とよけいにいい争ったり、子供からより多くの軽蔑や侮辱を向けられたりすることで。一方、父親は、子供の巣立ちをひどく突然のように感じ、より多くの疑問や後悔を抱えることになる。

思春期の脳

　サマンサの息子のウェスリーが姉と母親のけんかについて話してくれたとき、彼が家族のなかでの自分の役割をどう見ているか、はっきりとわかった。ウェスリーは調停役であり外交官だった。強硬な態度に出たり、波風を立てたりしない慎重な子供だった。我の強い母親と姉がいるとよくそんなふうになる——頭を低くしてやり過ごす習慣が身につく。

　しかしそのウェスリーが——気配りができ、どんな場面でも自制心と共感力を持ち、どんな親でも顔を上気させて自慢したくなるほど才能豊かなウェスリーが——朝の四時に警官に引きずられるようにして帰宅した。カリオペは卒業間近で、翌日にはサマンサの義母が家に来ることになっており、予備の寝室にはすでに客が一人泊まっていた。そんなところへウェスリーが、パトカーの後部座席に押しこめられてご帰還あそばしたわけだ。友達と二人で近隣の家々の窓に卵を投げつけたという。

「軽犯罪にあたるとは考えていませんでした」みながベーグルを食べ終わるころ、ウェスリーがいった。事件のことを話していても冷静だ。「ただ楽しいからやりました」

　いうまでもないが、母親の意見はちがう。サマンサがいう。「そのなかの一軒は野球友達の家だったんだけど、ウェスリーは知らなかったの」

　ウェスリーは姉とちらっと視線を交わす。じつは知っていたのだろう。

　この場でみんなで話をするまでサマンサが知らずにいたことは、ほかにもあったようだ。たとえば、ウェスリーがどうやってサマンサに気づかれずに外に出たか。両親が眠ってしまうまで待ち、扇風機の音がうるさいのをいいことに、忍び足で階下《した》に降りた。その後、やり方がさらにエスカレートした。「屋根から飛び降りるようになったんだ」ウェスリーは当然のことのように、おちつきはらって母親に説明する。「そうすれば母さんには絶対に見つからなかった」

「えっ」サマンサは驚いて聞き返す。「屋根って何?」

「だから屋根だよ。窓から屋根に上がって飛び降りるんだ。帰ってきたらまた登って戻る」

サマンサはしばらく黙ったままウェスリーを凝視する。それからいう。「どうやって家のなかに戻るの?」

「登るんだよ。柵に大きな、踏み台になる部分があるから。実際にやってみるまではできると思ってなかった。あれのおかげで何もかもがすごく簡単になったんだ。まえはけっこう面倒だった」

一瞬、ティーンエイジャーがすでに大人であるように思えることもあるものだが、次の瞬間にはそれは錯覚だとわかる。独り立ちしようとしている子供は、大人が当惑するような過激なこともしでかす。まるで自由と自己決定に関して実験してみるだけでは気が済まず、死の可能性まで試そうとするかのように。と同時に、法律がどこまで許してくれるかという実験もしている。

よちよち歩きの子供の突飛な行動とおなじく、思春期のこうした行動にも神経に関係する理由がある。ほんの二十年前まで、十代の脳について真剣に考える研究者はほとんどいなかった。思春期の子供は判断力が劣るだけで本質的には大人と変わらないと考えられていたからだ。しかし最近では、磁気共鳴画像法《MRI》を用いて脳の機能と各部位の特徴をより詳細に調べることができるようになり、新たな発見があった。思春期の脳には、リスクを適切に評価することを妨げるような欠陥があるわけではないとわかった。コーネル大学医学部の神経科学者Ｂ・Ｊ・ケイシーによれば、従来の常識とは正反対だった。思春期の子供は、少なくとも自分の生死に関わる状況では、むしろリスクを過大に評価する。[40] ほんとうに問題なのは、思春期の子供が大人に比べて、リスクを取って得られる見返りに大きな価値を認める点である。ドーパミン――快感を伝達するホルモン――の働きが、思春期にはこれ以上ないくらい活発になるからだ。わたしたちの一生のうち、これほど何かを強烈に感じたり、気分が高揚したりする時期はこのときだけである。

さらに悪いことに、前頭前皮質――脳のなかで計画、論理、衝動の制御、内省といった高度な実行機能を司る部位――ではきわめて重大な構造の変化がまだ進行中であり、これが二十代なかば、あるいは後半までつづく。[41]

ただし、ティーンエイジャーに論理的な思考力がないということではない。前頭前皮質の働きは思春期の直前に劇的に活発になるため、子供は抽象的な概念を把握したり、さまざまなべつの視点からの考え方を理解したりできるようになる[42]（ダーリングの推測では、この新しい能力のおかげで、思春期の子供は議論に熱中しているように見える。生まれて初めてきちんとした議論をしているわけである）[43]。しかし、彼らの前頭前皮質は髄鞘《ミエリン》――白色の脂質で、神経伝達を高速化し、神経連絡を改善する働きを持つ物質――を追加している途中だ。[44] つまり、大人とちがい、長期的な影響を把握したり、複雑な選択肢を考えぬいたりすることがまだできない。また、思春期の前頭前皮質は、感情を扱う原始的な脳の部位――大脳辺縁系と総称される――とのつながりもまだ形成、強化の途中なので、大人ほど抑制が働かない。そのうえ知恵や経験が不足しているため、成熟した大人から見れば正気とも思えないような考えを熱く議論することに多大な時間を費やす。ケイシーはいう。「計器類に頼らず勘で空を飛ぼうとするようなものです。とても強烈な経験がひとつだけあって、その分野でほかの経験がない場合、子供はその強烈な経験に突き動かされるのです」[45]

思春期の脳を観察する研究者たちは、長いあいだに思春期特有の過剰さを表現するさまざまな比喩やいい換えを考えてきた。ケイシーは〈スタートレック〉の比喩を好む。「ティーンエイジャーは、スポックというよりカークですね」[46] スタインバーグは、強力なアクセルと効きの弱いブレーキを備えた自動車に喩える。「それで親はティーンエイジャーと衝突するわけですよ。自分がブレーキになろうとして」[47]

誰かの前頭前皮質の代理をするのは危険である。しかし、子供の前頭前皮質になろうとする衝動を抑えるには、相当な自制心が要る。子供にわざわざミスを経験させるしかないからだ。ティーンエイジャーが――いや、じつのところ誰でも――自制という、痛みを伴う技術を身につけるには、経験を通して学ぶしかない。

さらに問題を複雑にするのは、思春期の脳が大人の脳よりも薬物やアルコールの影響を受けやすく、依存に陥りやすい点である。[48] たくさんの新しいシナプス結合をつくりだすと同時に、ドーパミンをあふれるほど分泌しているからだ。飲酒、ドラッグ、テレビゲーム、ポルノといった、人が慰めと逃避のためにおこなう小さな悪徳の大部分が、十代の子供の脳に長くつづく深刻な影響をもたらす。手を出したくなる誘惑は非常に強く、いちど染みついた習慣からはなかなか抜けだせない。ケイシーはいう。「息子を二十一歳になるまでとじこめておいたら楽だな、と昔はよく考えたものです。しかし孤独な状態では脳は成熟しない。十代の子供たちは経験から学んでいます。いいことも、悪いことも、不都合なことも」[49]

慰めになるかどうかわからないが、B・J・ケイシーら研究者たちはこう推測している。思春期の子供が頭を制御しようとする闘いで、スポックよりカークが勝者になる理由は、人類の進化と関係がある。[50]人間には親元を離れる動機が必要だ。家を出ていくのは危険であり、困難が伴う。勇気や、自立する術《すべ》を学ぶことが必要になる。わざと無謀な真似をすることも必要になるかもしれない。

サイエンスライターのデビッド・ドブズは、二〇一一年にナショナルジオグラフィック誌に寄稿したティーンズの脳に関する記事の冒頭で、みずからの個人的な体験を書いている。当時十七歳だった彼の長男が時速百八十キロで運転して警察に捕まったときのことだ。この話のなかで奇妙なのは、息子が発作的に暴走したわけではないところだ、と彼は書く。あらかじめ計画していたのである。百八十キロで走りたかったということだ。それどころか、警官から無謀運転の切符を切られて腹を立ててすらいた。「〝無謀〟っていうと注意してなかったみたいじゃないか。ぼくは注意してたよ」[51]

わたしがウェスリーになぜ近隣の家々に卵を投げつけたのかと尋ねたとき、彼も当然のことのように似た説明をした。

「なぜって、そうしたかったからです。理屈じゃないんです」

だったらなぜそれが卵投げだったのか、とわたしは重ねて尋ねた。

ウェスリーはちょっと面白そうにわたしのほうを見た。こういう状況に対し理にかなった説明を求めるのは大人だけである。理屈はバルカン人の血を引くスポックの専売特許だ。ウェスリーには無用なのだろう。

「自然とそうなったんです」ウェスリーは答える。「思いつき、かな。卵を投げるって楽しそうじゃないですか」

役に立たない若者

さて、ここで歴史的な観点から考えてみる。もし、リスクを負ってまでやりたい何かを、もっと前向きで面白い方法でできたなら、思春期の子供たちはよその家に卵を投げつけたり、車を百八十キロで走らせたりといったような馬鹿げた行動にそれほど惹かれなくなるかもしれない——あくまで可能性の話ではあるけれど。これは哲学者のアリソン・ゴプニックの説だ。近代的な意味での思春期がおそろしく多くの〝奇異〟（ゴプニックの言葉である）を生みだしているのは、現代社会においては、意味のあるリスクを負って建設的で具体的な何かをする機会が、思春期の子供たちにほとんど与えられていないからだという。[52]
この点を指摘したのはゴプニックが最初ではない。一九六〇年代にはマーガレット・ミードが次のように批判している。現代の完全に保護された生活のせいで、[53]思春期の子供たちは臨機応変に「準・大人」としてふるまえるはずの期間——最終的にはこういう人間になりたい、と思い描き、そのための実験を安全にできるはずの期間——を奪われている。[54] その結果はさまざまな行動となって表われる。最近のナショナル《N》・パブリック《P》・ラジオ《R》のインタビューで、ジェイ・ギード——アメリカ国立精神衛生研究所（NIMH）で十代の脳を研究している人物——がこれをうまく説明している。「石器時代から変わらないこうした衝動が、現代技術の驚異と作用しあっています。面白おかしい逸話程度で済むこともありますが、もっと長くつづく影響を残すこともありえます」[55] ヘルメットをかぶらずにバイクに乗ったり、走っている地下鉄の屋根に立ったり——子供たちがこうした身の毛もよだつようなスタントをやってのけるのは、楽しいだろうと思うからだ。この判断は正しくもあり、悲劇的でもある。

　昔はよかったと美化したり誇張したりしないなら、かつての実態を指摘することには意味がある。思春期のあくなきエネルギーの有益な使い道が、昔はもっとあった。スティーブン・ミンツはこう書く。アメリカ建国初期には、〝現代のわたしたちなら早熟だと思うような行動があたりまえだった〟。ミンツは例を挙げる。発明家のイーライ・ホイットニーが自分で釘の製造工場をはじめたのは、十六歳でイェール大学に進むよりまえだった。作家のハーマン・メルビルが十二歳で退学して〝おじの銀行で働いたり、帽子屋で店員をしたり、教師をしたり、農場で働いたり、捕鯨船で給仕係をしたりしたのは、すべて二十歳になるまえのことだ〟。ジョージ・ワシントンは十七歳でカルペパー郡の正式な測量士になり、二十歳で市民軍の少佐に任命された。トーマス・ジェファーソンは十四歳までに両親を亡くし、それでも十六歳で大学に入った。ミンツはこう書く。〝十八世紀なかばには、野心と才能にあふれるティーンエイジャーが世界に足跡を残すチャンスがたくさんあった〟[56]。

しかし二十世紀になって死亡率が改善し、より多くの親が長生きして子供を守れるようになり、より多くの子供が幼児期を生き延びられるようになった[57]。一家族の人数は減った。進歩主義時代には以前よりはるかに人道的な政策が導入された。法律の制定によってさまざまなかたちの児童労働が禁止され、公教育の義務化により誰でも教育が受けられるようになった（一八八〇年から一九〇〇年のあいだに、アメリカでは公立学校の数が七・五倍に増えた）。これはすべてプラス方向の進歩だった。人道主義の立場をとる人なら誰でも、ディケンズの作品に出てくるような過去の児童労働を望んだりはしないだろう。だが当時、リベラルな社会評論家のなかにすら、新しい法律が思いがけず子供たちからやる気と自立心を奪うことにはならないだろうか、と考える者がいた。女性市民誌（*Woman Citizen*）の一九二四年十二月号では、ある記者があえてこう問いかけている。〝放課後に野球チームでプレイするより大きな苦労のない世のなかだったら、リンカーンは名声を獲得できただろうか〟[58]。女性市民誌が進歩主義と敵対していたわけではない。同年にマーガレット・サンガーの〝避妊の正当性〟という論文も掲載している[59]。

いずれにせよ、第二次世界大戦後には、思春期の子供はもはや主要な労働力ではなくなった。アメリカで大人になるためには以前はさまざまな脇道があったが、それが太い高速道路へと一本化された。ほとんどの子供が幼稚園から高校三年生までの公立学校システムに乗り、おなじペースでおなじプログラムを受けることになった[60]。

思春期の子供がリスクを負って何かをする機会は学校が提供しているではないか、と議論することもできなくはないが、それは拡大解釈というものだろう（どちらかといえば、学校そのものより放課後のスポーツや演劇活動などのほうが、まだそういった主張がしやすい）。全員が学校の勉強が得意なわけではない。また、習得のスピードも得意な科目も異なっている。アメリカの学校はテスト対策が中心で、カリキュラムも標準化されているため、生徒のちがいにうまく対応できない。いまの学校教育システムは厳しく構造化され、硬直しているため、融通をきかせる余地は――ましてやリスクを負って何かをする機会など――ほとんどない。

反対の視点からの主張のほうが、もう少し説得力があるかもしれない。「準・大人」の期間が消滅した代わりに、社会学で「成人形成期《EA》」と呼ぶ期間が突然発生したのだという。EAとは、大学を卒業した若者がシェアハウスに住んで低賃金の仕事を渡り歩きつつ、遅ればせながらほんとうにやりたい仕事や住みたい場所を考える時期である。これは新たな「準・大人」期、安全な実験のための新たな期間といえる。「引き延ばされた思春期」と呼ぶ学者もいる。だが、よく考えればこれは実態を正しく捉えていない。このEAと呼ばれる時期こそほんとうの思春期――子供が実験をして自分を見つける最初の機会――なのだ。昔はただ習慣として、もっとずっと早いのがあたりまえだった。

同世代の子供たちが集められ、世間から切り離されると、べつの現象も起こりはじめた。子供たちが独自の文化を築きはじめたのだ。この文化は、マスメディアや広告業界の戦後の急速な発展と相まって、勢いを増す一方だった。商業市場が十代の子供たちの周辺で爆発的に発達し、ティーンズがポップカルチャーのトレンドを左右するようになった。だから「ティーンエイジャー」という単語が一九四〇年代にアメリカ人の語彙に現われたのは偶然ではない。[61] 初めて印刷物に登場したのは一九四一年、月刊ポピュラー・サイエンスとライフ誌の両誌上だった（〝彼らはギャング、ゲーム、映画、音楽からなる愉快な世界に生きている〟とライフ誌は書いた）。[62] 現代的な意味での子供時代とマスメディアとが時をおなじくして誕生した瞬間だった。ミンツはこう書いている。〝十代の子供たちが初めて大人の監視から解放されて体験を共有し、自由な文化をつくりだすことができるようになった〟。[63] 高校そのものも社会学の研究対象となった。一九六一年出版の『思春期の社会』（未邦訳／*The Adolescent Society*）は、中西部の高校の文化を生き生きと描きだし、社会学の古典となった。[64]

二十世紀もなかばへ、後半へと向かうにしたがって、パラドックスが生じた。子供同士で過ごす時間が増えるにつれ、思春期独自の文化がより力を持つようになった。そしてその文化が力を増すにつれ、子供は親の影響力に反発するようになった。しかしたとえ子供たちが親から距離を置いて生活を送り、親の影響力に苛立っていたとしても、所詮は親に頼らざるを得ない部分——自動車やお金などの援助、感情面のサポート、コネなど——が、日々複雑さを増す世のなかでは増えるばかりだった。

その結果が現代のティーンエイジャーだ。手に負えないという非難と、あまりにも無力であるという非難を同時に受ける人種である。彼らは暴れ馬に喩えられ、同時に囲われた子牛にも喩えられた。オーストリア生まれの心理学者ブルーノ・ベッテルハイムは一九七〇年代にすでにこれをうまくいい表わしている。〝何が子供たちの不満の種になっているのか知れば知るほど、彼らと一緒に暮らすのはむずかしくなる〟[65]。

最近では、このギャップが狭まる様子もいくつか見られる。どれほど頑強に保護されていようと、いまの子供たちの世界は親の世代よりも多様で、従来の家族の約束事の範囲におさまりきらない。インターネットによっていままでのどの世代よりもセックス、暴力、現実世界の恐怖（有名人のセックス映像、テロ事件のバラバラ死体の映像、サダム・フセインの絞首刑の映像など）にさらされているし、由緒ある家柄の子供が減っているため、経済が不安定であることをよく知っている。一方で親のほうは、過保護気味なのはあいかわらずだが、まえの世代よりは開放的で、自身もセックスやドラッグやロックンロールについては豊富な経験がある。消費文化やポップカルチャーについては子供ほど詳しくないかもしれないが、おなじ時代の空気に包まれてはいる——親子ともに『ハンガー・ゲーム』を読み、〈フライデー・ナイト・ライツ〉などのテレビシリーズを見ている。ハワード・チュダコフは『遊ぶ子供たち』の結論にこう書いている。〝つまり、子供の精神年齢はあがり、親のそれはさがったのだ。いまの十一歳はぬいぐるみや消防車をねだったりせず、ゲームの〈マッデンNFL〉シリーズや、携帯電話、iPod、ビヨンセのCDなどをほしがる。一方、三十五歳の大人もおなじく〈マッデンNFL〉のゲームや携帯電話やiPodやビヨンセのCDを買って楽しむ〟[66]。

しかし、思春期のパラドックス——無力な依存者でありながら、尊大な反逆者でもあるという矛盾——が増大している点は看過できない。

なぜか？　こんにちの子供たちが、フルタイムの職業であるかのように学生になりきっているからだ。かつてないほどがっちりと組み立てられた教育環境のなかで、家に縛りつけられ、親の財布に頼らざるをえない状況が永遠につづくかのように見える。親のほうも、子供を持つまでに長い時間をかけているし、その後は子供が生活の中心だったため、子供を守り、子供の要求に応じようとする期間がまえの世代の親たちよりも長い。このように双方の事情が組み合わさることで、子供の自立が妨害される。「あの子たちの歳のころには、わたしたち自身はもっと自立していた」十五歳の息子がサッカーをするのを見ながら、ケイトはいった。次いで大学生の長女に言及した。「ニーナは、帰ってくるといつも自分の行動をほとんど全部話すの。わたしは絶対にそんなことしなかった」

「そうだね、ぼくもあまり親に相談したりはしなかったな」リーがうなずく。

「しかも、済んだことを話すんじゃなくて、これから何をするかを話すのよ」

同時に、思春期の子供が同年代の仲間と一緒に過ごす時間もここ三世紀のあいだで最も長くなっている。しかも、猛烈な技術の変化とマスメディアの影響のなかでそうやって過ごしているので、子供たちがどんな付き合い方をしているのか多くの親にはよくわからない――たとえ親自身もフェイスブックくらいは使っているとしても（ヒラリー・クリントンがラトガース大学での講演でフェイスブックを〝マイフェイス〟といいまちがえたことが、はからずもこの問題を要約している）[67]。メイの母親のゲイルに、ティーンエイジャーを育てるうえでいちばん悩ましいのは何かと尋ねると、ゲイルは即答した。

「子供が何をしているかわからない――ほんとうにはわからないことよ」ゲイルはいちばん下の娘

が中学三年生だったときのことを思いだしていた。娘はその晩、友達の家に泊まるといっており、携帯電話で二度連絡を寄こして心配いらないと報告した。ところが翌朝、ゲイルは港湾局の少年係から連絡を受け、ニュージャージーで一晩過ごすことを娘に許したかどうか確認したいといわれた。ゲイルは許していなかった。娘は友達のグループに誘われて出かけていったのだ。携帯電話なら嘘がつきやすかったから。

技術と透明性（Xbox的要素）

ティーンズの文化が生まれて以来、思春期の子供たちは独自の世界を生きるようになった。技術の進歩により、いままでとまったくちがうかたちで自主性を主張し、自力で先の見通しを立てるようになった。ニューヨーク大学のニューメディア研究者クレイ・シャーキーはこういう。「大人たちはパ、ニ、ッ、ク、を起こしています。自分が子供のころからふつうだと思ってきたものも、自分の親が子供のころからふつうだと思ってきたものも、二世代あとにはふつうではなくなってしまった。まるで神が定めたかのように。旧約聖書のレビ記に規定されているかのように」[68]

メディアに大きな変革があると、たいてい人々の批判がスコールのように降りそそぐ。ミンツによれば、一九二〇年代の社会科学者たちは、映画が〝安楽な生活と乱痴気パーティーへの憧れを煽り、少年非行を著しく助長した〟と考えたそうである。[69] その数十年後のコミックへの反応はさらに辛辣だった。精神科医のフレデリック・ワーサムは——犯罪漫画を批判する彼の著書はベストセラーになっている――一九五四年に下院司法委員会のメンバーに向かってこう話した。「委員長、もしも私の使命が子供に非行を教えることなら――女性を誘惑して強姦する方法や、人を傷つける方法や、強盗、詐欺、偽造など、あらゆる犯罪を実行する方法を子供に教えることが私の使命なら――私は犯罪漫画の業界に協力するでしょう」[70]

こんにちの状況が昔と決定的にちがうのは、技術の変化があまりにも速くて親がついていけないところだ。一方、子供たちはまだ頭が柔らかく物事を吸収しやすいので、ハイスピードの変化にも即座に適応できる。この適応の差がものの受けとめ方のちがいとなって、親と十代の子供の力関係を複雑にする。たとえお互いに悪気がなくても。

たとえば、いまどきのティーンエイジャーは時間の感覚が大人とちがい、ゆえに計画を立てるときの作法もちがう。ディアドラのべつの友人のフィオナはこう説明していた。「娘が〝あのね、あした友達とダウンタウンに遊びに行くんだけど〟というとき、〝何時に行くの?〟と訊いてもわかってないいないいないのよ。まだ計画ができていなくて。あの子たちのやり方はすごく流動的なの」

それがなぜ問題なのか、わたしは尋ねた。

「だってわたしなら計画を立てたいもの!」フィオナは叫ぶようにいった。「あの子たちは映画が何時にはじまるか知らないし、ピザを食べるにしても店を知らない。みんな携帯電話を持っているから、その場で調べて、あとはなりゆき任せ……」

携帯電話を持っているのは大人もティーンエイジャーもおなじだが、十代の子供は携帯電話を追跡装置として使う――NASAがかつて座標上でスペースシャトルの位置を追ったように。メールでのやりとりや互いの位置確認を頻繁にしているので、仲間がどこにいるかつねにわかっている。そのため、あれこれ計画を立てる必要がほとんどない。計画を立てるというのはそもそもティーンエイジャーの苦手分野でもある。なんでもそのときになってから考えればいい。しかし、そんな子供たちの生活と安全の責任をたまたま担ってしまった親のほうは、時間について昔ながらの考え方を持っており、スケジュールや口頭での約束などの具体的ではっきりした方法を重視する。ソーシャル・メディアを専門に研究する文化人類学者の伊藤瑞子はいう。「もっと上の世代なら、会うと思ったら必ずコミュニケーションのチャネルをひらかなければなりません。ふつうは電話ですね。十代の子供たちはちがいます。最初から、つねにつながっていることが前提です。それに、いつでも携帯電話を持っているので、遅刻がそれほど問題になりません」[71]

この感覚――時間と、人との付き合いについての考え方そのもの――が、思春期の子供の自立を助けようとする親にとっては戸惑いと苛立ちの種になる。親としては、子供が独立して充実した人生を送るための能力を伸ばしてやりたい。しかしその過程には徒労感がつきまとう（「このあとピザを食べに行くかも。でも、やっぱり行かないかも。それからサムの家に行くかもしれない。ひょっとしたらジャックの家かな」）。

伊藤によれば、おなじ時間管理の問題が、子供がテレビゲームをするときにも起こるという。いまどきのゲームは「じつにアクセスが容易で」――どんな端末でもできるということだ――「しかも、はじまりも終わりもないものが多いのです」[72]。ゲームをやめて夕食を食べにきなさいと子供にいってもなかなか聞かないのは、もともと時間の区切りのないところに、親のつくった区切りを押しつけようとしているからである。

しかし親にとって問題であり、混乱のもとでもあるのは、子供のほうが新しい技術を使いこなしている事実によって力関係が逆転してしまうことだ。十四歳の子供が家のなかでは事実上、技術関連のチーフであり、新しいテレビで音楽配信サービスの〈パンドラ〉を使うにはどこに合わせればいいのかとか、iPhoneでウィンドウを全部とじるにはどうすればいいのかといったことを、親が子供から教えてもらうことになる。母親も父親も、家に新しいデバイスが到着すると無力感を覚える。なかには子供の使用を制限したいものもあるというのに。

シャーキーはこう述べる。「それだけではなく、いまの社会では、親が子供に許可を求めなければならないと感じる行動もあります。たとえば、フェイスブックで自分の子供に〝友達〟になってもらうとか」[73] これはディアドラの家に集まった全員が話していた。子供と〝友達〟になっている母親も、なっていない母親も、アクセスを制限されている母親もいた。[74] ベスは、息子からは〝友達〟にされたり削除されたりをなんどかくり返しているが、娘のほうはなんの制限もなく自分の生活を見せてくれるといっていた。サマンサは、大人とは〝友達〟にならない主義なの、といっていた娘がじつはサマンサのいとこ――やはり五十代の女性――と〝友達〟だったという。ディアドラは、自分ではフェイスブックをやっておらず、夫を通して子供たちをチェックしていた。シャーキーはいう。「自分の子供に友達申請をするのは、どちらに転んでも不安を生む行動です」申請が承認されなければ、思ってもみなかったものを見るはめになるかもしれない。承認されなければ、気持ちが傷つき、子供が問題のある書きこみをしているのではないかとずっと疑いつづけることになる。「これこそ、こんにちならではの新しい問題です」

ソーシャルメディア出現以前には電話とテレビしかなかったが、どちらも家のなかでは半分公共性を帯びた設備だった。子供が家の電話を独占して鍵をかけた自室にとじこもったとしても、子供が部屋にいて誰かと話していることはわかったし、二、三うまい質問をすればそんなに煙たがられずに電話の相手を知ることもできた。テレビもおなじだった。たとえ子供が見ている番組が気に入らなくても、どんな番組か、いつ終わるのか、またべつの番組を見ているのかどうかはそばを通るだけでわかった。

心理学者のダーリングはいう。「携帯電話やフェイスブックで興味深いのは、消極的に監視する方法がないことです」[75]

〝消極的〟——ダーリングの考えでは、この一語がきわめて重要だ。「携帯電話やフェイスブックを覗くとすれば、プライバシーの侵害であることを認めざるをえない。これは積極的な監視です。あからさまな詮索であって、スパイをしているように感じられます」

この一線をなかなか越えられない親もいる。プライバシーの価値を知っているのに（そして昔は自分もティーンエイジャーだったのに）、それを侵害する許可を自分に与えることになるからだ。たいていの親は子供よりもプライバシーを厳粛に捉えている。もちろん、親というのは子供のことを詮索するものだ。いつの時代にも、娘の日記をパラパラと盗み見る母親はいたし、タバコを隠していないかと息子の部屋をつつきまわす父親もいた。しかしいまや詮索は気まぐれな行為というより義務であり、そのため余分に差し出がましく感じられる。仕事でもある。監視対象の候補となる端末やプラットフォームは、たいていひとつでは済まない（フェイスブック、タンブラー、フリッカー、携帯電話のメール、携帯電話の写真、ツイッター、Ｘｂｏｘのプレー時間など）。そしてほとんどの場合、監視するには多少なりともそれを使いこなす手腕が要る。ディアドラの家に集まった母親たちのあいだでも、監視する（子供からすれば〝こそこそ探る〟）ことの是非についてはなんども話題にのぼっていた。ある母親は、フェイスブックのページは見ないと娘に約束して、それを守っているという。べつの母親は、そんな約束は絶対しないし、いつもスパイしているという。だがディアドラが発言すると、全員の本音がはっきりした。詮索することを自分で自分に許せるかどうかも問題だが、そこで発見したものを受けいれられるかどうかもむずかしい問題なのだ。

ディアドラはこういった。「まえにいちど、スパイしてて見つけたものにすごくショックを受けたことがある。そうしたら夫はこういうのよ。〝ディアドラ、もう見ないほうがいいよ。見てもきみが動揺するだけだから〟って」

「そのとおり」ベスがいった。「知らなければよかったって思うときもある」

知るためには、見たくないものを見る危険をおかさなければならない。自分の子供がパーティーで酔っぱらっている写真があったり——子供の友達がフェイスブックのウォールに投稿したからだ。娘の携帯電話に裸の自撮り写真があったり——わかったかぎりではまだ誰にも送っていないようだが、ならばなぜこんな写真を撮ったのか？　あとで誰かに送るつもりなのだろうか？　それとも自分の見た目を確かめるために試しに撮っただけなのか（これはベスが実際に見つけたものだ）。ケイトはあるときスパイをしていて、息子がハイになる計画を立てているのを知った。「わたしは見たくもないものを見たいのだろうか？」修辞疑問である。「知らないはずのことに対処したいのだろうか？」

シャーキーはこう述べる。「わたしたちが子供のころは、こそこそせずにお酒を試しました。帰宅したときにジンのにおいをぷんぷんさせているようなことがなければ、それは許容範囲でした」――つまり、いちいち咎めだてしないという暗黙の了解があった――「映画館は、ティーンエイジャーがキスの練習をするのが黙認されている場所でした。親のほうでも、わかってはいても口に出さない。一種の駆け引きが成立していたんです。そんなことはもうできなくなりましたが」[76]

こうした駆け引きを再び成立させ、新しい可視化の方法を見つけるために、誰もが臨機応変にふるまわなければならない。いまは過渡期であり、なんの基準も存在しない。そのせいで、母親も父親も混乱をきたしている。場合によっては「訊かず、いわず」という方針のほうが、何もかもを知ろうと正面から取り組むより楽なこともある。

そういう方針の親にとっては、いまの技術には喜ばしい側面もある。オンラインの世界は非常に魅力的で、子供はそこに入り浸るが、無分別なことをするにしても実際には安全な自室にいるわけで、ほんとうに体を害するような危険の潜む現実の世のなかに出ていくのとはちがう。ディアドラの家でベスはこういっていた。「電子機器のおかげで楽になった部分もいくつかある。悪さはオンラインでやってるから。自分たちのころみたいに、外に出てるわけじゃない」

「そうね」ゲイルが同意した。「わたしはいつまでも外にいたいと思ったものだけど、子供たちは退屈なら帰ってくるものね」

携帯電話のメールがあるので、頻繁に、しかも目立たずに親と連絡したいときに、子供はそれをすばやく、容易に使える。たとえば、パーティーでみんな酔ってしまい誰も車を運転できないときなどに。親にしても同様で、ほかに連絡の取りようのないときでも子供の状況を把握できるし、電話だと押しつけがましく感じるときにも、メールで手短なメッセージを送ることができる。

多かれ少なかれ新しい技術を使うことで、現代の思春期のパラドックスが浮き彫りになる。子供は親が知らないことをおなじ屋根の下で、親が買ったコンピューターを使ってやっている。どこに泊まるか嘘をつくために携帯電話を使い、大学寮の新しいルームメイトのことをメールで知らせるにもおなじ携帯電話を使う（ミドルベリー大学の心理学者バーバラ・ホーファーによれば、大学一年生の最初の学期には、学生は週に十・四回も親と連絡を取りあっているという）[77]。こんにちの技術によって、思春期の二面性が強調される。子供たちは家族と緊密につながっていながら、同時にひどくかけ離れた生活を送っている。

行きすぎるのは誰？

わたしたちはまだウェスリーの卵投げの話をしている。その夜の出来事を聞いてどう反応したのか、サマンサに尋ねる。

「激怒したわ」サマンサは答える。

「いまもまだしてる、でしょう」まっすぐまえを見ながらウェスリーがいう。

激怒するとどんなふうになるの？

「ヒステリックに叫ぶの、このキッチンで」

自己不信に陥って怒りが悪化した？とわたしは尋ねる。自分が子育てで何かまちがったことをしたんじゃないか、と思わなかった？

「答えはノーね。わたしはもう一人の子を責めた。ウェスリーが自分で卵投げを考えついたとは思わないから。もしかしたらまちがってるのかもしれないけど――」

ウェスリーが遮っていう。「全部ぼくがはじめたんだよ」そしてサマンサの目をまっすぐに見る。

「面白いわね」今回はサマンサも取り乱さない。興味深いのは、ここでサマンサの意識がどこに向いたかだ。サマンサはわたしを見ていう。「じつをいうと、わたしもちょっと責任を感じたの。昔、車にドングリを積んでおいて、誰かが馬鹿な真似をしたときに投げつけていたことがあったから。これが卵だったらいいのにと思ってたわ。ほんとうに誰かに向かって卵を投げたりはしなかったけど」サマンサは少々自信のなさそうな顔で息子を見やる。「だから、もしかしたらちょっとはわたしの影響があったのかもしれないと思って」

それはどうだろう。しかし重要なのはそこではなく、サマンサがウェスリーの衝動を共有できる点だ。サマンサにもおなじ衝動があったのだ。

思春期の子供の行きすぎた行動に、親はひどくぎょっとする。しかし、精神分析学者のアダム・

フィリップスによれば、親が驚く原因はその行きすぎが異質なものだからではなく、むしろなじみ深いものだからだという。子供の気持ちがわかりすぎるくらいわかるのである。

たとえば、癇癪をおこす気持ちがよくわかる（先に言及したとおり、エレン・ガリンスキーの『子供たちに訊く』では、〝癇癪をおこさない〟の項目で子供たちは親に最低点をつけている）[78]。Eメール、テレビゲーム、フェイスブック、インターネット上のポルノ、ショートメッセージ、携帯メールでの性的なメッセージのやり取りなどにはまる気持ちもよくわかる。お酒を飲みすぎたり、とても許されないような状況でセックスをしたり、上司にパンチを食らわせたり、おせっかいな隣人の家の窓に卵を投げつけたりする衝動にも身に覚えがある。ディアドラの家のキッチンで、サマンサはなんの脈絡もなくこんなことを口走った。「二日間、家出をしたことがある」

「わたしもしょっちゅうやってたわ」ベスが励ますようにいった。

「大人になってからよ！　親になってから。家を飛び出したの」

フィリップスはこう書いている。〝大人の行きすぎが、思春期の子供よりましなわけではない。ナチスの強制収容所をつくったのは思春期の子供ではないし、アルコール依存症や億万長者になる子供はほとんどいない〟[79]。

フィリップスによると、ちがいがひとつあるとすれば、大人はそうした衝動とより長くつきあっているので、うまくすれば衝動に身を任せずに抑える術《すべ》を身につけているという。悲しいかな、それが大人のあるべき姿なのだ――〝発達段階に特有の心の乱れを克服する〟あるいは（こちらのほうが望ましいのだが）〝自制する〟のである[80]。思春期の子供は、大人にもどこかに残っていて、表面に出ようとうずうずしているこの心の乱れを思いださせるのだ。

わたしたちはこの心の乱れを怖れるが、それとおなじくらい羨んでもいる。だが大人であるからには、混沌とした感情を何かのかたちに昇華させるしかない。衝動のままにふるまうことは許されない。フィリップスはこう指摘する。〝思春期の子供と、かつて思春期を乗りこえてきた親は、二とおりの無力感を味わっている。経験から生じる無力感と、経験の欠如から生じる無力感である〟[81]。

ミンツによれば、大人はティーンエイジャーの問題を異質のものと見なしたがるが、実際にはティーンの問題と大人の問題は連動しているという。二十世紀最後の二十五年間のデータを調べると、喫煙、飲酒、薬物濫用、婚外子、暴力などの件数の推移は大人と子供で一致している。大人の不安が下に——大人がコントロールできると思っている世代に——投影されているのだ[82]。

そうでない場合もある。ベスの前夫のマイケルは、依存症から立ち直ろうとしている途中だ。十代後半にドラッグと酒をはじめ、二十代後半になるまでやめなかった。いまは五十歳で、セキュリティシステムの企画・設置主任を務め、弁護士と再婚した。自分では、十代の息子や継息子と一緒になって子供のようにふるまって過ごす時間が多すぎると思っている。コーヒーを飲みながら話をしたとき、こういっていた。「たぶん、子供たちに合わせようとしすぎてしまうんだね。じゃれ合う時間が多すぎるんだ」

そう話すマイケルはとても快活だった。ティーンエイジャーの息子がそばにいることのなかば公然の楽しみのひとつは——少なくともマイケルにとっては——ローラーホッケーをしたり、馬鹿騒ぎに夢中になったりできることなのだろうと思えた。しかし同時に、飲酒をやめたマイケルは冷静でもあり、成熟した大人の生活に何が必要かわかっていた。「人は家庭を築かなきゃならない」マイケルは大真面目にいった。「何もないところからね」

思い出、夢、そして内省

親にとって、思春期の子供の最大の影響はおそらくこれではないか——子供について考えるのとおなじくらい、親が自分自身のことも深く考えるようになる。子供が幼児から小学生のころにもさまざまな選択肢の見直しを迫られ、後悔を覚えることすらあったかもしれない。しかしとくに強く自己批判の気持ちをかきたてられるのは、たいてい子供が思春期のころだ。子供に必要とされなくなったあとの身の処し方を考えさせられるのも思春期だ。大人の一歩手前にいる子供を見て、これが自分の子育ての結果なのだ、自分の決断は正しかったのだろうかと自問することになるのもこの時期だ（実際には、若い子供たちは未熟で、まだ発達の途上にあるので、もし必要なら軌道修正する時間はあるのだが）。

思春期の子供がいる親の研究の一環として、ローレンス・スタインバーグは対象者に〝中年自己診断〟を書いてもらった。そこにはこんな項目が含まれる。〝いまの自分のまま、もういちど人生をやり直す機会があったらいいのにと思う〟。三分の二近い女性がこれに対し〝よくそう思う〟と回答し、男性でも半数以上がおなじように答えた。[83]

研究結果を『交差する道』にまとめたとき、スタインバーグはこの設問について結果がはっきりわかるような区別をした。スタインバーグが気づいたところによれば、この設問では対象者がもういちど十代に戻りたいかどうかはわからない。中年にさしかかった大人が切望するのは若いころの猥雑さと自由だ、とはよくいわれるが（だから男は真っ赤なスポーツカーを買い、女はテニスのインストラクターと駆け落ちする、というわけだ）、面談による追跡調査の結果、対象者が第二の思春期を望んでいるわけではないことがわかった。〝彼らが望んでいるのは、第二の成年期である（強調は本書著者による）〟とスタインバーグは書く。子供の思春期によって親は、自分のこれまでの選択をすべて見直すわけではないにしろ、広範にわたる人生の棚卸しをすることになる。そして〝キャリア、配偶者、ライフスタイルなどの選択について疑念が募ると、べつの人生へのチャンスがほしくなる〟[84]。

この〝棚卸し〟は、まさにゲイルがしていることだ。日曜日の午前中、彼女の家の日当りのいいキッチンに座って話をしていると、十四歳、十七歳、二十歳の三人の思春期の娘たちがようやく起き出してくる。ゲイルは〝もしもこうだったら〟という話はするが、テープを最初まで巻き戻すような真似はせず、親もとを離れたところからはじめる。「もし高校でもっと勉強していたら、ちがう大学に行って、もっと早く卒業して、もしかしたらべつのキャリアをもっと早くからはじめて、ちがう道を進んでいたかもしれない。自分の人生の計画としては、そっちのほうがよかったんじゃないかと思うの」

現実には、ゲイルは専業主婦になる道を選んだ。選んだときには、完璧に心の満たされる選択だった。「仕事をやめたのは、子供と離れていることに耐えられなかったから」娘たちがキッチンを出入りするのを眺めながら、ゲイルはいう。「銀行に行くために一時間離れているだけでも、ものすごく心が痛んだの」保育サービスを探して仕事を続けた友人たちもいるが、見下したことは一度もない。ただ単に、ゲイル自身はそんな気になれなかったというだけだ。「いまになって思うのは、〝わたしったらいったいどういうお手本よ？〟ってこと。うちは娘が三人なのに、わたしは仕事をやめてしまった。大学どころか、大学院まで出ておきながら」ゲイルは首を横に振る。「もし息子だったら、ここまで悩まずに済んだかも」

娘たちはゲイルの選択を意識しているという。「それは確かよ。だってレナが」——真ん中の十七歳の子だ——「〝どうして仕事をつづけなかったの？〟って訊いてきたから。〝あなたと一緒にいたかったからよ〟っていったわ」

レナはなんて答えたの？

「あの子は優しいから。〝ほんとはいてくれなくてもいいんだけど〟とはいわない。でも、わたしは長く家にいすぎた。いまならそれがわかる」

娘たちが思春期に達したのをきっかけに、ゲイルはやり直そうとした。もともと教育関係の訓練を受けていたので、ここしばらくは公立学校の教師の口を探している。しかし人員削減が激しいこの職種で仕事を見つけるのは——五十三という年齢のせいもあって——容易ではない。職探しをしていて、気落ちすることもあるという。「学校案内を見ると、たいてい〝若くて熱意あふれる教師が揃っています〟って書かれてる。それはそれですばらしい。だけどわたしにはちょっとつらいのよ。熱意はあると思うけど、若くはないから」

長年のあいだには、専業主婦になったことによる経済的な影響も考えざるをえなかった。メイが高校二年生になったときにニューヨーク州の大学を一緒に見学してまわり、ひどい口論になったという。候補のいくつかはレベルが低すぎるから、見に行っても時間の無駄だ、とメイは思ったらしい。「絶対行くわよ、ってわたしはいったのよ」小さな通信販売会社を経営している夫の収入とゲイルの貯金で行かせられそうなのは、そういう大学ばかりだったのだ。

メイが小さかったころは、勉強さえがんばればどこでも行きたい大学に行けるといい聞かせた。便利な幻想だった。主として愛情から派生したものではあった――自分は安全なのだとメイに思わせ、楽観的な気持ちにさせ、自信と力とやる気を持たせるために。現実には怖いことも、壁にぶつかることもある世のなかを渡っていかなければならないのだから。ゲイルはこういう。「子供を育てるときは、やりたいことがあればなんでもできるって思わせたいじゃない。親のほうも、〝ああ、お金くらいなんとかなるわ〟とか、〝サッカーで奨学金をもらえばいいし〟とか思ってる。だけど十八になったとたんに〝ちょっと、あの大学は無理〟なんてことになる」

ママの嘘つき、と見学ツアーのときにメイはいった。そして鋭い眼で自分の世界の限界を見直し、気に入らない、といい放った。このときゲイルは気がついた。自分がかけていた魔法は――愛情をこめて話して聞かせた物語は――メイのためだったはずが、自分のためのものでもあったのだ。「親も夢の国に暮らしてたってわけ」

二十世紀の精神分析学者で、革新的な発想をした研究者の一人、エリク・Ｈ・エリクソンは、人が自分の人生を振り返るこうした瞬間について、人間のライフサイクルを扱った研究書に書いている。人間には八つの発達段階があり、それぞれの段階に特有の葛藤がある、というエリクソンの主張は有名である。[85]このモデルは成年期を含むことによって――つまり、大人になってからの時期を切れめのない前進ではなく、中断や曲折の連続であると見なしたわけだが――現在でも注目に値する力を持っている。エリクソンが論じるところによれば、わたしたちは成年期初期に人を愛することを学ばなければならない。自己愛や自己防衛の霧のなかで迷子になっている場合ではないのだ。成年期中期には、生産的な生活を送る方法と将来の世代のために何かを残す方法を見つけなければならない。惰性に屈している場合ではない（エリクソンはこれを〝「生産性」対「停滞」〟と呼ぶ[86]）。これにつづく成年期後期の課題は、苦い思いにとらわれることなく、これまでの経験やさまざまな選択と折り合いをつけることである（〝「統合」対「絶望・嫌悪」〟[87]）。

現代の研究者のなかには、このような成年期の発達段階は誇張であるとか、妄想の産物であると思う者もいる。だが、思春期の子供のいる親たちからは、エリクソンの分類のとおりだという声をよく聞く。ゲイルもそうだが、親たちはキャリアの選択肢が狭まっても停滞を寄せつけたくないという。そして、やはりゲイルがそうだったように、彼らは過去をふり返ってこれまでの選択をまとめ、納得のいく物語をつくろうとする。エリクソンはいう。〝それは唯一無二のライフサイクルを受けいれることであり、自分のライフサイクルにとって重要な人々――そこにいるべき、替えのきかない存在――を受けいれることでもある〟[88]。

女性はとくにこうした内省の影響を受けやすいかもしれない。二〇一〇年の人口動態調査によると、十二歳から十七歳の子供の親のうち、二十二パーセントが五十歳以上で、四十六パーセントが四十五歳以上だった。[89] つまり、こんにちでは事実上、思春期の子供を持つ母親のかなりの数が閉経周辺期——ほてり、睡眠障害、性欲の変化などの症状がある——もしくは更年期にある。[90] 大半の子供が結局のところ思春期をほぼ平穏のうちに終えるのとおなじく、大半の女性がたいした騒ぎもなくこの時期をやり過ごす。だが一部には憂鬱や苛立ちに悩まされる女性もいる。ちょうど、生理がはじまったばかりの自分の子供の鏡像にでもなったかのように（二〇〇六年のふたつの研究によれば、鬱になるリスクは閉経周辺期にはふだんの二倍、または四倍になる——数字は研究によって異なる）。

幸い、ゲイルは娘たちの成長を見るのが大好きだという。ゲイルの場合にはそれが苦しみの種でなく、一種の埋め合せになっている。「女の子から女性に変わるのを見ていると、とても楽しいのよ。娘たちの性的なことへの関心なんかはぜんぜん苦にならない。だけど自分が死に近づいてると思うといやね。歳を取ったなって思うわ」

歳を取った、というほどではない。ゲイルはまだ五十三歳だ。それでも、ゲイルは身振りでリビングを示していう——リビングには、三十八歳のときに産んだイブがいる。「あの子を見るとしみじみ思うの。自分がイブの歳だったのは、もう四十年近くまえなのかって」

後悔はさまざまなかたちで現われる。純粋に自分への疑問のかたちを取ることもある——あのキャリアを追いつづければよかった、ライフスタイルはこうすべきだった、あの人と結婚すればよかった／しなければよかった、など。思春期の子供は可能性にあふれ、未来は手つかずの植民地のようなものなので（「うちの娘たちはもうすぐ自分でいろんな選択をするようになるところ」とゲイルはいっていた）、そういう存在が家にいるだけで、「もしも」の空想の引き金となる。

だが、ときに後悔は育児そのもの——どんなふうに子供を育ててきたか——への疑問のかたちを取る。これは捉えにくい場合もある。必ずしも意識して選択したわけではない事柄への後悔の場合もある。実際、やり損ねたことや、子供が見ているまえでおかしたまちがいや、隠せなかった悪癖を子供がそのまま受けついでしまったこと、あるいはその悪癖に猛烈な拒否反応を示すようになったことなどから最悪の苦痛が生じる。子供は、わたしたちの最も恥ずべきおこないやひどいまちがいの目撃者になる。たいていの親はそうした悪癖やエピソードを——そしてそれが引きおこした苦痛を——厳密に語ることができる。

思春期の子供が親の欠点やまちがいに対してしばしば辛辣で過酷な観察眼を持っているのもつらいところだ。この観察眼は子供が親を遠ざけるため、自分と切り離すために使う道具となる（「父さんみたいにはならないよ」）。心理学者はこれを「個性化」と呼ぶ。さらに、子供はその観察眼を武器に変える方法を知っている。親を傷つけるための道具にするのだ。サマンサによれば、カリオペが母親を傷つけるお得意のフレーズに〝おばあちゃんみたいになったね〟というのがある——サマンサにとって自分の母親は子供に関心のないひどく冷たい人間で、あんなふうにだけはなりたくないと思っているからだ。カリオペは口論のさいちゅうにサマンサを祖母の名前で呼んだことさえある。「それがすごいダメージになるのはわかってたから」とカリオペはいう。

しかしながら、子育てに関する最も深刻な後悔の話をしてくれたのはマイケルだ。カールの父親で、ベスの前夫である。一緒に座って話をしていると、マイケルがほんとうに後悔をするようなタイプでないことがわかった。全般的には自分はラッキーだと思っていて、自分の善意が最後には子供に伝わるだろうと考えている。しかし、子供たちに面倒をかけられると、離婚の協議をしていたころのことを思いだすという。マイケルは共同親権を要求しなかった。「裁判で争うことになりそうだったから。そうなれば堂々巡りで、意味がないと思ったんだ。だけどいまだに後悔している」

代償を払いつづけている自覚はある。とくに長女のサラとの関係において。「あの子との関係は切れたままだ。一緒にいてもお互いどこか落ち着かなくて」マイケルは数年まえのサラの高校卒業の日のことを思いだす。サラはすっかり大人っぽくなり、晴れやかな顔をしていた。すばらしい公立高校を卒業し、満額に近い奨学金を獲得して、さらにすばらしい私立大学に進もうとしている。これが実の娘なのだ！　自分は大学に行ってもいないのに。マイケルは気まずかったし、妙な距離を感じた。風船がたくさん漂っているなかに、一人で立っているような気がした。「卒業式が終わって、〝さあ、みんなどこへ行く？〟って話になると、答えは〝ママのところ〟」マイケルは身振りで自分から離れた想像上のべつの場所――〝ママのところ〟を示す。「ぼくはここにいて」――マイケルは自分を指差す――「ちゃんとした服を着て、こんなふうに考えてる。〝ぼくも押しかけていってもいいんだろうけど、まあ、それはないな〟。そのとき感じたのは……無力感に近いものだった。あの子はぼくの娘でもあるのに」マイケルはある程度距離を置かないとこの話ができないらしく、一人称から二人称に変わる。「自分《ユー》がその場にいないような気がした」マイケルはそのときの気持ちを思いだし、次いでこう告白する。「ぼく《アイ》はそんなふうに感じたんだ。その場にいないかのように」

息子のカールは、残酷な気分になっているときや腹を立てているとき、あるいはただ何かの弁解をしようとするときですら「こんなことをいうんだよ。〝サラは父さんに会いたがってないよ。父さんのことを好きじゃないんだ〟。ぼくを動揺させたいからって、そこからはじめるのはあんまりだと思う」マイケルは本気でそういっているのだ。カールの攻撃が耐えがたいやり口にエスカレートすることもある。「意地の悪い友人と口論しているようなものだよ。その後、一人になってから考える。〝カールのいったことは妥当だろうか？　ただのいいがかりだろうか？〟」場合によっては、妥当と結論せざるをえない。「カールに泣かされたこともあるよ」とマイケルは認める。

結末

ゲイルの十七歳の次女と十四歳の三女は、二人ともおおらかでおとなしい。思春期特有の怒りっぽさが出るときもないわけではないが、ふだん母親と話すときには愛情のこもったしゃべり方をするし、けさも静かにキッチンを出入りしながら文句もいわずに朝の雑用をこなしている。

長女のメイも、キッチンでわたしたちと一緒にいる。容姿端麗、妹たちとおなじく茎の長いバラのようなのだが、メイのまわりの空気は震えている。どことなく警戒するような、不安そうな雰囲気がある。この先の道が険しいことを知っているからだろうか。正直にいうと、メイはわたしとおなじタイプだ。人生の困難を早くからぼんやりと感じているタイプ。わたし自身の思春期もそうだった。

「皮、むけてない？」メイはうしろを向いて母親に背中を見せる。着ているのは妹たちとおなじくタンクトップ。鼻に控えめなピアスをしている。

むけてないわよ、とゲイルは答える。

メイは昔から人とちがっていた。五歳のときから心配性な子供だった。五年生になり、女子が小さなグループに分かれはじめたころ、メイは親友だったカリオペ——サマンサの娘——ともめたことがあったのだが、ゲイルにはどうやってもメイの悩みを軽くすることができなかった。ゲイルはそのころを思いだしていう。「ときどき、カリオペが怒っているんだけど、メイには理由がわからないことがあって。ずっとカリオペについて歩いて〝わたし何かした？〟って訊いてるの。〝そんなふうにしないの〟って、つい口を出しちゃったわ」それを思いだしただけで、ゲイルは思わず身をすくめる。娘のみじめな気持ちを追体験し、一人で乗りこえさせるべきだったと思っているのだ。

その後、中学二年生になると、メイは刃物で自傷行為をするようになった。ゲイルにはおなじ問題を抱えている直接の知り合いはいなかったが、自傷行為について聞いたり読んだりしたことはたくさんあった。まさに情報化社会における情報化された世代の親だった。ゲイルは自分にできることをした。娘にセラピストを見つけ、ゲイル自身も娘の話を聞いて適切なときにアドバイスをする方法を学んだ。やがてメイは回復に向かった。いまのメイはきれいで、非常に思慮深い子で、満額に近い奨学金を獲得してすばらしい大学に通う学生である。

しかしメイを見ていると、アダム・フィリップスが『バランスを取って』でいおうとしていたことがよくわかる。子供に幸せを願うのは親のエゴでもある、とフィリップスは書いている。そうした期待は子供を〝抗鬱薬〟に変え、〝子供が親に依存するよりも強く、親が子供に依存するようになる〟[91]。

そしてこれとおなじくらい重要なことだが、メイの例からは、子供を幸せにすることが親の義務であると考えてはいけない、というのがよくわかる。確かにすばらしい目標だし、その目標がわたし自身の念頭にあることも進んで認めよう。だが、スポック博士も指摘しているように、子供を幸せにするというのは捉えどころのない目標である。昔の子育てのもっと具体的な目標――特定の職業で能力を発揮できる子供を育てること、地域社会に対する義務を果たす責任感のある市民を育てることなど――とはちがう。

現実には、おそらくこうした過去の目標のほうがより建設的で達成しやすい。親がひたすら努力しても幸せになれない子供はいるし、どれほど温かく育てられ厳重に守られたとしても、成長の過程で不幸せな時期はあるものだ。結局のところ、人生のつらさや不寛容さから子供を守るためにできることには、はっきりと限界があるのだから。そして思春期になると、子供はたびたびそういう現実につまずくようになる。フィリップスはこう書く。〝幼い子供にとっては、人生は文字どおり驚きに満ちている。大人はその驚きをトラウマにしないように、しっかりと注意をはらう。だが、健全な子育てにおいては、子供をどれだけ守れるかがわかると同時に、どれだけ守れないかもわかってくる。人生をあらかじめ決めることなどできないのだから〟[92]。

メイはいまでも同年代のほかの子供より物事を深く受けとめる。ゲイルは中西部人らしい、冷静でこだわらない気質の持ち主なので、メイの性格のことで自分を責めたりはしない（おなじ状況で自分を責める親もいるだろう）。人として娘のためにできることはすべてやったと自覚しているので、母親としての満足感も人並みにある。ゲイルはいう。「自分が母親として不十分だとは思わない。ただ、人として力不足だから、誰かの問題をなんでも解決できるわけじゃない。ほかの人のことは、ちょっと手伝えるだけ」しかし、それだって簡単なことではない。長年のあいだに、心配性の子供がいることにうまく対応できるようになったかどうか尋ねると、ゲイルは即座に答える。「ちっとも」

それでも、ゲイルはメイのことをとても自慢に思っている。メイの行動に驚嘆し、感心している。わたしはエリク・エリクソンの名前を口にしてみた。ゲイルは彼を知っているだろうか、と思いながら。名前はどこかで聞いた気もするけれど、詳しくは知らない、とゲイルは答えた。すると、それまで黙ってカウンターのあたりにいたメイが、キッチンを出て階上《うえ》へ行き、エリクソンの著書を手にして戻ってきた。心理学の授業で読んでいたのだ。メイはそれを母親の前にどさりと置くと、何もいわずに部屋を出ていった。

ゲイルは笑みを浮かべてわたしを見た。

「生きる目的ってこういうことよね。子供には親よりいい人生を送ってほしい。親よりも賢明になって、親よりたくさんのことをやって、親よりたくさんのことを知ってほしい」ゲイルは本を手に取り、表紙と裏表紙にざっと目を通した。メイの書くものが好きで、メイの考え方が好きだとゲイルはまえにもいっていた。「すごい。わたしが二十歳のときには、こういう本は読まなかった」

まさにそれだ。親がまちがいをおかしても、子供たちはこうして思慮深い、成熟した人間に育つのだ。日々わたしたちの真似をして、わたしたちと並んで立つことで。

舞台をサマンサの家に戻そう。サマンサは、ウェスリーが小さかったころきちんと見てやれなかったかもしれない、という。「まだ小さかったカリオペが、昼寝をしているウェスリーをしょっちゅう起こしたのを覚えてるわ。起こしてから抱きあげて車の座席に乗りこんだり、どこかに置いたり。ウェスリーはほんとうに手のかからない子だった、欲求が少なくて。食べ物があればそれで幸せだったみたい。〝わたしがこの子をこんなふうにしちゃったのかしら〟って思った。だけどこの子の父親を見ると、やっぱりそんなふうなのよ。あなたがどう思ってるかは知らないけど……」

そういってサマンサはまっすぐに息子を見る。才能豊かで、察しがよくて、ときどきひどいおいたをして母親を深く悲しませる息子を。サマンサは自分の選択を認めてほしいわけではない。勇敢なことに、ほんとうに知りたいと思っているのだ。ウェスリーは母親と目を合わせ、次いで心許なさそうに宙を見つめた。両手でギターのネックを包んだまま。何秒か過ぎ、またさらに何秒かが過ぎる。インタビューをはじめてからギターの音がしなくなったのはこのときだけだった。なんの音もしなかった。このときだけは。

「心の準備ができたら話せばいいから」とサマンサがいう。だが余分の時間を必要としているのはウェスリーではなく、サマンサ自身だった。「子育ては、自分がしたことのなかでいちばんすばらしいことだと思う。それに……」サマンサは声を詰まらせ、それから泣きだす。「二人はほんとうに自慢の子供よ。愛おしくてたまらない。きのうの夜、カリオペが赤ちゃんだったころのことを思いだしたの。それがもう、こんなに大きくなって」子供たちは、母親がこんなふうに感情をさらけだすのを見て驚き、視線を交わした。彼ら自身の目にも涙が浮かぶ。「それからこうも思った。ああ、いつかはこの子も自分の赤ちゃんを育てるんだって……」サマンサは鼻をぬぐった。

ウェスリーはまだ黙っていた。カリオペも、ふだんは言葉を失うことなどないのに、このときばかりは何もいわず、一方の手を口に当てた。もう一方の手で母親の手をしっかり握りしめながら。

第6章　喜び——「子育て」の経験が与えてくれるもの

だがわたしは真実の半分しか話していない。ことによると四分の一かもしれない。あとの残りは、子供たちがあまりに愛おしくて耐えられなかったということだ。愛することでわたしは弱くなり、ひどく敏感になった。できることならキャサリンとマーガレットを腋の下に縫いつけて固定してしまいたかった。あるいは、ずっとわたしのおなかのなかで蹴ったり回転したりしていてくれればもっとよかったのに。そうすれば、永遠に守ってあげられたのに。

——メアリー・キャントウェル『マンハッタン、わたしが若かったころ』(未邦訳／*Manhattan, When I Was Young*)[1]

本書では、各成長段階において子供が親にどのような影響を与えるか探ってきた。そのために転換点や緊張の原因を分析し、一般的なものはどれか、それぞれの時期に特有のものはどれかを見きわめようとした。第1章では、親がそれまで慣れ親しんできた自由が子供のために損なわれる様子——睡眠を取ることも、フロー状態になることも、仕事と家庭のバランスを取ることもむずかしくなることを——説明しようとした。第2章では、家庭生活の停滞や、家事の分担について合意がないと子供が生まれたときに余計な不和が生じること、そして社会からの支援の減少でその不和がますます深刻になることを論じた。第4章では「集団活動型育児」と、第二次世界大戦のころから親に集中してかかるようになった子育てのプレッシャーについて述べた。生活費の高騰、働く女性に対する複雑な感情、テクノロジーの急激な変化、子供の安全に関する不安の増大、そして何より、現代の子供が経済的に役に立たなくなったことにより、プレッシャーが親にのみかかるようになった。第5章では、子供が守られる期間が延びたことによる影響――と、これに伴って生じる、〝世のなかにうまく適応できる、幸せな子供〟を育てなさいという社会全体からのプレッシャー――について説明した。

ただし、どの章にも（幼い子供がもたらす喜びを述べた第3章を除いて）「偏り」が組みこまれている。親にとって子育てがどんな意味を持っているか――親としての経験がどのように自己イメージに忍びこむか――よりも、親が日々積極的に取り組む子育てそのものに焦点を合わせた。

この「偏り」には理由がある。子供を育てることにはそもそも多大な努力が必要なのに、近代的な意味での「子供時代」が誕生してからは――とりわけ「子育て《ペアレンティング》」という言葉が一般的になった瞬間から――育児は完璧にこなせる高度なパフォーマンスであると強調されてきた。ウィリアム・ドハティのことばをくり返すなら、子育ては〝ハイ・コスト／ハイ・リターンの活動〟である。だから本書では、章ごとにそのコストの部分を示そうとしてきた。

だが、コストがかかるからといって、子供からその場その場の満足がまったく得られないわけではない。ウェイクフォレスト大学の社会学者ロビン・サイモンと、コーヒーを飲みながら話をしたときに、サイモンはこれをはっきりと口にした。「実際、子育てには、楽しいこともありますよ」[2] そう、〝楽しみ〟だ。彼女は子育てと幸福度の関係について、社会科学分野の数ある研究のなかでもとくに悲観的な発見を報告しているが、その発見と〝楽しみ〟もあるという考えは矛盾しないそうである。サイモンは自分の十九歳の息子に言及する。いまは空手映画に夢中だという。「息子と一緒にできの悪い映画を観るのは楽しいですよ。息子が何をどう思うか聞いたり、何に興味を示すかを見たりするのはほんとうに楽しい」子育ての楽しい部分が——声をかぎりに歌うことであれ、娘に服を買ってやることであれ、サッカーの試合でコーチをすることであれ、家でバナナ・ブレッドを焼くことであれ——緊張感や、その場その場の雑用に飲みこまれてしまうだけなのだ。

母親や父親であるというのは、「行為」であると同時に「状態」でもある。心理学者のナンシー・ダーリングは自身の育児ブログにこう書いている。〝「子育て」という言葉を聞くと、子供に食卓の準備をさせるとか、宿題をさせるとか、いちばん下の子にバイオリンの練習をさせることが頭に浮かぶ〟[3]。これは面倒な仕事であるという。もっといえば、〝おそらく子供との関わりのなかで最も満足感の少ない部分だ〟。

では、ダーリングは何に満足を感じるのだろう。

> だらだらとビデオを観たり、お茶を飲んだり、子供たちが自分から寄ってきてわたしをハグしたり、いろんなことが上手にできる姿や、いわれなくてもすべきことをする姿に驚いたり、ただそばにいて子供が育つのを目にし、静かに感嘆すること…（中略）…きのうの夜、いちばん下の

子がバイオリンでエチュード――夏じゅう練習して、息子が自分でもひどく飽き飽きしていた曲――を弾くのを聞いて心が震えた。字を書くのも下手で、裏庭で棒きれを拾ってフェンシングをするのが好きで、水遊びをするのが何より好きなこの子が、こんなに美しい音を奏でられるなんて。[4]

こうした満足の共通点は受動的であるところだ、とダーリングは気づく。〝とくに何をするでもなく、子供のありのままの姿を楽しむこと〟。[5]これは調査やアンケートから容易に見てとれるものではない。ダーリングはこう結論する。〝もし育児についてどう感じるかと人に尋ねられても、いま挙げたような満足はひとつも出てこないだろう〟。親であるという「状態」をどう感じるか。子育てという毎日の困難な仕事をする「行為」をどう感じるか。このふたつはまったくの別物だ。「親である状態」を分析するのは、社会科学においては「行為」を分析するよりはるかにむずかしいのである。

喜び

わたしたちは、努力して幸福になることが最重要課題とされる時代に生きている。幸福を追求する権利はアメリカ独立宣言にも謳われている。幸福の追求をテーマにした自己啓発本やテレビ番組は数えきれないほどある。大学の世界でも幸福に焦点を当てた分野が急速に発達し、ポジティブ心理学と呼ばれるようになった。これは、よい人生を実現するもの、人生全体を充足させるものは何かを研究する学問である（いっとき、ポジティブ心理学はハーバード大学で最も人気の高い科目だった）[6]。幸福は達成できる。わたしたちはそう教えられる。これほど物質的な豊かさに恵まれているのだから、幸福はわたしたちの特権であり、手に入れて当然のものであり、わたしたちの運命でさえある、と。

だが、大勢の親の口からも聞いたとおり、「幸福」とは意味の広い、あまりにも不明確な言葉である。あるとき、ＥＣＦＥのクラスにたまたま来ていたマリリンという名の女性がこれを端的に表現していた。マリリンにはもう孫もいる。「幸福と喜びは区別するべきじゃないかしら？」クラスの全員がそうだ、そうすべきだと同意した。マリリンはつづけた。「思うに、幸福のほうが表面的ね。ほかの人がどう思ってるかはわからないけど、個人的には、子供を持つことで強く感じたの。ああ、生きているあいだに価値のあることができたって……」そしてマリリンは泣きだした。「だって結局、〝自分の人生はなんだったのか？〟って思うことはあるでしょう？　いまならその答えがわかる」

意義、喜び、目的といったものは、子供だけでなく、じつにさまざまなものから生じる。だがここで重要なのは、マリリンの見解のもっと根本的な部分だ。つまり、「幸福」の一語だけではこうした気持ちを——いかにも人間らしい数えきれないほどの感情を——捉えきれないのだ。赤ん坊が初めてこちらの目をまっすぐに見つめてきたときに感じる喩えようのない感動は、その後おなじ子供がダブルアクセルを完璧に決めたときに味わう誇らしい気持ちとはちがうし、さらに時が経って方々に散った家族が感謝祭に集まったときに湧いてくる温かい気持ちや帰属意識ともちがう。こうした感情をそれぞれに数値化することはもちろんできるだろうし、理解を深めるためのそうした試みの価値を過小評価するつもりもない。しかし結局のところ、数字はあくまでも数字であって、グラフ上のただの点である。わたしたちが何かを感じるときの程度を表わしてはいるかもしれないが、決定的に多面性に欠ける。こういうときの感情は、同種のものばかりとは思えない。たとえば喜び《ジョイ》は、気持ちを高揚させるのとおなじくらい、気持ちを傷つけることもある。たとえば義務は、表面に出てこずに、日々の暮らしをより困難にしている面もあるかもしれないが、価値観と行動を一致させる機会を生み、人生全体をやりがいのあるものにする側面もある。

ハーバード大学の哲学者シセラ・ボクは、『幸福の探究』（未邦訳／*Exploring Happiness*）のなかでこう書いている。〝自伝的な著作や文学作品に現われる幸福な経験のうち、心理学、または神経科学の調査によって完全に測定できるものはほとんどない〟。また、こうも書く。〝現代の幸福の尺度では、幸福の性質や、幸福が人生で果たす役割に関する哲学的、および宗教的な主張を伝えられない〟[7]。

確かに、親としての経験全般によって、わたしたちの幸福への強迫観念——楽しみを追い求めたり、至福の体験を探したりといったかたちを取ることが多い——が、じつは浅薄なものだったと明らかになる場合もあるのではないか。子供を育てることで、わたしたちはこうした強迫観念を見直し、そもそも幸福とは何かという根本的な問題を再定義する（あるいは、少なくとも定義を広げる）。〝求めて当然〟と日々聞かされているものが、じつはそもそも見当ちがいかもしれないのだ（映画

〈レイダース／失われた聖櫃《アーク》〉でインディアナ・ジョーンズとサラーが同時にいった有名な台詞がある。「やつらは掘る場所をまちがってる」)。子育ての時期をもたつきながらもなんとか乗りきろうとしている親は——子供が宝物とされる時代の新しい親の役割を見きわめようと努め、仕事の有無にかかわらずほとんど援助をしてくれない社会でその役割を果たそうとする親は——いちど自問してみるといい。わたしたちは何を求めて掘っているのか、そして何を見つけたのか？

まずは「喜び」からはじめよう。自分の経験を表わすのにこの言葉を使ったのはマリリンだけではなかった。実際、すべての親がおなじようにいうだろう。存命の学者のなかで、この喜びについて最も綿密に、徹底的に考察しているのは、おそらくジョージ・バイラントだ。

バイラントは、受けた教育からいえば精神科医であり、気質からいえば詩人かつ哲学者だが、歴史的な観点からいえば「グラント研究」の責任者を何十年も務めてきた人物である。グラント研究は社会科学分野で最も野心的な長期にわたる調査のひとつで、一九三九年以降、当時ハーバード大学の二年生だった被験者のグループを追跡調査しつづけており、人生のあらゆる側面に関するデータを（現在では死に関するデータも）集めている。[8] 意外ではないが、バイラントはその場その場の幸福に注目するよりも、どちらかというと物事を長い目で見ている。グラント研究の被験者について、バイラントはかつてこう書いた。〝彼らの人生は、科学で扱うにはあまりにも人間的で、数字で表わすにはあまりにも美しく、診断をくだすにはあまりにも悲しく、記録として保管するには生き生きとしすぎている〟[9]。

ボストンで初めてバイラントに会ったとき、彼が着ていた明るいブルーのセーターには、ところどころに穴があいていた。そのセーターが、快活だけれど少し現実離れしたところのある彼のふるまいをよく表わしているような気がした。眉は濃く、目は生き生きとしていて、七十七歳の人にしては珍しいくらい背筋がぴんとしていた。「あなたの世代は、愛着《アタッチメント》のない世界など想像もできないでしょう」腰をおちつけて話しはじめると、バイラントはそういう。「だけど、よく考えてみて。以前は、行動科学者が愛について書くとなると必ずセックスのことだった」ここでおもに念頭にあるのはフロイトとスキナーだ。彼らは親子のあいだの愛情を調査するときも、エロティシズムを含めて考えずにはいられなかった。「アタッチメントをうまく概念化できなかったんだね」[10]

しかし、バイラントによれば、喜びが生じるのはまさにアタッチメントからなのだ。『精神の進化』（未邦訳／*Spiritual Evolution*）で彼はシンプルに、〝喜びとは、つながりである〟と述べている。[11]喜びは、興奮を追い求めたり衝動を満たしたりすることで得られる満足感とはまったくちがう。こうした満足感は強烈だが持続しないことが多い。「フロイトはセックスをそういうものとして見ていた」バイラントはいう。「満タンの前立腺、それを解放することに壮大な満足がある」[12]

バイラントはこうした満足を過小評価したいわけではなく、人はそれを求めるものだと認識している。そうした満足を得るのは楽しい。しかし孤独感もある。喜び《ジョイ》とはまったくちがう。喜びは、一人で経験することは不可能だ。バイラントはこういう。「つまり、〈エマニエル夫人〉を観ると」――一九七〇年代フランスの有名な官能映画だ――「祖母の家のキッチンでつくられた感謝祭のディナーを見ることのちがいだね。どちらも満足感をもたらすものではあるけれど」[13]しかし前者は人の意識を内向きにし、後者はそれを外へ、他者へと向かわせる。バイラントの興味を惹くのは後者である。「太りすぎの祖母を見たり、あれはああしたほうがいい、これはこうしたほうがいいなどといってばかりいる母親を見たり、自分のあとをくっついて歩く小さな弟を見たり」そういう慣れ親しんだ光景、家族とつながっているという感覚、そして「キッチンのにおい。全部ひっくるめて感謝祭なんだよ」喜び《ジョイ》は温かいものであって、熱いものではない。『精神の進化』で、バイラントはすてきな格言を披露している――〝興奮、性的快楽、幸福などはすべて、心臓の鼓動を速める。喜びと、寄り添うような抱擁は、鼓動をおちつかせる〟[14]。

　わたしが親たちから聞いた心を打つエピソードのなかにも、こうしたつながりを求める気持ちに関する話がいくつもあった。たとえばアンジェリークは――ミズーリシティの四児の母だ――最近フットボールをはじめた十三歳の息子について話しているときに、その年ごろにはどんな魅力があるのかわたしが尋ねると、こう答えた。「わたしのまんまえに立つの。ハグしてほしくて。まだハグが必要なのよね、十三歳の子供っていうのは」シュガーランドに住むレスリーも、十歳の息子について似たようなことをいっていた。「息子が〝誰それの家に遊びに行っていい？〟っていうでしょう？」レスリーはうなずいて手を振り、行ってらっしゃい、という身振りをして見せる。「そうすると、玄関から出かかったところで、〝あ、忘れ物しちゃった〟っていってキッチンまで駆け戻ってきて、ハグをするのよ」

　Ｗｉｉで遊んでいるところや、大きすぎるプロテクターをつけてフットボールの練習に出ていくところを見ると、子供は悠然としたもので、自立しているように見える。しかし子供が望んでいるのは――何よりも必要としているのは――親だけなのだ。そして親も子供に対しておなじように感じている。

ただ、そうしたつながりは、どれほど強いものであれ、無数の繊細な糸でできている。だからもし喜びの本質がつながりであるならば、それを余すところなく経験するには、強烈で怖ろしい覚悟が必要になる――失う可能性を受けいれなければならないのだ。バイラントが喜びについて気づいたのはこれだ。喜びは人を無防備にする。悲しみよりも。その方法も独特だ。バイラントが好んで引用するウィリアム・ブレイクの詩「無垢の予兆」に、こんな一節がある。〝喜びと苦痛は密に織りあわされている〟[15]。喜びには、必ず悲しみの予感がつきまとう。だから喜びを耐えがたいものと思う人もいる。

親であればとくに、喪失は避けられない。子育てのパラドックスとして、喪失は最初から組みこまれている。わたしたちが愛情を注ぐのは、子供を強く育て、いつか親離れできるようにするためなのだから。子供がまだ幼くて無防備なころでさえ、わたしたちは子供の独り立ちを予感し、すぐにいなくなってしまう人を惜しむような、懐かしむような目を子供に向ける。アリソン・ゴプニックは『哲学する赤ちゃん』のなかで、〝もののあわれ〟という日本語を用いてこの〝一瞬の美が醸し出すほろ苦い味わい〟を表現している[16]。喜びと喪失は、「与える愛」の抱える矛盾なのだ。C・S・ルイスはこう書いている。〝われわれが子どもを養うのは、子どもがやがて自らを養うことができるようになるためである。われわれが子どもに教えるのは子どもがやがてわれわれの教えを必要としなくなるためである。したがって「与える愛」には重大な課題が課せられる。「与える愛」

はいずれ「身を退く」ことを考えていなければならない〟[17]。

喜びが恐怖と深く結びついているように感じる親もいる。ヒューストン大学のブルネ・ブラウンは二〇一〇年の講義を――この講義はＹｏｕＴｕｂｅに投稿され、何十万回も再生されることになったのだが――次の質問ではじめた。

雪のちらつく美しいクリスマス・イブの晩に、若い両親と子供たちの四人家族が夕食をともにしようと車で祖母の家に向かっている。全員でラジオを聞いていると、ハロウィーンのときにそれらしい音楽がかかるのとおなじように、いまはクリスマス・ソングが流れてくる。〈ジングルベル〉がかかり、子供たちは後部座席ではしゃぎだす。そして全員で合唱する。カメラは順に子供たちの顔、母親の顔、父親の顔をアップで映しだす。さあ、次はどうなるでしょう?[18]

ブラウンが講義で話したところによれば、いちばん多い回答は〝衝突事故〟だという。この質問に答える人のうちじつに六十パーセントが〝衝突事故が起こる〟と口にするそうである[19]（それ以外の十～十五パーセントも〝もう少し創造力に富んではいるものの、おなじくらい運命を左右するような回答〟をするという）。こうした反応が出てくるのは、わたしたちがハリウッド映画のショッキングな筋書きに影響されているせいかもしれない。ブラウンはそうした可能性を認めながら、それ以上の意味があると考えてもいる。実際、現実の場面についておなじことをいう親も多い。ブラウンはよくある例を挙げる。「自分の子供を見つめているとしましょう。子供は眠っている。わたしは無上の幸せを感じてもいいはずなのに、何かよくないことが起こるところを思い描いてしまう」

ブラウンはこの感情を〝喜びの陰の胸騒ぎ〟と呼ぶ。[20] たいていの親はなんらかのかたちでこれを感じたことがある。親はみな運命に囚われている。二〇一一年に亡くなったイギリス人ジャーナリスト、クリストファー・ヒッチェンズはこう書いている。親たちの心は〝べつの人間の体のなかを走りまわっているのだ〟。[21] 無防備であればひどく苦しむことになるかもしれない。とはいえ、親が至福を体験できる方法がほかにあるだろうか？　畏敬の念すら覚えることがほかにあるだろうか？胸騒ぎは親が感極まるほどの喜びや底知れぬ深いつながりを得るための代償なのだ。バイラントはこう書く。〝喜びは、悲しみの裏返しである〟。[22]

こうしたことを考えているとシャロンを思いだす。ミネソタで孫のカムを育てている女性だ。シャロンは子供を二人までも先に亡くすという、想像を絶する経験をした。娘のミシェル――カムの母親――のケースでは、少なくとも大人になり、母親になるところまで見届けた。しかし第一子のマイクのときには、そうした恩恵は得られなかった。マイクは一九八五年に、十六歳という若さで亡くなった。

当時、シャロンは一家でトゥーソンに住んでいた。ミシェルは怒りっぽく、ＩＱは七十五で、それが問題を引き起こしていた。一方、マイクも怒りっぽく、ＩＱは百八十五で、それはそれでまたべつの問題を引き起こしていた。頭のよさと怒りと孤独が、幼いうちから行動に表われていた。四歳のときには、多くの時間を一人で過ごし、コンスタンチノープル（Constantinople）とか、国教廃止条例反対論（antidisestablishmentarianism）といった非常に長い単語の綴りをひたすら覚えた。シャロンはこういっていた。「それから、すごく変なジョークをいつも考えていたわね。同年代の子供たちにぜんぜん通じないような」小学校では、短期間だけ友達付き合いがうまくいっていたこともあった。「だけど、だんだんと意識が内向きになって、世界を救うのは自分だ、って考えるようになった。実際に世界を救おうとしていたわ」たとえば、公園にじっと座って、ホームレスの人々に暴行を働く男たちを捕まえようとしたことがあった。六年生のときの話だ。その後、〝英才教育〟の中学校に進み、そこで同類の仲間を見つけた。一緒に〈ダンジョンズ・アンド・ドラゴンズ〉のようなゲームをしたり、独自の言語をつくりだしたり、詩を書いたりするような同級生だ。だがそうした仲間とつきあっても鬱屈した気持ちをやわらげることはできず、高校生のころには鬱がとくに深刻になった。自分がどんなに苦しんでいるかをシャロンに打ち明けるようになった――ときどき自殺したい衝動に駆られる、と。最後にはその言葉が現実となった。

「あれは木曜日だった。あたしの部屋に来てこういったのよ。〝自殺したい気分だ、病院に戻ったほうがいいと思う〟」シャロンはこうしたことをすべてカムが昼寝しているあいだに話してくれた。「それで医師に電話したんだけど、こういわれたの。〝それはいけない、マイクは自分の足で立つ必要があるんですから。干渉するのはやめてください〟」医師は、薬もこれからは自分で管理させるように、とつけ加えた。「あたしたちはいわれたとおりにした。その結果、マイクは薬を使ってあんなことをしたのよ」シャロンがマイクの自殺を発見したのは翌朝だった。

これだけ年月の経ったいま、息子の人生をどう受けとめているか、わたしはシャロンに尋ねた。

シャロンはすぐには答えず、しばらく考えてからいった。「マイクがいたころのことを考えると……」声が途切れそうになった。「わからない。あたしにとってすごく大きくて」シャロンはどこからはじめたらいいかあれこれ考え、最も理にかなったところに行きついた。「子供ができたとわかった日から、あたしは女の子だと思ってた。当時は性別がわからなかったのよ。男の子が生まれた事実に慣れるまで、二週間くらいかかったかしらね。だけど、なんていうか、きれいな子だった。金髪に青い目。小さくて完璧な体。大きさも何もかも完璧。あの子はこんなにも……」シャロンはまた言葉に詰まった。「ほんとうに、あたしの人生の喜びだった」やがてマイクは鬱病を患い、怒りが表われた。「でも、それはつねに、もっと大きな人生の一部でしかなかった。マイクは面白くて、人の役に立とうとする子供だった。十二歳のころ一緒に買物に行ったとき、まだ手をつないでた。そばをちょろちょろしていた。どういったらいいかわからないけど……とてもいい子だった。自慢の子だった。なんとかして助けられていたらと、ずっと思ってきたわ。そういうことを全部、うまくまとめるなんてできない」

まだはっきり訊いていないことがあった。無遠慮に過ぎるかもしれないと思い、ナイーブで残酷な質問と思われるのではないかと不安だった。訊いてみたかったのはこれだ——いったいなんのために育てたのかと考えて絶望したことはある？

シャロンはしばらく質問を吟味してからいった。「ないと思う。子供がほしいと思って、子供が生まれたんだから。病気にはなったけど、人としてどこにも不足はなかった。あたしはあの子を育てた。そしてお互いに影響しあった。あの子がちがう選択をしてくれたらよかったのに、とは思う。

いまも生きていたらよかったのに、と。だけど……」このときの間は短かった。シャロンの答えは思ったよりシンプルだった。「マイクを育てたことに変わりはないのよ。あたしはいまでもあの子の母親なの。十六歳で人生を終えたからといって、〝いったいなんのために〟とは思わない。ミシェルが三十三歳で亡くなったときもおなじ。あの子たちの人生はまだここにある。二人はいまでもあたしの子供なのよ」

二人はシャロンの一部なのだ。シャロンが愛し、育み、ときに突き放し、ときに助けた二人。人生で最高の気持ちと最悪の気持ちの両方を味わわせてくれた二人。「親としてすべきことはすべてやったと、いまでも思ってる。幸せばかりではないし、悲しみばかりでもない。ただ親であるってだけ。子供を持つってそういうことじゃないかしら」

義務、意味、目的

当然のことながら、「子供」といえばわたしたちは未来を連想する。大雑把に進化論を踏まえて考えるなら、それこそが子供をもうける理由だ――わたしたち自身を、わたしたちの種《しゅ》を、絶やさないためだ。

だが、子供を自分の遺伝子の継承者として見ることと、かなうかどうかも定かでない希望を負わせることには、大きなちがいがある。個人的な期待をいろいろと持ちすぎないほうが、実際の子育ての態度としては健全かもしれない。

イギリスの小説家にして批評家のジョン・ランチェスターは、回想録『家族の肖像』（未邦訳／*Family Romance*）のなかで、ある訴え――義務という概念の復活――について述べている。〝「義務」とはわれわれの社会から消えかかっている言葉のひとつだ。義務は――言葉も、そしておそらくそれ自体も――軍隊などのごく限られた場所にしか存在しない〟[23]。次いで、話題は誰かの世話をすることへ移っていく。

わたしたちは、以前なら義務と見なされたこと――たとえば、健康を害した親戚の世話など――をしている人を指して、〝ケア〟とか〝ケアする人〟という言葉を好んで使う。誰かの汚れた下着を替える行為をケアと呼ぶと、まるで自分がやりたいからやっているように感じられる。一方、義務だからやっているのだと思えば個人的な意味合いが薄れ、結果として――まあ、わたしにとっては――荷が軽くなる。自分は正しいことをしているのだと感じながら、自分のしていることを嫌う自由も残される。

子供は病気の親戚とはちがう。ランチェスターも、誰かの世話をしても楽しいわけがないとか、進んで誰かの世話をしたがる者などいるはずがない、といいたいわけではない。ただ、個人的な満足を考慮から外すことで、期待値を変えようとしているのだ――期待などしなくてもいいのだと述べることで。

これは人を自由にする考え方だ。いまは妊娠を計画的に調整するだけでなく、不妊治療、養子縁組、代理出産などによりなんとしても子供を持とうとする時代でもある。子供を持つために多大な労力を費やしたのだから、親は子育てに幸福を期待して当然だと考える。もちろん幸福を見いだすことにはなるだろうけれど、必ずしもそれがつづくとは限らないし、期待したとおりのかたちであるとも限らない。そこで、ランチェスターのシンプルな考え方――親は愛し、犠牲になるものだという考え方――をスタート地点とすれば、おそらく利点は非常に大きい。義務を果たすことに満足を見いだすだけで、大いに効果がある。第1章で指摘したように、わたしたちの社会では、自由という言葉は義務からの解放を指すようになった。しかし、自由をなげうってでもやりたいことがひとつもないとしたら、自由であることに意味があるだろうか?

ミハイ・チクセントミハイも、『フロー体験 喜びの現象学』のかなりの部分を割いてこのアイデアを考察している。〝完全な自由を獲得するには、人は一連の法の奴隷にならねばならない〟というキケロの見解を引用したうえで、チクセントミハイはこう書く。個人の生活においても、ルールは人を縛りながら、自由にしてもくれる――〝情緒的な報酬を最大にしようというたえざる圧力から解放される〟[24]。

ジェシーと夫のルークも、自分たちの生活のルールが増えるとすぐに、これとおなじように思ったという。「ウィリアムが生まれて」――二人の第三子である――「わたしたちはまえより幸せになったわ。あれが独自の生活を捨てて子育てに飛びこむ転機だったの。子供が一人か二人なら、まだなんとか独自の生活を保ってるふりをすることもできる。だけど三人になると、親としての生活を受けいれるしかなかった。そこからが新しい現実のはじまり」子供が三人になったために、より明確なルールが、そしてより明確なシステムができあがった。「四人めも考えたほどよ」

シャロンも、より大きな義務を負うことで心地よい生活のシステムを手に入れたようだ。ミシェルを養子にしたとき、彼女は判事にこういった。「ええ、もちろんわかっています。一生この子の面倒を見るつもりです」シャロンは進んで、みずからの自由意志でミシェルの面倒を見ることを選び、それを毎日のプログラムの一部として組みこんだ。マイクとミシェルを育てた経験を、シャロンはいまでもこう見ている――人生をかけた仕事であり、人生をかたちづくるものだった、と。来る日も来る日も子供たちのためにしたことを、シャロンはどんな結果とも――悲しい結果とも、勝利の瞬間のような結果とも――結びつけて考えなかった。毎朝起きて子供たちの世話をしたのは、それがみずから署名することで生じた義務だったからだ。

この義務の感覚はシャロンのカトリック信仰に根差したものだ、という意見もあるだろう（実際にはどんな信仰でもそうだ。たとえばヒンズー教の聖典『バガバッド・ギーター』で、クリシュナ神は弟子のアルジュナにこう説く。「心を仕事に傾けよ。見返りに傾けてはならない」[25]）。だが、親としての信条の一部でもある。アリソン・ゴプニックがいうように、親は愛しているから子供の世話をするのではなく、世話をするから子供を愛するようになるのだ。

これはバイラントが最後にわたしに話したことでもある。バイラントには五人の子供がいて、一人は自閉症だ。彼が生まれたころにはまだスペクトラム障害という呼び名すらなく、仮に呼び名があったとしても、小児病院で楽観できるような話を聞くことはできなかっただろう。この息子の存在が、親であることの意味や期待を見直すきっかけになったかどうか、わたしはバイラントに尋ねた。息子がバイラント自身やわたしとおなじような人生を送ることはないのだから。彼は首を横に振ってこういった。

「私が子供を持ったのは、跡取りがほしいからでも、老後に面倒を見てほしいからでもない。植物を育てるのが好きだとか、山歩きが好きなのとおなじ理由だよ。子供を持つことは私の人生の一部であり、その流れに身を任せただけなんだ。とくに期待はなかった」[26]

たぶん、単にそういう世代の人なのかもしれない。バイラントの年代の男性は、子供を自己実現と結びつけて考えない。彼らが子供を持つのは、そうするのがあたりまえだからだ。

だが、自閉症の息子を長いあいだ世話してきたからこそ、こうしたかたちで本分を尽くそうと考えるようになったのかもしれない。子育てに期待すべきこと、また、期待すべきでないことについて、息子が何かしらバイラントに教えたのかもしれない。バイラントはわたしの質問をさらにじっくり考え、数分後にこういった。「いま、頭に浮かぶのは幸福ではない。まぎれもなく愛だね。息子が六歳のとき、ボタンを留めてやらないといけなかった」[27]バイラントは遠くを見やり、そのまま数秒が過ぎた。「靴ひもを結んでやったり」六歳なら、もう自分でボタンを留めたり靴ひもを結んだりできてもいいころだ。「それが日課だった。だけどそれは、草が伸びたら芝刈り機を押すのとおなじことだ。芝生の庭があれば、そうするしかないわけだから」

現代哲学の思考実験で最も有名なもののひとつに、ロバート・ノージックの〝経験機械〟がある。ノージックはそれを一九七四年の著書『アナーキー・国家・ユートピア』（嶋津格訳、木鐸社）のなかで次のように書いている。

あなたが望むどんな経験でも与えてくれるような、経験機械があると仮定してみよう。超詐術師の神経心理学者たちがあなたの脳を刺戟して、偉大な小説を書いている、友人をつくっている、興味深い本を読んでいるなどとあなたが考えたり感じたりするようにさせることができるとしよう。その間中ずっとあなたは、脳に電極を取りつけられたまま、タンクの中で漂っている。あなたの人生の様々な経験を予めプログラムした上で、あなたはこの機械に一生繫がれているだろうか。[28]

彼の答えはノーだ。たいていの人は本能的にノーと答える。単に快楽を得るよりもずっと大事なことがあるからだ。ノージックはこう書く。人は〝他者との強い結びつき、自然現象の深い理解、愛、音楽や悲劇に感動すること、革新的な何かをすること〟のような経験を求める。そしておなじくらい重要なのは、人が自尊心や自負心を求める、つまり〝幸福に見合う自分〟を求めることである。[29]ノージックの実験にこめられているのは、幸福は目的ではなく副産物であるべきだという考え方だ。古代ギリシャ人の多くもおなじように信じていた。たとえばアリストテレスにとって、エウダイモニア（おおまかな意味は〝繁栄〟）とは〝何か生産的なことをする〟という意味だった。[30]幸福を手に入れるには、自分の強みと潜在能力を有効に使うしかない。幸せになるには、ただ感じるだけでなく、行動しなければならない。

子供を育てるにはたくさんのことをする必要がある。絶えずまえへ進む騒がしい暮らしであり、ノージックの受動的な経験機械とは正反対だ。誰もが子供をほしいと思うわけではないが、多くの人々にとって——とくに、型にはまらない方法で意味あるものを生みだすための想像力や手段を持たないわたしのような人間にとって——子育てはポテンシャルを有効に活用し、人生にスタイルと目的を与えるひとつの方法である。これについてはロビン・サイモンの言葉が的を射ている。「子供は、親が朝起きる理由である」[31]

サイモンは日常生活の観察のみに基づいていっているわけではない。統計の裏づけがある。親は、子供のいない人々よりも自殺する確率がずっと低いのである。[32]一八九七年に『自殺論』（宮島喬訳、中央公論社）を出版したエミール・デュルケームをはじめとする多くの社会学者が、その理由はまさにサイモンが指摘したとおりではないかと推測した。つまり、親にはその身をつなぎとめる絆があり、現世で進みつづける理由があるということだ。

デュルケームは社会的な絆の効用について深く考察した。彼が興味を持ったのは親子の絆だけではなく、大人とより広い社会のあいだの絆もあった。これがないと、人は足場も方向性も定まらないように感じる。そうした状態をデュルケームは〝アノミー〟と呼んだ。こんにちではこの単語は〝疎外感〟と同義と思われているが、デュルケームは〝無規制〟の意味で使った[33]（語源はギリシャ語の〝アノモス〟、すなわち〝法がないこと〟である）。規範のない世界に生きるのは、とても孤独なことだ。これについてジョナサン・ハイトは、『しあわせ仮説』（藤澤隆史、藤澤玲子訳、新曜社）のなかでこう述べている。〝アノミーな社会では、人は何でも好きなことができるが、明確な基準や、それらの基準を守らせる尊重すべき社会的機関がなければ、人はしたいことを見つけることが困難となる〟。[34]

ひとたび親になると、従うべき基準がはるかにはっきり見え、その基準に沿ってつくられた社会制度を尊重する気持ちも新たになる。新米の母親や父親が、親になる過程で最も気に入ったことを話しているのを聞くと、いつもおなじシンプルなテーマがくり返し出てくることに驚く。人生をごくふつうに送るための社会制度に、以前よりも強いつながりを覚えるようになったというのだ。突然、教会やシナゴーグや地元のモスクに行く理由ができた。突然、近隣の学校や公園や町内会について詳しくなり、ＰＴＡや地域の行政に参加したくなった。そしていままでは影のように、パラレルワールドのように背景でぼやけていた近隣の子供のいる家庭が、いきなり立体感をもって目に飛びこんでくる（ＥＣＦＥのクラスでジェンという名の女性がこういっていた。「なんだか自由になったみたい。みんなわたしに近づいてきて話しかけてくれるの。誰とでも話せる話題があるっていうのはいいものね」）。親になることで、他者と関係を結ぶ手段が与えられたのだ。電車で座っていても、レジに並んでいても、投票所の長い列に並んでいても、隣に居合わせた人が子連れだったらきっと共通の関心事がある。ゴプニックは『哲学する赤ちゃん』にこう書いている。〝わたしたちが子どもに抱く愛、子どもがわたしたちに寄せる愛には特別な性質があります〟[35]。

生活のシステム、目的、周囲とのより強いつながりが子供によってもたらされるという考えは、社会科学のデータに必ずしも表われるものではない。しかし、適した手段を用いればきちんと見えてくる。たとえばロビン・サイモンの発見によれば、子供の養育権を持つ親は、持たない親よりも気分の落ち込みを感じることが少ない[36]。これは子育てと幸福の関係を扱ったほかの研究とは大きなずれのある発見だ。ほかの研究の大半で、シングルマザー（子供の養育権を持っていることが比較的多い）はシングルファーザーより幸福度が低いと指摘されているのだから。けれども、サイモンの研究とほかの研究では手法にちがいがある――サイモンは「気分の落ち込み」を測定したのである。落ち込みに関する調査では、子育て全般の意義や目的についての質問だけでなく、たいてい日々の気分を尋ねる質問もする。[37]その週はやる気が出なかったかとか、失敗ばかりしていたと感じるかどうか、未来に希望を感じるかどうかといった質問である。こうした質問に対しては、子供とひとつ屋根の下に住んでいる親のほうが、子供と離れ離れになった親よりも楽観的な回答をする傾向にある、と考えるのは理にかなったことではないだろうか。前者には朝起きる理由があり、人生において何かをなしとげたと感じる理由があり、未来へとつながる理由がある。

第5章にも登場したベス――離婚した学校教師――が、あるときこんな話をした。息子のカールの拒絶がいちばん激しかった（会おうとしない、メールに返事さえ寄こさない）ころ、ベスはなるべく距離を置くよう努め、しばらく連絡するのをやめたことがあった。「そうしたら余計にみじめになったわ。メールを送って返事がなかったときよりも」息子へと手を伸ばさずにいるのが――愛を注がずにいるのが苦しかったのだ。

チクセントミハイは『フロー体験　喜びの現象学』のなかで似た報告をしている。彼の発見によれば、教会に通わない独身者にとって、一週間のうち最悪なのは日曜日の朝だそうである。理由は単純、さしあたって何もする必要がないからだ。〝多くの人々は構造の欠如したこれらの時間に困惑させられる〟とチクセントミハイは書く。[38]精神科医のヴィクトール・フランクル――ホロコーストを生き延びた人物でもある――も、彼の有名な著書『意味による癒し』（山田邦男監訳、春秋社）のなかで憂鬱な日曜日について述べている。フランクルはこれを〝日曜神経症〟と呼び、〝この神経症は次のような鬱病の一種です。すなわち、この神経症は、猛烈に多忙な一週間が終わって心の中に空虚が立ち現われるとき、自分の生活に充実感が欠けていることに気づくことによって人々を苦しめるのです〟と定義している。[39] こうした落ち込みへの対処法として彼がいつも薦めるのは、有意義な活動を人生に追加することだ。満足感の得られるような活動でなくてもよい。痛みを受けいれることになってもよい。大事なのはそこではなく、前進しつづける理由を持つことだ。〝建築家が老朽化したアーチを補強したいと望む場合、彼はその上に載せる重荷を「増やす」のです。そのことによって各々の部分は互いにいっそう堅固に結びつけられるからです〟。フランクルはそう指摘し、だから抑鬱状態の患者を扱うセラピストは〝彼らの人生の意味に向かって新たな方向づけをするという重荷を増やすことを恐れてはならない〟のがよいという。[40]

これはまさに親が実践していることだ。親は有意義な緊張感によって自分の人生を強化し、整合性のあるシステムをつくりだしている。

意義を考慮に入れるなら、幸福の定義は――シエラ・ボクが著書で書いているように――〝複雑きわまりない人生への熱意〟とするのがいいかもしれない。[41] 幸福の実現とは、〝自分の人生を、自分より大きな何かへ結びつける〟ことである。幸せになるには、行動しなければならない。日曜学校で教えるようなシンプルなことでもいいし、暴力反対の抗議活動を主導するような壮大なことでもいい。がんの治療法を探究するような知性に頼る活動でも、山登りのような肉体を使う活動でもいい。芸術品をつくりだすのもいい。そしてもちろん、子供を育てるのもいい――詩人のベン・

ジョンソンは七歳の息子に捧げた挽歌《エレジー》で、子供を〝私の最良の詩〟と表現している。[42]

記憶する自己

セントポールでひらかれた父親向け夜間講座で、ポール・アーシャンボーという参加者が発言する。クラスのほかの父親たちと少しちがう。初めて子供が生まれたとか、三歳児がいて下にもう一人生まれたような人が大半のなかで、ポールだけは子供が四人いる。いちばん下の子が三歳なのでＥＣＦＥの受講資格があるが、いちばん上の子は十一歳だ。「ベンとアイザックはもうだいぶ大きいから、いまとなっては二人がキッチンのカウンターでシリアルを手づかみで食べていたころが懐かしいよ。ノラが」――末っ子だ――「いろいろとやらかして頭にくることもあるけど、あと一年か二年か、まあ三年も経てばきっと〝ああ、あれも楽しかったな〟なんていってると思う」

べつの父親のクリス――一歳五カ月の息子がいる――が驚いた顔をして、尋ねる。「どうしてそれが懐かしいんですか？　だって大きくなればキャッチボールができたり……」

べつの父親もいう。「そうですよ、ぼくなんか毎日思ってますよ――息子が大きくなるのが待ちきれないって」

ポールは二人の意見を認めつついう。「わからないけど、たぶん終わってしまったからかな。あのころはもう取り戻せないってわかっているから。あるいは、どれだけたいへんだったか忘れているからかもしれない」

この点について、しばらく議論がつづく。

ポールがいう。「だけどこれだけはいえる。もし、研究者みたいな人に〝さて、お子さんは三歳ですね。あなたの人生のさまざまな側面に、楽しさの観点から順位をつけてください〟といわれて、五年後に〝お子さんが三歳だったころ、あなたの人生がどんなふうだったか話してください〟といわれたら、答えはまったくちがうはずだ」

　このシンプルな意見で、ポールはいみじくも人間の感情の研究における最大の矛盾を指摘している――わたしたちが記憶の棚に収める出来事は、実際の経験とは大きく異なるのだ。心理学者のダニエル・カーネマンは、このふたつを区別するために「経験する自己」と「記憶する自己」というふたつの用語を生みだした。[43]

「経験する自己」とはこの世界で活動する自分であり、ゆえに――少なくとも理屈のうえでは――日常生活における選択をコントロールする自分である。しかし、現実は必ずしもそうではない。実際には、「記憶する自己」のほうが人生に与える影響ははるかに大きい。とくに意志決定をしたり先の計画を立てたりする際に影響が大きくなる。ところが困ったことに、「記憶する自己」のほうがずっとミスを犯しやすい――人の記憶は特異で、選択的で、さまざまなバイアスがかかっているからだ。わたしたちは、ある経験の最後に感じたことをその経験全体の感想と思う傾向がある（そのため、映画、休暇、あるいは二十年に及ぶ結婚生活でさえ、終わりが悪ければすべて悪かったことになってしまい、はじめは楽しくて途中から辛くなった苦い経験としてではなく、全体がひどい経験としてずっと記憶されることになる）[44]。わたしたちは、頻繁におこなうありふれた物事よりも、節目や大きな変化をより鮮明に記憶する。また、経験そのものの長さは記憶にほとんど影響しない。カーネマンが二〇一〇年のTEDカンファレンスで指摘したとおり、二週間の休暇を思い返したときの好ましさや鮮明さは、一週間の休暇のときと変わらない。[45] 一週間余分に過ごしても、もとの記憶に新しい素材があまり追加されないせいかもしれない（「経験する自己」がその余分の一週間を満喫していたとしても関係がない）。

おなじ講演のなかでカーネマンは、「記憶する自己」の力が非常に強いことを不可解に思っていると告白し、聴衆に疑問を投げかけた。「なぜ私たちは経験よりも記憶にこれほど重きを置くのでしょう？　なかなか納得できないことです」

だが、答えは明らかではないだろうか——子供である。「記憶する自己」のおかげで、人は子供を持ちつづけていられるのだ。子育ての経験はほかの何よりも「経験する自己」と「記憶する自己」のあいだの深い溝をあらわにする。「経験する自己」は、子供と一緒に過ごすよりも皿洗い——あるいは昼寝とか、買物とか、Eメールの返信とか——のほうが好ましい、と研究者に回答する（第1章で言及した、カーネマンがテキサスの女性九百九人を対象におこなった研究のことだ）。ところが「記憶する自己」のほうは、子供はほかの誰よりも——何よりも——喜びをもたらす、と回答する。たぶん日々の生活で得られる幸福とはちがうのだろう。子育てにまつわる幸せはわたしたちが思いおこすものであり、集めて記憶するものであり、わたしたちの人生の物語をつくりあげる材料なのだ。

ポールがほかの父親たちに話したのが、まさにそれだ。「この話がうまい説明になるかもしれない。このあいだの週末に、子供全員を連れて高校ホッケーのトーナメントに行ったんだけど、もうとにかくすごい騒ぎだった。とくに三歳児だよ。席に座らせるだけでもたいへんなんだ。それで、どこかの女性が階段をのぼってきて〝ここにいるのは、みんなおたくのお子さん？〟って訊いてきて」ポールは女性の真似をして〝信じられない〟という表情をつくり、四人の子供がいるつもりで指差す。「私は〝ええ〟と答えた」これをポールは悲しそうにいい、意味ありげに目をぐるりとまわす。「だけど、そのあとこんなふうに」——ここで口をつぐんで考えなおし——「ええ」と、こんどは目を見張っていう。「つまり、こういうことなんだ。そのときはカオスなんだけど、その場からほんの一瞬でも身を引いて見ることができれば——どうなるかわかるかな？　すばらしいことに思えるんだよ」

その場から一歩身を引くだけで、そんなふうに思えるのだ。

それほど意外なことではない。ティーンエイジャーの子供と宿題のことでけんかしたり、乳児の子供が器用にキッチンの床の目地にすりこんだレーズンを掃除するはめになったり、というような部分を除けば、考えてみると自分はとても幸せだ、と話す親は多い。ピュー研究所が二〇〇七年におこなった世論調査では、自分個人の幸福や満足にとって最も重要なのは幼い子供との関係だ——配偶者、両親、友人との関係よりも重要、仕事よりも重要——と答えた親は全体の八十五パーセントにのぼった。さらに、自分を幸せにしてくれるものを思いうかべるようにいわれると、答えははっきりしていた——子供である。[46]

チクセントミハイも、フィラデルフィアでインタビューをしたときに似たことをいっていた。リアルタイムの観察では、子供と一緒にいるときにフロー状態にある、と答える親が少ないのは事実である。だが最高のフロー状態にあったときのことを思いだしてくださいと母親たちにいうと、最も多いのは子供に関係のある回答だ。「とくに、本の読み聞かせとか、子供が何かに集中している姿や、何かに興味を惹かれる姿を見たとき、といった答えが多いね」[47]

ノースウェスタン大学の心理学教授ダン・P・マクアダムスはいう。「私たちのインタビュー調査には、人生の頂点、最低点、転換点を尋ねるセクションがあります」[48] マクアダムスは、人が自分自身について語ることでアイデンティティを形成していく様子を研究している。何百人もの成人男女から聞き取りをして〝語り〟を集め、パターンを探している。「中年の人々が頂点としていちばん多く挙げるのは、第一子の誕生のときですね」これは男性にも女性にもあてはまる。

カーネマン流にいえば、わたしたちが思い出を語るのは自然なことだ。[49] 思い返すエピソードがその人のアイデンティティの一部になり、その人自身をかたちづくる繊細な要素となる。さらに、カーネマンは『ファスト&スロー』でこうもいっている。実際の生活を送るのは「経験する自己」だが、わたしたちの正体はじつは「記憶する自己」なのである、と。[50]

もしもそれがほんとうなら――わたしたちの正体が「記憶する自己」なら――子供についてその場その場で感じることにはあまり意味がない。子供は親の人生の物語において豊かで決定的な役割を演じ、並はずれた頂点と並はずれた最低点の両方をもたらす。こうした複雑さがなければ、わたしたちは自分が多くを達成したとは感じない。マクアダムスはいう。「何か予想からはずれるようなことが起こらなければ、いい物語は生まれません。子供を育てていれば、まったく予期しなかった出来事が必ず起こります」[51]

わたしたちの物語は、現実に起こっているときにはつねに喜ばしいものとはかぎらない。実際には正反対かもしれない。追想のなかでのみ温かな色合いを帯びるものかもしれない。コーネル大学の心理学教授トム・ギロビッチはいう。「とどのつまり、これは心理学の問題というよりも哲学の問題なのです。人はその場その場の幸福に、あとからふり返ったときの評価よりも重きを置くべきなのか？」[52] 答えは自分にもわからない、とギロビッチはいうが、彼の挙げる例から内心が透けて見える。彼は子供たちが病気のときに深夜三時までつきあってテレビを見ていたことを思いだし、こういう。「あのときだったらたいして楽しくないといったはずです。だけどいま思い返すと〝ああ、遅くまでアニメを観たのを覚えてるかい？〟といいたくなりますね」

遺されたもの

子供から親にもたらされるのは、親自身の物語の材料だけではない。救済の機会ももたらされる。二十五年にわたって人生のさまざまな物語を考察してきたマクアダムスによれば、研究の対象者のうち最も〝生産的な〟大人たち――次の世代に有意義なものを残すことに最も心を砕いている大人たち――は、再生や改革の物語を話す傾向が強いという。マクアダムスはこう書く。

（高度に生産的な大人たちは）長い目で見たときの見返りが確実とはいえない活動にもかなりの時間と金銭と精力を注ぎこむ。子供を育てる、日曜学校で教える、社会変革の活動をする、価値ある社会制度をつくる。こうした生産的な努力は充足感をもたらすが、それとおなじくらいストレスと失敗も生む。しかし、人の内面に同化し発展しつづける人生の物語が——語ることによって生じるアイデンティティが——苦しみは乗りこえられること、挫折や失敗のあとには必ず救済があることをくり返し示すなら、救済に着目して人生を眺めるのはとくに望ましい心のありようである。[53]

救済の物語には子供が登場することが多い。マクアダムスは父親たちから〝もし子供がいなかったら、いまだに目標が定まらなくてぶらぶらしていたと思う〟という話をよく聞くそうである。[54] また、親として生きる苦労が最も多い人々——貧困層の女性たち——の物語では、往々にして子供が大きな役割を担う。若いシングルマザーに取材した研究書『わたしが守れる約束』（未邦訳／*Promises I Can Keep*）で、キャスリン・エディンとマリア・ケファラスはこう書いている。〝取材した母親たちの話す救済の物語は、母親としての役割が最重要であること——若い女性の人生に意味を与え、アイデンティティのよりどころとなるものが実質的にそれしかないこと——を示している〟。[55] 同書の取材対象となった人々は、家計が改善する見通しも結婚の見込みもないなかで自分を救ったのは子供だった、子供がいたからこそ自滅の道を進まずに済んだ、という。

中流階級の人々にはもう少し選択肢があり、有意義な人生を送るための道がひとつではないため、子供が生まれるとかえって制約を強く感じることもある。まるで自分の人生が突然ティーカップに押しこまれてしまったかのように。しかし子供はこうした親の人生の幅も広くする。新しい活動や新しい考え方への扉をあけ、フィリップ・コーワンがいうように「家にべつの世界を持ってくる」[56]。たとえば、親はまったくやったことがなくても、子供がチェスに夢中になることもある。親はきちんと学んだことがなくても、子供は学校でイスラム教について勉強するかもしれない――そして夜のニュースがまえより少しよくわかるようになる。親ができないことを子供ができるようになったり、親がまったく知らないことを子供が熟知していたりすると、親はとても誇らしい気持ちになる。息子がバイオリンを演奏するのを見つめていたナンシー・ダーリングや、エリク・エリクソンが誰か知っている娘に驚いた前章のゲイルを思いだしてほしい。ゲイルの言葉をくり返そう。「生きる目的ってこういうことよね。子供には親よりいい人生を送ってほしい」

こうした誇らしい気持ちは、子供が何かを達成したときだけ生じるわけでもない。子供が道徳心や思いやりを身につけるといったシンプルな成長を遂げたときにも、その気持ちは起こりうる。生まれたばかりのときには誰もが小さなナルシストだ。けれども成長する過程のどこかで、親がほとんど気づかないうちに、他人の苦しみを理解してそれをやわらげたいと強く思うようになる。親が病気になればスープを持ってくる。学校で昼食のおしゃべりのときに黙っていた、友達がお誕生日会について話してたんだけど招待されてない子もそこにいたから、と親に話す。そこでわかるのだ。これまで子供に示してきた愛情も、思いやりや親切心や敬意の手本も、すべてがさまざまなかたちで生きているのだ、と。

マクアダムスは、〝最も生産的な大人たち〟の物語には共通点があることに気づいた。彼らは意識して若い世代に自分の話を聞かせるのだ。自分の経験をたとえ話として、子供たちがそこから何かを学べるように。「たとえばこうです。〝自分の人生をもとに物語を書いたんだ。知恵も愚行もいっぱいに詰めこんで。自分の子供たちに聞かせるための話だ〟。物語から生まれたアイデンティティは人に影響を与えられるわけです[57]」

いい換えれば、〝最も生産的な大人たち〟は子供を自分の超自我と見なしている。子供は上のほうに浮かび、親の良心を左右する。自分がぐらついたり、恥ずべき行為をしたりすれば、子供に見られるとわかっている。それは正しいおこないをしたときも同様である。生産的な大人たちは、自分がロールモデルであることをしっかり認識し、見られているのを知っている。

ただし、マクアダムスの経験によれば、誰もがこのような考え方をするわけではない。百年ほどまえにフロイトが指摘したように、多くの人が過去のドラマを再現することに時間を費やし、過去の亡霊の承認を得ようとする。自分の親を超自我——つねに満足させなければならない想像上の審判——と考えるのだ。だが、長く持続する〝遺産〟を残すことをいちばんに考えている大人たちはそうではない。彼らの目から見れば「評価をくだすのは過去の世代であってはならないのです」とマクアダムスはいう。「次の世代でなければ[58]」まえの世代の基準に縛られなくていいとわかっていれば、自分の人生を自分でつくりあげる自由がある。最終的な判断は子供たちに任せればいい。

社会心理学者のダニエル・ギルバートは、自分の孫娘たちを〝ノンカロリーのチョコレート〟と呼ぶ。「孫というのは百パーセント喜びだけの存在で、ほしいだけ楽しさをくれる。そして責任を負う必要がない[59]」

だが、シャロンの状況はこれとはちがう。彼女にとっては孫が子供なのだ――実質的にも、法的にも。娘のミシェルが亡くなったあと、カムを養子にしたからだ。

マーガレット・ミードは、こんにちのアメリカの親たちが無力であることを指摘した。[60] 長年の慣習を道しるべとすることができずに、どう子供を育てたらいいかわからず混乱している――流行に影響されやすく、自分の直観を信じられず、自分の母親の子育てに関する知識はどれも時代遅れにちがいないと思っている。

こうした不安をシャロンがどれほど痛切に感じていたかは、彼女の実際の子育てを見て想像するしかない。鬱病の子供の育て方についても、知覚と行動に問題を抱える養子の扱いについても、頼れる情報がほとんどなかった。子育てをしていた若いころはぶっつけ本番の連続だった。それから数十年が経って、気がつけばまた一から子供を――孫のカムを――育てているわけだが、最初のときに学んだルールや習慣の多くがまたしても役に立たなくなっていた。店でサッと買物をするたった五秒のあいださえ、子供を一人で車に残しておけなくなった。たたんだベビーカーをひらくのに、両手と一方の足が必要になった。そしていまや子育ての専門家が口をそろえてこういうのだ。両手両膝を床について――シャロンはもうおばあさんなのに！――子供と一緒に熱心に遊んでくださいと。一人で楽しく遊ばせておけばいいんですよ、とはいってくれない。

ただ、シャロンの状況が人とちがうのは昔からだ。ぶっつけ本番だったのは子育てだけではない。深い悲しみにも対処しなければならなかった。耐えがたいほどの悲しみだった。子供を一人ならず、二人までも亡くしたのだから。愛する者を失うのも、子供ができるのとおなじく、人生の突然の変化のひとつであり、充分に準備をすることなどとてもできない。そしていま、シャロンはまたも突然の変化に対処しなければならない。

こちらから電話をかけなければ、わたしも知ることはなかっただろう。シャロンと会ってから二年近く経っていたが、この本がもうすぐできあがることを知らせようと思ったのだ。やっと電話に出たシャロンは——それまで何回かつながらなかったのだが、あれがヒントだった——とても疲れた声をしていた。疲労の陰には、相変わらず射撃の名手アニー・オークリーを思わせるような、不屈なところもあったのだが。「じつはね、まえに会ったときとは、ちょっと状況が変わったのよ……」そういって、何があったか話してくれた。

シャロンはもう長くなかった。がんだった。脳に腫瘍ができ、進行も早かった。シャロンはおちついた口調でいった。「信仰の篤い人間なら誰しも、死についてふだんから考えているものよ」最初の数カ月は痛みもなく、化学療法にも耐えられた。人付き合いはうまくいっていたので——教会やECFEでできた友人、長年近所に住んでいる人などが大勢いた——話し相手や手伝いや食事に困ることはなかった。

だが、やがて短期記憶に支障が出はじめ、治療の副作用も現われた。もう幼い男の子の面倒が見られるような体でないのは明らかだった。そこで、シャロンは生活を変えた。成人の子供が一人いて、いまも仲がよかったので、おなじ町に引っ越す計画を立てた。また、若い親戚にカムを預かってもらえるように手配した。おそらくカムは、シャロンがいなくなったあともこの親戚と暮らすことになる。子供のいる家族の一員になるのだ。一家はカムを愛しているし、カムもこの一家を愛している。

運がよければ、自分がいずれ死ぬという事実と毎日向きあうようなことはない。しかし、シャロンのように死と向きあわざるをえない場合、あることが起こる。親としての役割が、複雑になるのではなく、はっきりと見えるのだ。日常の義務を果たす、将来のための手配をする、永遠の愛を無条件に注ぐ――死を目前にした親にとっては、これが第一の仕事になる。健康な親にとってももちろん第一の仕事なのだが、外の世界の雑事にまぎれてそれが見えなくなることが多い。作家のマージョリー・ウィリアムズは、やはり子供が幼いうちにがんと診断され、エッセーにこう書いている。〝昔からよく話題になる、なんてことない質問（「あと一年しか生きられないとわかったら何をする？」）が現実になって、子供のいる女性にはそれを哲学として考えることをスキップする特権――あるいは義務――があるとわかった。小さな子供がいるなら、することは決まっている。できるかぎりいつもとおなじ生活を送るのだ。ただ、パンケーキをちょっと多めに焼いてあげるだけ〟[61]。

カムが家を出るという週に、わたしはシャロンと話をした。家にいるシャロンを訪ねると――いまではいつも家にいるのだが――シャロンとカムは一緒にリビングで〈おさるのジョージ〉のアニメを観ていた。カムがちょっと離れると、シャロンは本人に聞こえないようにカムの様子を話した。「ここのところ、怒りをあらわにすることが多くなったわ。このあいだも、靴を取ってあたしの頭に投げつけてきたの。腫瘍がそこにあるのを知ってるのよ」しかしカムは、シャロンが好きでがんになったわけではないのも知っていた。四歳九カ月でも、そのちがいはわかるのだ。カムの怒りは、シャロンがいなくなったらどれほど悲しいかを示すものだった。また、シャロンにとっては、死んでも愛はなくならないこと、親は変わらず親であることを伝えるきっかけとなった。「カムは愛情表現もたくさんするの。〝ずっとずっとずっと愛してるよ〟なんていったり。あたしたちはお互いにそういいあってるの。それに、たとえ会えなくなってもあたしは母親で、あなたはあたしの息子なんだってよくいって聞かせてる」

罪悪感はある？　とわたしが尋ねると、シャロンは「ある」と答えた。「まるでカムを捨てるような気持ちよ」次にシャロンがいったことを、わたしはけっして忘れない。安堵してもいる、とシャロンはいったのだ。「これからカムは二人の大人に愛されて、面倒を見てもらえる。大きくなるまでずっと。そう考えるとすごく安心できるのよ。ずっとあたしといるよりも、カムにとってはいい暮らしになるはず」もしも自分が健康なままだったら、カムのためにそういう選択をする勇気は出なかったと思う、とシャロンはいった。

いまはただ、この古くて美しい家で一緒に過ごす最後の数日を存分に味わいたいだけ、とシャロンはいう。「いまを生きようとがんばっているの。あたしにできるのはただそれだけ。それと……〈おさるのジョージ〉をたくさん観ることね」

マージョリー・ウィリアムズがいったのとおなじことだ。〝いつもの生活に、ちょっと多めのパンケーキ〟。

子供は親の人生を複雑にする。だが、単純にもする。親は子供のニーズに圧倒され、子供から百パーセント依存されるので、子供に対して負う義務は取りちがえようがない。「一生この子の面倒を見るつもりです」とシャロンはいった。この義務は親の人生そのものでもあるのだ。そこには深い満足が伴う。ウィリアムズは、母親だったおかげで、病気になったときに哲学的な問題をスキップすることが許されたという。たぶんそれは正しい。しかしわたしはこうも思うのだ。そもそも親になることで哲学的な問題を考えることが減ったのではないか。日々すべきことはわかっているし、自分の存在理由だってわかっているのだから。おなじことがシャロンにもいえる。どんなに弱っても――噴水のあいだを駆け抜けたり、カムをジャングルジムの上に持ちあげたりする元気はとっくになくなっていても――残された最後の力で何をするべきかははっきりわかっていた。カムと一緒に〈おさるのジョージ〉を観るのだ。

そしてシャロンがこの世を去れば、親戚の誰かがやってきて、シャロンがかつてカムの母親にしたのとまさにおなじことを、こんどはその親戚がカムにする――一生この子の面倒を見ます、といってサインをする。まるでシャロンの一族に定められたテーマのようだ。幸せなときも、苦しいときも、誰もが守る神聖な掟だ。ベストな状態の親とはそういうものではないだろうか。わたしたちは自分を最も必要としている者たちに自分を結びつけ、世話をすることで彼らを愛するようになり、ともに過ごすことに喜びを見いだすようになり、彼らのありのままの姿に驚嘆するようになる。混じりけなしの「与える愛」。苦痛や喪失のさなかにあってさえ、この愛は奇跡のように湧いてくるのだ。

謝辞

初めての本を書くことは、初めての子供を育てるのと似ていなくもない。新しく引きうけることになった仕事の大きさ、仕事の意味におののきながら、家にこもりきりになり、絶えず夢中で、おまけに（ここが最悪なのだが）自分ではほとんど何も知らないことに取り組んでいるというのに、人からはさも適任であるかのように思われている。友人や家族や同業者から成る大きなネットワークがなければ、こんな企画はうまくいくはずもない。

まずはティナ・ベネット。作家たちにとって輝けるアイデアの源であるだけでなく、（ひそかに）輝ける編集者でもある。友情を与える才能にもあふれており、わたしもエージェントとしての才能を知るずっとまえからその恩恵に浴してきた。ティナの同僚のスヴェトラーナ・カッツも、お手本のような根っからのプロである。

エコ社のリー・ブードローはこの企画を多大な熱意で押し進めた。彼女が発するエネルギーだけでラップトップの充電ができそうなほどだった。編集者としては絶滅危惧種に属するのではないだろうか――個々の文章のみならず、アイデアそのものにも細心の注意をはらい、どの章もなんどもなんども読み、全体を通した話ができた。そのうえ偶然にも、リーは一緒に出かけても楽しい、面白い人物だ。信じられないほどの幸運だが、ほんとうのことである。わたしのおしゃべりのスピードがごくふつうであるかのようにふるまってくれることにも感謝している。

エコ社のチーム全体もとてもすばらしい。発行者のダン・ハルパーンは（最後の追い込みの時期に）わたしに原稿を直す自由と余分の時間を与えてくれた。広報責任者のマイケル・マッケンジーは、わたしたちジャーナリストとおなじくらいメディアを熟知している。アシュリー・ガーランドは、段階ごとに上手に広報の手引きをしてくれた。アート・ディレクターのアリソン・サルツマンは、遊び心あるすばらしい装幀をデザインしてくれた。それから、ライアン・ウィラード、アンドレア・モリター、クレイグ・ヤング、ベン・トメックにも、この風変わりなプロセスが円滑に流れるよう静かに尽力してくれたことに感謝したい。

ニューヨーク・マガジンのアダム・モスとアン・クラークの全面的な支援がなければ、この本を書きあげることはできなかった。もしかしたら、従業員に二年間の休職を許す雇用主はほかのどこかにもいるかもしれない。だが、もしいるとしても、わたしは聞いたことがない。しばらくのあいだ、アダムとアンからスウェーデンで暮らしてみるよう説得されたこともあった。アダムは、本書のもとになった記事を雑誌に掲載してもくれた。

ニューヨーク・マガジンで、わたしが最初の雑誌記事を売り込んだときにそれをいいと思い、編集して読むに耐えるかたちにしてくれたのは、ローレン・カーンだった（いまはニューヨーク・タイムズ社にいる）。書き仕事をはじめてからずっと、わたしの記事を格段によいものにしてくれる編集者と組んで仕事ができて幸運である。ジョン・ホーマンズやベラ・チチュニック、アル・アイゼレ、マーティ・トルチン、デイビッド・ハスケル、アリエル・カミナー、そしてマーク・ホロウィッツ（マークにはとくにお世話になった）。デイビッドとアリエルは早い段階からの貴重な読者でもあり、すばらしいコメントや提案を考えてくれた（アリエルは初期段階だけでなく、たびたび読んでくれた）。驚くべき手腕のボブ・ロウと、カイラ・ダンと、キャロライン・ミラーにも感謝を（わたしが思春期への理解を深めるためにすばらしい仕事をしてくれた。一九九七年に、最初にニューヨーク・マガジンでわたしに仕事をさせてくれたのも彼らだ）。友人のジョシュ・

シェンクとは、本書執筆の初期段階にたくさん話をした。同僚のクリス・スミスは最後に決定的なアドバイスをくれた。おなじく同僚のボブ・コルカーは、なんどもなんどもランチの時間を使って本書の〝修理〟をしてくれた。できあがった本をわざわざ読まなくても、中身を知り尽くしているほどである。エレイン・スチュアート・シャーは最初の調査を大いに助けてくれた。レイチェル・アロンズは、記録文書の検索に関して並はずれた才能を発揮してくれた。ロブ・リグオーリは、いとも簡単そうに本書の事実チェックをしてくれた。ほんとうのところ簡単ではなかったことは神がご存じである。わたしが落ちこみそうになったとき、なんども巧妙に助けてくれた。それにも感謝している。

本書で引用に使ったのはおもに書籍のかたちで出版されている研究だが、電話をしたり、直接会ったり、長い電子メールのやりとりをするために時間を割いてくれた学者も何人もいる。デイビッド・ディングス、マイケル・H・ボネット、伊藤瑞子、リンダ・ストーン、メアリー・チェルウィンスキー、ロイ・F・バウマイスター、マシュー・キリングスワース、アーサー・ストーン、ダン・P・マックアダムス、ミハイ・チクセントミハイ、デイビッド・E・メイヤー、トム・ブラッドベリー、スーザン・マックヘイル、マイク・ドス、キャスリン・エディン、アリソン・ゴプニック、サンドラ・ホファース、アンドルー・チャーリン、スティーブン・ミンツ、ダルトン・コンリー、キャスリーン・ガーソン、E・マーク・カミングス、クレイ・シャーキー、ブレネ・ブラウン、ジェラルド・R・パターソン、ドナルド・マイケンバウム、アーンスタイン・アースブ、アン・ハルバート、アンドルー・クリステンセン。全員に心から感謝している。それから、特別に恩義を感じているのは、ダン・ギルバート、ジョージ・ベイラント、ロビン・サイモン、ナンシー・ダーリング、ラリー・スタインバーグ、B・J・ケイシー、キャロリン&フィリップ・コーワンで、いま挙げた人々は全員がわたしのために特別に力を尽くしてくれた。

サンプルとなる親と知りあうきちんとした方法を苦心しつつ模索していたとき、ＥＣＦＥ（州のすばらしい教育プログラムだ）を試してみれば、と勧めてくれたのはミネソタ大学のビル・ドハティーだった。ビルと娘のエリザベスが、アネット・ガグリアルディとトッド・コロドにわたしを紹介してくれた。アネットとトッドは知恵を貸してくれたうえ、わたしの訪問の予定を立ててくれて、寛大にもクラスにわたしを参加させてくれた。バーブ・ドップ、キャスリーン・ストロング、バレリー・マシューズ、クリスティーン・ノートンもおなじくわたしをクラスに迎えてくれた。友人のシェイラ・デュワンは賢明にも、人口の移り変わりの観察できるシュガーランドとミズーリシティに行くことを勧めてくれた。ミミ・シュウォーツはわたしをキャスリン・ターコットとラロウ・マツァコスのところへ送りこんだ。そしてこの二人がわたしをミズーリシティにあるパルマー小学校のＰＴＡに押しこんだ。ミミとリサ・グレイとエイミー・ワイスはヒューストンを案内してくれた。感謝してもしきれない。

そしてもちろん、勇敢にも本書に登場してくれたすべての家族に、どうやっても伝えきれないほど感謝している。アンジー＆クリント・ホルダー夫妻。ジェシー＆ルーク・トンプソン。マータ・ショア。クリッシー・スナイダー。ポール・アルシャンボー。ローラ・アン・デイ。レスリー・シュルツ。スティーブ＆モニク・ブラウン。ラン・チャン。シンディ・アイバンホー。キャロル・リード。アンジェリーク・バーソロミュー。ＥＣＦＥのクラスで意見をいってくれた母親、父親たち。包み隠さず自分の話をしてくれた、ティーンエイジャーの母親、父親たち。みんな寛大にも、初対面のわたしを温かく迎えてくれた。深刻な問題を誠実に話してくれた。誠実であることの意味がよくわかった。とくにシャロン・バートレットがそうだった。わたしが知っている女性のなかで最も人を鼓舞することのできる人だった。シャロンは二〇一三年七月九日に亡くなった。彼女の存命の娘は明らかに母親から寛容さを受け継いでいる。きっとカムもそうだと思う。

シャロンから教わったのは、友情とコミュニティの必要性だった。わたしが本を書くという孤独な作業に耐えられたのも、いままでに出会ってきたたくさんの人々のおかげである。やる気を高めてくれただけでなく、わたしが独りぼっちだと感じないようにさまざまなアイデアをぶつけてくれた。次の面々に感謝を。サラ・マリー。ニーナ・タイショロッとグレゴリー・マニアティス。ミカエラ・ベアズリー。スー・ドミナスとアラン・バーディック。スティーブ・ウォーレン。ブライアン・ベアード。レベッカ・キャロル。ブライアン・ヘクトとダグ・ガアスターランド。フレッド・スモーラーとカレン・ホーニック。ジョシュ・フェイゲンバウム。ダグ・ドースト。トム・パワーズとラファエラ・ナイハウゼン。ハワード・アルトマン。ディンプル・バット。ジュリー・ジャストとトム・ライス。エリック・ヒンメル。

自分自身の親について再考することなく子育ての本を書くことはできない。ノーマン&ローナ・シニアのもとにわたしが生まれたのは、二人が若いとき、まだとても若かったときで、二人がどんな代償を払ったか、どんな妥協をしたかは、自分が親になったいまでも想像しきれない。二人の愛と無条件のサポートのおかげでわたしは世のなかに出ることができたし、いまも力をもらっている。ケン・シニアとディアナ・シーゲル・シニア（この二人も本書初期のすばらしい読者である）とは、人が兄と義姉とのあいだに築きうる最大の愛と、まったく裏のない関係で結ばれていると信じる。二人の厚意とフィードバックと子守りがなかったら、この本を書きあげることはできなかった。ジョン・サーノフとアリソン・ソファーも大切なきょうだいである。この二人にも——そして二人の配偶者、エレン・リーと、ボブ・ソファーにも——感謝を捧げる。母親であること、父親であることの最高の状態を見せてくれた。彼らの母親が生きていて、自分がやったのとおなじように彼らが子育てをするのを見られたらよかったのに、と思わずにはいられない（そして、ディラン、マックス、マイルズ、ミア、ベン、キャロラインにも感謝を。ラスティはすばらしいいとこには事欠かない。これからも家族同様に親しい存在でいてほしい）。サム・バドニーとステラ・サミュエルとは血のつながりはないけれど、二人は家族同然で、わたしと息子を支えてくれた。ジョージ&エレノア・

ホロビッツともやはり血のつながりはないけれど、わたしはこの二人を敬愛している。弾丸が飛んできたら盾になってもいいと思うくらい、自分でも驚くほど強固なつながりを感じている。二人がいままでにしてきた努力は尊敬に値する。どんなに必死で取り組もうと、混合家族はほんとうにたいへんなのだから。

そしてマーク・ホロビッツ。あるときこう宣言して、わたしの心を盗んだ人物である。人生には犠牲をはらったり、リスクを負ったりすることがつきものだ——ただ誰かを愛するためだけに。理由なんかそれで充分じゃないか、と。彼はどんなふうに書いたらいいか教えてくれた。どうやって妻になったらいいかも教えてくれた。義務や名誉といった昔ながらの考え方が大事であることを示してくれた。この本の執筆中に何百回か食事をつくってくれて、文章を料理する方法も何百とおりも教えてくれた。わたしたちのあいだにはラスティが生まれた。本書をラスティに捧げる——わたしの人生の大部分ともいえるこの本を。この子がいなければ、世界はいまの半分も美しくないだろう。いまの半分の意味もないだろう。いまの半分の大きさも感じられないだろう。あなたをどれだけ愛していることか。あなたにはその半分もわからないだろうけれど、それはそれでかまわない。

34 Jonathan Haidt, *The Happiness Hypothesis: Finding Modern Truth in Ancient Wisdom* (New York: Basic Books, 2006), 175. [『しあわせ仮説』ジョナサン・ハイト著, 藤澤隆史, 藤澤玲子訳, 新曜社, 2011年]

35 Gopnik, *The Philosophical Baby*, 241. [『哲学する赤ちゃん』]

36 Ranae J. Evenson and Robin W. Simon, "Clarifying the Relationship Between Parenthood and Depression," *Journal of Health and Social Behavior* 46 (December 2005): 355.

37 米国国立精神保健研究所(NIMH)が開発した「うつ病自己評価尺度」(the Center for Epidemiologic Studies Depression Scale / CES-D)を参照. 以下の書籍からも参照可. Center for Substance Abuse Treatment, *Managing Depressive Symptoms in Substance Abuse Clients During Early Recovery: Appendix B* (Rockville, MD: Substance Abuse and Mental Health Services Administration, 2008), http://www.ncbi.nlm.nih.gov/books/NBK64056.

38 Csikszentmihalyi, *Flow*, 168. [『フロー体験 喜びの現象学』]

39 Viktor Frankl, *Man's Search for Meaning* (Boston: Beacon Press, 1992), 112. [『意味による癒し――ロゴセラピー入門』ヴィクトール・E・フランクル著, 山田邦男監訳, 春秋社, 2004年]

40 Ibid., 110.

41 Bok, *Exploring Happiness*, 117.

42 Ben Jonson, "On My First Sonne" (c. 1603).

43 Kahneman, *Thinking, Fast and Slow*, 381. [『ファスト&スロー』]

44 Ibid.

45 Daniel Kahneman, "The Riddle of Experience vs. Memory," TED Talk, February 2010, posted March 2010, https://www.ted.com/talks/daniel_kahneman_the_riddle_of_experience_vs_memory.

46 Pew Research Center, "As Marriage and Parenthood Drift Apart, Public Is Concerned About Social Impact," July 1, 2007, http://www.pewsocialtrends.org/files/2007/07/Pew-Marriage-report-6-28-for-web-display.pdf.

47 Mihaly Csikszentmihalyi, 著者インタビューでの発言, 2011年7月25日.

48 Dan P. McAdams, 著者インタビューでの発言, 2013年1月8日.

49 Kahneman, "The Riddle of Experience vs. Memory."

50 Kahneman, *Thinking, Fast and Slow*, 390. [『ファスト&スロー』]

51 Dan P. McAdams, 著者インタビューでの発言, 2013年1月8日.

52 Quoted in Jennifer Senior, "All Joy and No Fun: Why Parents Hate Parenting," *New York*, July 4, 2010.

53 Dan P. McAdams, "The Redemptive Self: Generativity and the Stories Americans Live By," *Research in Human Development* 3 (2006): 93.

54 Dan P. McAdams, 著者インタビューでの発言, 2013年1月8日.

55 Kathryn Edin and Maria Kefalas, *Promises I Can Keep: Why Poor Women Put Motherhood Before Marriage* (Berkeley: University of California Press, 2005), 11.

56 Philip Cowan, 著者インタビューでの発言, 2011年2月2日, 2011年3月10日.

57 Dan P. McAdams, 著者インタビューでの発言, 2013年1月8日.

58 Ibid.

59 Dan Gilbert, 著者インタビューでの発言, 2013年3月22日.

60 Mead, *And Keep Your Powder Dry*. [『火薬をしめらせるな』]

61 Marjorie Williams, "Hit by Lightning: A Cancer Memoir," in *The Woman at the Washington Zoo*, ed. Timothy Noah (New York: PublicAffairs, 2005), 321.

第6章

1 Mary Cantwell, Manhattan, *When I Was Young* (Boston: Houghton Mifflin, 1995), 155.

2 Robin Simon, 著者インタビューでの発言, 2011年4月4日.

3 Nancy Darling, "Why Parenting Isn't Fun," Thinking About Kids (blog), *Psychology Today* (July 18, 2010), https://www.psychologytoday.com/blog/thinking-about-kids/201007/why-parenting-isn-t-fun.

4 Ibid.

5 Ibid.

6 Tara Parker-Pope, "Teaching Happiness, on the Web," Well (blog), *New York Times*, January 24, 2008, http://well.blogs.nytimes.com/2008/01/24/teaching-happiness-on-the-web/.

7 Sissela Bok, *Exploring Happiness: From Aristotle to Brain Science* (New Haven, CT: Yale University Press, 2010), 103.

8 George Vaillant, 著者インタビューでの発言, 2013年3月8日.

9 Quoted in Joshua Wolf Shenk, "What Makes Us Happy?" *The Atlantic* (June 2009): 36-53.

10 George Vaillant, 著者インタビューでの発言, 2011年3月23日.

11 George Vaillant, *Spiritual Evolution: A Scientific Defense of Faith* (New York: Broadway Books, 2008), 124.

12 George Vaillant, 著者インタビューでの発言, 2011年3月23日.

13 Ibid.

14 "Excitement, sexual ecstasy, and happiness" Vaillant, *Spiritual Evolution*, 125.

15 Ibid., 119.

16 Gopnik, *The Philosophical Baby*, 201. [『哲学する赤ちゃん』]

17 Lewis, *The Four Loves*, 50. [『四つの愛』]

18 Brené Brown, "The Price of Invulnerability," live TEDxKC talk on August 12, 2010, posted October 10, 2012, http://tedxtalks.ted.com/video/TEDxKC-Bren-Brown-The-Price-of.

19 Ibid.

20 Ibid.

21 Christopher Hitchens, *Hitch-22: A Memoir* (New York: Twelve Books, 2011), 338.

22 Vaillant, *Spiritual Evolution*, 133.

23 John Lanchester, *Family Romance: A Love Story* (New York: Putnam, 2007), 154.

24 Csikszentmihalyi, *Flow*, 179. [『フロー体験 喜びの現象学』]

25 *Bhagavad Gita*, trans. Juan Mascaro, rev. ed., (New York : Penguin Classics, 2003), 2:47.

26 George Vaillant, 著者インタビューでの発言, 2011年3月23日.

27 Ibid.

28 Robert Nozick, *Anarchy, State, and Utopia* (New York: Basic Books, 1974), 42. [『アナーキー・国家・ユートピア――国家の正当性とその限界』ロバート・ノージック著, 嶋津格訳, 木鐸社, 1995年]

29 Robert Nozick, *Examined Life: Philosophical Meditations* (New York: Simon 8: Schuster, 1990), 117.

30 Sarah Broadie, "Aristotle and Contemporary Ethics," in *The Blackwell Guide to Aristotle's Nicomachean Ethics*, ed. Richard Kraut (Malden, MA: Blackwell, 2006), 342.

31 Robin Simon, 著者インタビューでの発言, 2011年4月4日.

32 Émile Durkheim, *Suicide: A Study in Sociology, ed. George Simpson*, trans. John A. Spaulding and George Simpson (New York: Free Press, 1979), 197-98. [『自殺論』デュルケーム著, 宮島喬訳, 中央公論社, 1985年]

33 Ibid., 241 et seq.

57 Ibid., 197.

58 Zelizer, *Pricing the Priceless Child*, 67.

59 Margaret Sanger, "The Case for Birth Control," *Woman Citizen* 8 (February 23, 1924): 17-18.

60 Jeylan T. Mortimer, *Working and Growing Up in America* (Cambridge, MA: Harvard University Press, 2003), 9.

61 Mintz, *Huck's Raft*, 239.

62 Quoted in ibid., 252.

63 Ibid., 286.

64 James S. Coleman, *The Adolescent Society: The Social Life of the Teenager and Its Impact on Education* (Westport, CT: Greenwood Press, 1981).

65 Hulbert, *Raising America*, 280.

66 Chudacoff, *Children at Play*, 217.

67 Carrie Dann, Lauren Appelbaum, and Eman Varoqua, "Clinton's Speech at Rutgers," First Read (blog), NBCNEWS.com, April 20, 2007.

68 Clay Shirky, 著者インタビューでの発言, 2011年4月20日.

69 Mintz, *Huck's Raft*, 230.

70 Quoted in Kutner and Olson, *Grand Theft Childhood*, 50-51.

71 伊藤瑞子, 著者インタビューでの発言, 2012年5月24日.

72 Ibid.

73 Clay Shirky, 著者インタビューでの発言, 2011年4月20日.

74 Ibid.

75 Nancy Darling, 著者インタビューでの発言, 2011年3月29日.

76 Clay Shirky, 著者インタビューでの発言, 2011年4月20日.

77 Barbara K. Hofer, *The iConnected Parent: Staying Close to Your Kids in College (and Beyond) While Letting Them Grow Up* (New York; Free Press, 2010), 16.

78 Galinsky, *Ask the Children*, ch. 2.

79 Phillips, *On Balance*, 38.

80 Phillips, *Going Sane*, 129.

81 Phillips, *On Balance*, 38.

82 Mintz, *Huck's Raft*, 345.

83 Steinberg, *Crossing Paths*, 151.

84 Ibid., 152.

85 For Erikson's seminal work on the stages of development, see Erik H. Erikson, *Identity and the Life Cycle* (New York: W. W. Norton, 1994).

86 Ibid., 103.

87 Ibid., 104.

88 Ibid.

89 US Census Bureau, "America's Families and Living Arrangements: 2012," American Community Survey, Current Population Survey, table F1, https://www.census.gov/hhes/families/data/cps2012.html(November 2012).

90 Salynn Boyles, "Nearing Menopause? Depression a Risk," WebMD.com, http://www.webmd.com/menopause/news/20060403/nearing-menopause-depression-risk (accessed April 22, 2013).

91 Phillips, *On Balance*, 98.

92 Phillips, *Going Sane*, 220.

30 Andrew Christensen, 著者インタビューでの発言, 2011年3月18日.

31 Christy M. Buchanan and Robyn Waizenhofer, "The Impact of Interparental Conflict on Adolescent Children: Considerations of Family Systems and Family Structure," in *Couples in Conflict*, ed. Alan Booth, Ann C. Crouter, and Mari Clements (Mahwah, NJ: Lawrence Erlbaum Associates, 2001), 156.

32 Steinberg, *Crossing Paths*, 178-79.

33 Susan McHale, 著者インタビューでの発言, 2012年9月12日.

34 Andrew Christensen, 著者インタビューでの発言, 2011年3月18日.

35 メリーランド州人口調査センターのU・I・ムーンがまとめたミシガン大学の調査分析には大いに助けられた. 元データは以下を参照. The Panel Study of Income Dynamics, 2002 public use dataset, produced and distributed by the Institute for Social Research, Survey Research Center, University of Michigan (2012).

36 Darling et al., "Aggression During Conflict." See also Nancy Darling et al., "Within-Family Conflict Behaviors as Predictors of Conflict in Adolescent Romantic Relations," *Journal of Adolescence* 31 (2008): 67l-90.

37 Steinberg, *Crossing Paths*, 200.

38 Ibid., 200.

39 Ibid., 256.

40 専門的な観点については以下を参照. Wändi Bruine de Bruin, Andrew M. Parker, and Baruch Fischoff, "Can Adolescents Predict Significant Life Events?" *Journal of Adolescent Health* 41 (2007); 208-10. For a layperson's perspective, see David Dobbs, "Teenage Brains," *National Geographic* 220, no. 4 (October 2011): 36-59.

41 思春期の脳の働きや発達について綿密でわかりやすい考察については以下を参照. Daniel R. Weinberger, Brita Elvevag, and Jay N. Giedd, "The Adolescent Brain: A Work in Progress," report of the National Campaign to Prevent Teen Pregnancy (June 2005).

42 Sarah-Jayne Blakemore and Suparna Choudury, "Brain Development During Puberty: State of the Science" (commentary), *Developmental Science* 9, no. 1 (2006): 11-14.

43 Nancy Darling, "What Middle School Parents Should Know Part 2: Adolescents Are Like Lawyers," Thinking About Kids (blog), *Psychology Today* (September 9, 2010), https://www.psychologytoday.com/blog/thinking-about-kids/201009/what-parents-should-know-adolescents-are-lawyers.

44 Weinberger et al., "The Adolescent Brain," 9-10.

45 B. J. Casey, 著者インタビューでの発言, 2012年8月28日.

46 Ibid.

47 Laurence Steinberg, 著者インタビューでの発言, 2011年4月11日.

48 Linda Patia Spear, "Alcohol's Effects on Adolescents" (sidebar), *Alcohol Research and Health* 26, no. 4 (2002): 288.

49 Casey interview.

50 Siobhan S. Pattwell et al., "Altered Fear Learning Across Development in Both Mouse and Human," *Proceedings of the National Academy of Sciences* 109, no. 40 (2012): 13-21.

51 Dobbs, "Teenage Brains," 36.

52 Alison Gopnik, "What's Wrong with the Teenage Mind?" The Saturday Essay (blog), *Wall Street Journal*, January 28, 2012, http://www.wsj.com/articles/SB10001424052970203806504577181351486558984.

53 Margaret Mead, "The Young Adult," in *Values and Ideals of American Youth, ed. Eli Ginzberg* (New York: Columbia University Press, 1961), 37-51.

54 Rolf E. Muuss, *Theories of Adolescence*, 5th ed. (New York: McGraw-Hill, 1988), 72.

55 ニール・コナンによるジェイ・ギードへのインタビュー, Nation, NPR, September 20, 2011.

56 Mintz, *Huck's Raft*, 68, 75, 87.

118 Kagan, "Our Babies, Our Selves," 42.

119 Ellen Galinsky, *Ask the Children: What Americas Children Really Think About Working Parents* (New York: William Morrow, 1999), xv.

第5章

1 Dani Shapiro, *Family History*: A Novel (New York: Anchor Books, 2004), 120.

2 *The Winter's Tale*, ed. Jonathan Bate and Eric Rasumssen (New York: Modern Library, 2009), act 3, scene 3, lines 64-65.

3 Ephron, *I Feel Bad About My Neck*. 125.

4 Laurence Steinberg, 著者インタビューでの発言, 2011年4月11日.

5 Laurence Steinberg, *Adolescence*, 10th ed. (New York: McGraw-Hill, 2014), 418.

6 Laurence Steinberg, *Crossing Paths: How Your Child's Adolescence Triggers Your Own Crisis* (New York; Simon 8: Schuster, 1994), 17, 253, 254-55.

7 Ibid., 28.

8 Ibid., 59.

9 Jeffrey Jensen Arnett, "G. Stanley Hall's Adolescence: Brilliance and Nonsense," *History of Psychology* 9, no. 3 (2006): 186-97.

10 Steinberg, *Crossing Paths*, 17.

11 Reed W. Larson et al., "Changes in Adolescents' Daily Interactions with Their Families from Ages 10 to 18: Disengagement and Transformation," *Developmental Psychology* 32, no. 4 (1996): 752.

12 Joanne Davila, 著者インタビューでの発言, 2011年4月8日.

13 Phillips, *On Balance*, 102.

14 Galinsky, *Ask the Children*, 45.

15 William Shakespeare, *King Lear*, 2d ed., ed. Elspeth Bain et al. (Cambridge: Cambridge University Press, 2009), act 1, scene 4, lines 243-44.

16 Gerald Adams and Michael Berzonsky, eds., *Blackwell Handbook of Adolescence* (Maiden, MA: Blackwell Publishing, 2006). 66.

17 Steinberg, *Crossing Paths*, 209.

18 Ibid., 62.

19 Laursen et al., "Reconsidering Changes in Parent-Child Conflict."

20 Nancy Darling, Patricio Cumsille, and M. Loreto Martinez, "Individual Differences in Adolescents' Beliefs About the Legitimacy of Parental Authority and Their Own Obligation to Obey: A Longitudinal Investigation," *Child Development* 79, no. 4 (2008): 1103-118.

21 Nancy Darling, 著者インタビューでの発言, 2011年3月29日.

22 Nancy Darling, "The Language of Parenting: Legitimacy of Parental Authority," Thinking About Kids (blog), *Psychology Today* (January 11, 2010), https://www.psychologytoday.com/blog/thinking-about-kids/201001/the-language-parenting-legitimacy-parental-authority.

23 Steinberg, *Crossing Paths*, 234, 237.

24 Ibid., 233.

25 Brené Brown, 著者インタビューでの発言, 2012年9月18日.

26 Steinberg, *Crossing Paths*, 239.

27 Call et al., "The Incidence and Frequency of Marital Sex."

28 Shawn D. Whiteman, Susan M. McHale, and Ann C. Crouter, "Longitudinal Changes in Marital Relationships: The Role of Offspring's Pubertal Development," *Journal of Marriage and Family* 69, no. 4 (2007): 1009.

29 Thomas Bradbury, 著者の取材より, 2012年8月15日.

87 Nancy Darling, "Are Today's Kids Programmed for Boredom?" Thinking About Kids (blog), *Psychology Today*, November 30, 2011, https://www.psychologytoday.com/blog/thinking-about-kids/201111/are-todays-kids-programmed-boredom.

88 Ibid.

89 Nancy Darling, 著者インタビューでの発言, 2011年3月3日.

90 Lareau, *Unequal Childhoods*, 81.

91 Mintz, *Huck's Raft*, 179.

92 Ibid.

93 Sandra A, Ham, Sarah L. Martin, and Harold W. Kohl, "Changes in the Percentage of Students Who Walk or Bike to School-United States, 1969 and 2001," *Journal of Physical Activity and Health* 5, no. 2 (2008), abstract.

94 David Finkelhor, Lisa Jones, and Anne Shattuck, "Updated Trends in Child Mistreatment, 2011," Crimes Against Children Research Center, University of New Hampshire (January 2013), http://www.unh.edu/ccrc/pdf/CV203_Updated%20trends%202011_FINAL_1-9-13.pdf.

95 Ibid.

96 Mintz, *Huck's Raft*, 336.

97 Ibid.

98 Ibid., 337. 11万5千人に1人という数字は, ミンツの国勢調査の分析結果に由来している.

99 National Highway Traffic Safety Administration, "Fatality Analysis Reporting System," http://www-fars.nhtsa.dot.gov (accessed April 22, 2013).

100 Howard N. Snyder, "Sexual Assault of Young Children as Reported to Law Enforcement: Victim, Incident, and Offender Characteristics" (Washington, DC: US Department of Justice. Bureau of Justice Statistics, July 2000), 10.

101 Victoria J. Rideout, Ulla G. Foehr, and Donald F. Roberts, "Generation M3: Media in the Lives of Eight- to Eighteen Year-Olds," Kaiser Family Foundation (January 2010): 5, 15.

102 Ibid., 5.

103 Lawrence Kutner and Cheryl Olson, *Grand Theft Childhood: The Surprising Truth About Violent Video Games, and What Parents Can Do* (New York: Simon 8: Schuster, 2008), 90.

104 Mintz, *Huck's Raft*, 193.

105 Conn Iggulden and Hal Iggulden, *The Dangerous Book for Boys* (New York: HarperCollins, 2007), passim.

106 伊藤瑞子, 著者インタビューでの発言, 2012年3月24日.

107 Zelizer, *Pricing the Priceless Child*, 22.

108 Quoted in Hulbert, *Raising America*, 101.

109 Hays, *The Cultural Contradictions of Motherhood*, 67.

110 Phillips, On Balance, 90.

111 Jerome Kagan, "The Child in the Family," *Daedalus* 106, no. 2 (1977): 33-56; カガンの研究の全体については以下を参照. Zelizer, *Pricing the Priceless Child*, 220.

112 Spock, *Problems of Parents*, 290.

113 Amy Chua website, "From Author Amy Chua," http://arnychuacom (accessed April 22, 2013).

114 Talent Education Research Institute, "Suzuki Method," http://www.suzukimethod.or.jp/index.html (accessed April 22, 2013).

115 Putnam, *Bowling Alone*, 100. ［『孤独なボウリング』］. 家族の団欒の減少についての最新情報はRobert Putnam の2014年の新刊を参照.

116 Bianchi et al., *Changing Rhythms*, 104. ［『孤独なボウリング』］

117 Putnam, *Bowling Alone*, ch. 7. ［『孤独なボウリング』］

52 Ibid., 281.

53 Friedan, *The Feminine Mystique*, 243. ［『新しい女性の創造』］

54 *The Feminine Mystique*: pp. 44, 61, 89, 91-93, 103, 118, 298, 334, 350, 435, 461, 488.『新しい女性の創造』］

55 Ibid., 57.

56 Ibid., 310.

57 Bianchi, "Family Change," 27.

58 Erica Jong, *Fear of Flying* (New York: NAL Trade, 2003), 210. (この言葉を教えてくれたClaire Dederer の *Poser* に感謝.) ［『飛ぶのが怖い』エリカ・ジョング著, 柳瀬尚紀訳, 新潮社, 1976年］

59 Ayelet Waldman, *Bad Mother: A Chronicle of Maternal Crimes, Minor Calamities, and Occasional Moments of Grace* (New York: Doubleday, 2009).

60 Sharon Hays, *The Cultural Contradictions of Motherhood* (New Haven, CT: Yale University Press, 1996), 4.

61 Ibid., 146.

62 Bianchi, "Family Change," 31.

63 Roni Caryn Rabin, "Disparities: Health Risks Seen for Single Mothers," *New York Times*, June 13, 2011.

64 Jennifer A. Johnson and Julie A. Honnold, "Impact of Social Capital on Employment and Marriage Among Low Income Single Mothers," *Journal of Sociology and Social Welfare* 38, no. 4 (2011): 11.

65 Bianchi, "Family Change," 31.

66 Linda Nielsen, "Shared Parenting After Divorce: A Review of Shared Residential Parenting Research," *Journal of Divorce and Remarriage* 52 (2011): 588.

67 Bianchi, "Family Change," 30.

68 Ibid., 106.

69 Ibid., 96.

70 Warner, *Perfect Madness*, ch. 1.

71 Aumann et al., "The New Male Mystique," 11.

72 Ibid., 2.

73 Ibid., 7.

74 Ibid., 6.

75 Ibid.

76 Ellen Galinsky, 著者インタビューでの発言, 2010年4月29日.

77 Howard Chudacoff, *Children at Play: An American History* (New York: New York University Press, 2007), 6.

78 Quoted in Zelizer, *Pricing the Priceless Child*, 53-54.

79 Mintz, *Huck's Raft*, 277.

80 Pamela Paul, *Parenting, Inc.* (New York: Times Books, 2008), 10.

81 Toy Industry Association, "Annual Sales Data," http://www.toyassociation.org (accessed April 23, 2013).

82 Mintz, *Huck's Raft*, 217.

83 Chudacoff, *Children at Play*, 118-19.

84 Mintz, *Huck's Raft*, 347.

85 Rose M. Kreider and Renee Ellis, "Living Arrangements of Children: 2009," *Current Population Reports*, U.S. Census Bureau (2011): 70426.

86 Lareau, *Unequal Childhoods*, 185.

23 Mary Lou Robertson, Fort Bend Independent School District, 著者の取材より, 2012年5月18日.

24 能力開発プログラムについてはデューク大学のサイトを参照. http://www.tip.duke.edu (accessed April 19, 2013).

25 Margaret Mead, *And Keep Your Powder Dry: An Anthropologist Looks at America* (New York; Berghahn Books, 2000), 63. [『火薬をしめらせるな——文化人類学者のアメリカ論』マーガレット・ミード著, 國弘正雄, 日野信行訳, 南雲堂, 1986年]

26 Ibid., 24.

27 Ibid., 28.

28 Ibid., 64, 65.

29 Ibid., 25.

30 Mintz, *Huck's Raft*, 383.

31 Nora Ephron, *I Feel Bad About My Neck: And Other Thoughts on Being a Woman* (New York: Vintage, 2006), 58.

32 Immigration and Nationality Act, P.L, 89-236, 79 Stat. 911 (1965).

33 US Census Bureau, "American FactFinder," http://factfinder2.census.gov/faces/nav/jsf/pages/index.xhtml (accessed April 21, 2013).

34 Josh Sanburn, "Household Debt Has Fallen to 2006 Levels, But Not Because We've Grown More Frugal," Economy (blog), Time, October 19, 2012, http://business.time.com/2012/10/19/household-debt-has-fallen-to-2006-levels-but-not-because-were-more-frugal/.

35 Warner, *Perfect Madness*, 201-2.

36 Office of the Vice President of the United States, Middle Class Task Force, "Why Middle Class Americans Need Health Reform," http://www.whitehouse.gov/assets/documents/071009_FINAL_Middle_Class_Task_Force_report2.pdf (accessed April 22, 2013).

37 Frank Levy and Thomas Kochan, "Addressing the Problem of Stagnant Wages," Employment Policy Research Network, http://50.87.169.168/OJS/ojs-2.4.4-1/index.php/EPRN/article/view/1852/1850 (URL移転のため変更).

38 "The Motherhood Penalty: Stanford Professor Shelley Correll," Clayman Institute, http://www.youtube.com/watch?v=vLB7Q3_vgMk (accessed April 22, 2013).

39 US Department of Agriculture, "Expenditures on Children by Families, 2010," ed. Mark Lino, http://www.cnpp.usda.gov/publications/crc/crc2010.pdf.

40 US Department of Education, National Center for Education Statistics, *Digest of Education Statistics: 2011* (2012): table 349.

41 Peter Kuhn and Fernando Lozano, "The Expanding Workweek? Understanding Trends in Long Work Hours Among US Men, 1979-2004," *Journal of Labor Economics* (December 2005): 311-43.

42 Annette Lareau and Elliot B. Weininger, "Time, Work, and Family Life: Reconceptualizing Gendered Time Patterns Through the Case of Children's Organized Activities," *Sociological Forum* 23, no. 3 (2008): 422, 427.

43 Ibid., 427.

44 Ibid., abstract.

45 Ibid., 422, 442.

46 Amato et al., *Alone Together*, 145.

47 Chris McComb, "Few Say It's Ideal for Both Parents to Work Full Time Outside of Home," Gallup News Service, May 4, 2001.

48 Sharon Hays, *The Cultural Contradictions of Motherhood* (New Haven, CT: Yale University Press, 1996).

49 T. Berry Brazelton, *Working and Caring* (New York: Perseus, 1987), xix.

50 Hulbert, *Raising America*, 32.

51 Quoted in Ibid., 101.

18 Quoted in Oliver Wendell Holmes, "Brown University-Commencement 1897," in *Collected Legal Papers*, ed. Harold J. Laski (New York: Harcourt, Brace, and Howe, 1920), 164.

19 Matthews, *Philosophy of Childhood*, 18. [『哲学と子ども』]

20 Quoted in ibid., 13.

21 Ibid., 17.

22 Ibid., 28.

23 Ibid., 13.

24 Quoted in Gareth B. Matthews, *Philosophy and the Young Child* (Cambridge, MA: Harvard University Press, 1930), 2. [『子どもは小さな哲学者』ガレス・B・マシューズ著, 鈴木晶訳, 思索社, 1983年]

25 Lewis, *The Four Loves*, 1. [『四つの愛』]

26 Gopnik, *The Philosophical Baby*, 243. [『哲学する赤ちゃん』]

27 Lewis, *The Four Loves*, 133, 135. [『四つの愛』]

28 Gopnik, *The Philosophical Baby*, 243. [『哲学する赤ちゃん』]

第4章

1 Edward S. Martin, *The Luxury of Children & Some Other Luxuries* (New York: Harper 81 Brothers, 1904), 135.

2 Dohertyのインタビュー. 以下も参照. William Doherty and Barbara Z. Carlson, "Overscheduled Kids and Underconnected Families," in *Take Back Your Time: Fighting Overwork and Time Famine in Families*, ed. J. de Graaf (San Francisco: Berrett Koehler, 2003), 38-45.

3 Annette Lareau, *Unequal Childhoods: Class, Race, and Family Life* (Berkeley: University of California Press, 2003), 3.

4 Ibid., 13.

5 Ibid., 171, 175.

6 Bianchi, "Family Change," 27, 29.

7 Steven Mintz, *Huck's Raft: A History of American Childhood* (Cambridge, MA: Harvard University Press, 2004), 31.

8 Zelizer, *Pricing the Priceless Child*, 25.

9 Mintz, *Huck's Raft*, 17, 20.

10 Ibid., 3, 77, 80, 90.

11 Ibid, 135.

12 Zelizer, *Pricing the Priceless Child*, 59.

13 Mintz, *Huck's Raft*, 136.

14 Ibid., 3.

15 Zelizer, *Pricing the Priceless Child*, 104.

16 Ibid., 97, 98.

17 Ibid., 14.

18 William H. Whyte, "How the New Suburbia Socializes," *Fortune* (August, I953), 120.

19 Lareau, *Unequal Childhoods*, 13, 153.

20 Ibid., 111.

21 シュガーランドの人口動態データについては以下を参照. US Census Bureau, "State and County QuickFacts, Sugar Land, Texas," http://quickfacts.census.gov/qfd/states/48/4870808.html (accessed April 19, 2013).

22 Texas House bill 588 (1997).

82 Warner, *Perfect Madness*, 10.

83 Child Care Aware of America, "Parents and the High Cost of Child Care, 2012 Report," http://www.actionforchildren.org/up_doc/costofcarereport.pdf (URL移転のため変更).

84 Daniel Kahneman et al., "The Structure of Well-being in Two Cities: Life Satisfaction and Experienced Happiness in Columbus, Ohio, and Rennes, France," in *International Differences in Well-being*, ed. Ed Diener, Daniel Kahneman, and John Helliwell (Oxford: Oxford University Press, 2010).

85 Daniel Kahneman, *Thinking, Fast and Slow* (New York: Farrar, Straus and Giroux, 2011), 394.［『ファスト&スロー ——あなたの意志はどのように決まるか？』ダニエル・カーネマン著, 村井章子訳, 早川書房, 2012年］

86 Bianchi et al., *Changing Rhythms*, 135.

87 Cowan and Cowan, *When Partners Become Parents*, 196.

88 Philip and Carolyn Cowan, 著者インタビューでの発言, 2011年2月2日, 2011年3月10日.

89 Michael Lewis, *Home Game: An Accidental Guide to Fatherhood* (New York: W. W. Norton, 2009), 11, 13.

90 Druckerman, *Bringing up Bébé*.

91 See, for example, William J. Doherty, *Take You're your Marriage: Sticking Together in a World That Pulls Us Apart* (New York: Guilford Press, 2001), 53.

92 Cowan and Cowan, *When Partners Become Parents*, 176.

第3章

1 Michael Ondaatje, *The English Patient* (New York: Vintage Books, 1992), 301.［『イギリス人の患者』マイケル・オンダーチェ著, 土屋政雄訳, 新潮社, 1999年］

2 Milan Kundera, *Immortality*, trans. Peter Kussi (New York: HarperCollins, 1990), 4.［『不滅』ミラン・クンデラ著, 菅野昭正訳, 集英社, 1999年］

3 C. S. Lewis, *The Four Loves* (Boston: Houghton Mifflin Harcourt, 1991), 8.［『四つの愛』C・S・ルイス著, 佐柳文男訳, 新教出版社, 2011年］

4 Gopnik, *The Philosophical Baby*, 72.［『哲学する赤ちゃん』］

5 Maurice Sendak, *Where the Wild Things Are* (New York: HarperCollins, 1988).［『かいじゅうたちのいるところ』モーリス・センダック著, じんぐうてるお訳, 冨山房, 1975年］

6 Phillips, *Going Sane*, 92.

7 Ibid., 81.

8 Ibid.

9 Ibid., 79.

10 Matthew B. Crawford, *Shop Class as Soulcraft: An Inquiry into the Value of Work* (New York: Penguin, 2009), 8.

11 Harris Interactive Poll, "Three in Ten Americans Love to Cook, While One in Five Do Not Enjoy It or Don't Cook," July 27, 2010, http://www.theharrispoll.com/health-and-life/Three_in_Ten_Americans_Love_to_Cook__While_One_in_Five_Do_Not_Enjoy_It_or_Don_t_Cook.html (URL移転のため変更).

12 Crawford, *Shop Class as Soulcraft*, 3-4.

13 Ibid., 65-66.

14 Ibid., 68.

15 Gopnik, *The Philosophical Baby*, 157-58.［『哲学する赤ちゃん』］

16 Mihaly Csikszentmihalyi, 著者インタビューでの発言, 2011年7月25日.

17 Gareth B. Matthews, *The Philosophy of Childhood* (Cambridge, MA: Harvard University Press, 1996), 5.［『哲学と子ども——子どもとの対話から』G・B・マシューズ著, 倉光修, 梨木香歩訳, 新曜社, 1997年］

57 Ibid., 98.

58 Coontz, *The Way We Never Were*, 12. [『家族という神話』]

59 Janice Compton and Robert A. Pollak, "Proximity and Coresidence of Adult Children and Their Parents: Description and Correlates" (working paper), Ann Arbor: University of Michigan, Retirement Research Center (October 2009).

60 George James, "A Survival Course for the Sandwich Generation," *New York Times*, January 17, 1999. Carol Abayaのホームページも参照 (http://www.thesandwichgeneration.com/index.htm); 「サンドイッチ世代」はCarol Abayaの登録商標である.

61 Gerald R. Patterson, "Mothers: The Unacknowledged Victims," *Monographs of the Society for Research in Child Development* 45, no. 5 (1980): 1-64.

62 Rex Forehand et al., "Mother-Child Interactions: Comparison of a Non-Compliant Clinic Group and a Non-Clinic Group," *Behaviour Research and Therapy* 13 (1975): 79-84.

63 Leon Kuczynski and Grazyna Kochanska, "Function and Content of Maternal Demands: Developmental Significance of Early Demands for Competent Action," *Child Development* 66 (1995): 616-28; Grazyna Kochanska and Nazan Aksan, "Mother-Child Mutually Positive Affect, the Quality of Child Compliance to Requests and Prohibitions, and Maternal Control as Correlates of Early internalization," *Child Development* 66, no. 1 (1995): 236-54.

64 Margaret O'Brien Caughy, Keng-Yen Huang, and Julie Lima, "Patterns of Conflict Interaction in Mother-Toddler Dyads: Differences Between Depressed and Non-depressed Mothers," *Journal of Child and Family Studies* 18 (2009): 10-20.

65 Urie Bronfenbrenner, *The Ecology of Human Development: Experiments by Nature and Design* (Cambridge, MA: Harvard University Press, 1979), 18.

66 Amato et al., *Alone Together*, 12-13.

67 David Popenoe and Barbara Defoe Whitehead, eds., "The State of Our Unions: 2001," National Marriage Project, http://www.stateofourunions.org/pdfs/SOOU2001.pdf (accessed March 30, 2013).

68 Ibid. _

69 Bianchi et al., *Changing Rhythms*, 104.

70 William Doherty, 著者インタビューでの発言, 2011年1月26日.

71 R. Kumar, H. A. Brant, and Kay Mordecai Robson, "Childbearing and Maternal Sexuality: A Prospective Survey of 119 Primiparae," *Journal of Psychosomatic Research* 25, no. 5 (1981): 373-83.

72 Cathy Stein Greenblat, "The Salience of Sexuality in the Early Years of Marriage," *Journal of Marriage and Family* 45, no. 2 (1983): 289-99.

73 Vaughn Call, Susan Sprecher, and Pepper Schwartz, "The Incidence and Frequency of Marital Sex in a National Sample," *Journal of Marriage and Family* 57, no. 3 (1995): 639-52.

74 Ibid.

75 Ibid.

76 Adam Phillips, *Side Effects* (New York: HarperCollins, 2006), 73-74.

77 Janet Shibley Hyde, John D. DeLamater, and Amanda M. Durik, "Sexuality and the Dual-Earner Couple, Part II: Beyond the Baby Years," *Journal of Sex Research* 38, no. 1 (2001): 10-23.

78 Michael Cunningham, *A Home at the End of the World* (New York: Picador, 1990), 26. [『この世の果ての家』マイケル・カニンガム著, 飛田野裕子訳, 角川書店, 2003年]

79 Robin W. Simon, Jennifer Glass, and M. Anders Anderson, "The Impact of Parenthood on Emotional and Physical Well-being: Some Findings from a Cross-National Study," paper presented at the Thirteenth International Conference of Social Stress Research, Dublin, Ireland (June 22, 2012).

80 Arnstein Aassve, Letizia Mencarini, and Maria Sironi, "Institutional Transition, Subjective Well-being, and Fertility," paper presented at the 2013 annual meeting of the Population Association of America, New Orleans, LA (April 11, 2013).

81 Arnstein Aassve, 著者インタビューでの発言, 2013年4月6日.

32 Amato et al., *Alone Together*, 170. また，2012年に経済協力開発機構 (OECD) がおこなった調査では女性は男性より1日に21分長く働いていることがわかった．これは世界平均とまったく同じだ．Catherine Rampell, "In Most Rich Countries, Women Work More Than Men," Economix (blog), *New York Times*, December 19, 2012, http://economix.blogs.nytimes.com/2012/12/19/in-most-rich-countries-women-work-more-than-men/.

33 Suzanne M. Bianchi, John P, Robinson, and Melissa A. Milkie, *Changing Rhythms of American Family Life* (New York: Russell Sage Foundation, 2006), 66-67.

34 Amato et al., *Alone Together*, 150.

35 Bianchi, "Family Change," 7, 9.

36 Kim Parker and Wendy Wang, "Modern Parenthood: Roles of Moms and Dads Converge as They Balance Work and Family," *Pew Research Social & Demographic Trends*, March 14, 2013, http://www.pewsocialtrends.org/2013/03/14/modern-parenthood-roles-of-moms-and-dads-converge-as-they-balance-work-and-family/.

37 Bianchi et al., *Changing Rhythms*, 136 (chart).

38 Shira Offer and Barbara Schneider, "Revisiting the Gender Gap in Time-Use Patterns: Multi-tasking and Well-being Among Mothers and Fathers in Dual-Earner Families," *American Sociological Review* 76, no. 6 (2011): 809-33.

39 Marybeth J. Mattingly and Liana C. Sayer, "Under Pressure: Gender Differences in the Relationship Between Free Time and Feeling Rushed," *Journal of Marriage and Family* 68 (2006): 205-21.

40 Ibid., 216.

41 Cowan and Cowan, *When Partners Become Parents*, 82.

42 Charlotte J. Patterson, "Families of the Lesbian Baby Boom: Parents' Division of Labor and Children's Adjustment," *Developmental Psychology* 31, no. 1 (1995): 115-123.

43 コーワン夫妻の研究の背景情報は著者インタビューにもとづいている．2011年2月2日，2011年3月10日．

44 Cowan and Cowan, *When Partners Become Parents*, 81.

45 Mom Central, "How Moms Socialize Online - Part 1," Revolution + Research = R2 (blog), December 1, 2010, http://www.momcentral.com/blogs/revolution-research-r2/how-moms-socialize-online-part-1.

46 Allison Munch, J. Miller McPherson, and Lynn Smith-Lovin, "Gender, Children, and Social Contact: The Effects of Childrearing for Men and Women," *American Sociological Review* 62 (1997): 509-520.

47 Kathryn Fink, 著者インタビューでの発言，2012年2月24日．

48 Masako Ishii-Kuntz and Karen Seccombe, "The Impact of Children upon Social Support Networks throughout the Life Course," *Journal of Marriage and Family* 51 (1989): 777-790, especially Table 3 on page 783.

49 Robert Putnam, *Bowling Alone: The Collapse and Revival of American Community* (New York: Touchstone, 2000), 93.［『孤独なボウリング――米国コミュニティの崩壊と再生』ロバート・D・パットナム著，柴内康文訳，柏書房，2006年］

50 Ibid., 278.

51 Benjamin Spock, *Problems of Parents* (Boston: Houghton Mifflin, 1962), 34.［『スポック博士のしつけ教育』ベンジャミン・スポック著，久米穣訳，講談社，1977年］

52 Miller McPherson, Lynn Smith-Lovin, and Matthew E. Brashears, "Social Isolation in America: Changes in Core Discussion Networks over Two Decades," *American Sociological Review* 71 (2006): 353-375.

53 Putnam, "Civic Participation," in *Bowling Alone*, 48.［『孤独なボウリング』］

54 Ibid., 105.

55 Peter V. Marsden, ed., *Social Trends in American Life: Finding from the General Social Survey since 1972* (Princeton: Princeton University Press, 2012), 244.

56 "pervasive busyness" Putnam, *Bowling Alone*, 189.［『孤独なボウリング』］

3 Brian D. Doss et al., "The Effect of the Transition to Parenthood on Relationship Quality: An Eight-Year Prospective Study," *Journal of Personality and Social Psychology* 96, no. 3 (2009): 601-19.

4 J. M. Twenge, W. K. Campbell, and C. A. Foster, "Parenthood and Marital Satisfaction: A Metaanalytic Review," *Journal of Marriage and Family* 65, no. 3 (2003): 574-83.

5 Carolyn Cowan and Philip A. Cowan, *When Partners Become Parents: The Big Life Change for Couples* (New York: Basic Books, 1992), 109.

6 W. Bradford Wilcox, ed., "The State of Our Unions: Marriage in America 2011," National Marriage Project at the University of Virginia and the Center for Marriage and Families at the Institute for American Values, http://www.stateofourunions.org/2011/index.php (accessed April 19, 2013).

7 Thomas N. Bradbury, Frank D. Fincham, and Steven R. H. Beach, "Research on the Nature and Determinants of Marital Satisfaction: A Decade in Review," *Journal of Marriage and Family* 62 (November 2000): 964-80; Daniel Gilbert, *Stumbling on Happiness* (New York: Vintage Books, 2007), 243 (chart).

8 Cowan and Cowan, *When Partners Become Parents*, 2.

9 Ibid., 107.

10 Abbie E. Goldberg and Aline Sayer, "Lesbian Couples Relationship Quality Across the Transition to Parenthood," *Journal of Marriage and Family* 68, no. 1 (2006): 87-100.

11 Lauren M. Papp, E. Mark Cummings, and Marcie C. Goeke-Morey, "For Richer, for Poorer: Money as a Topic of Conflict in the Home," *Family Relations* 58 (2009): 91-103.

12 Lauren M. Papp, E. Mark Cummings, and Marcie C. Goeke-Morey, "Marital Conflicts in the Home When Children Are Present," *Developmental Psychology* 38, no. 5 (2002); 774-83.

13 E. Mark Cummings, 著者インタビューでの発言, 2011年1月21日.

14 Arlie Russell Hochshild, *The Second Shift: Working Parents and the Revolution at Home* (New York: Penguin, 2003), 4.［『セカンド・シフト　第二の勤務――アメリカ　共働き革命のいま』アーリー・ホックシールド著, 田中和子訳, 朝日新聞社, 1990年］

15 Suzanne M. Bianchi, "Family Change and Time Allocation in American Families," *Annals of the American Academy of Political and Social Science* 638, no. 1 (2011); 21-44.

16 Hochschild, *The Second Shift*, xxvi.

17 Hanna Rosin, *The End of Men: And the Rise of Women* (New York: Penguin, 2012).

18 Paul R. Amato et al., *Alone Together: How Marriage in America Is Changing* (Cambridge, MA: Harvard University Press, 2009). 150.

19 Rachel Krantz-Kent, "Measuring Time Spent in Unpaid Household Work: Results from the American Time Use Survey," *Monthly Labor Review* 132, no. 7 (2009): 46-59.

20 Ruth D. Konigsberg, "Chore Wars," *Time*, August 8, 2011, 44.

21 Hochschild, *The Second Shift*, 46.

22 Ibid., 19.

23 Ibid., 273.

24 Amato et al., *Alone Together*, 153-54, 156.

25 Darby Saxbe and Rena L. Repetti, "For Better or Worse? Coregulation of Couples' Cortisol Levels and Mood States," *Journal of Personality and Social Psychology* 98, no. 1 (2010): 92-103.

26 Konigsberg, "Chore Wars," 48.

27 Sarah A. Burgard, "The Needs of Others: Gender and Sleep Interruptions for Caregiving," *Social Forces* 89, no. 4 (2011): 1189-1215.

28 Brooklyn Book Festival, "Politically Incorrect Parenting," パネルディスカッション, 2011年9月18日.

29 Cowan and Cowan, *When Partners Become Parents*, 142.

30 Bianchi, "Family Change," 27, 29.

31 Belinda Campos et al., "Opportunity for Interaction? A Naturalistic Observation Study of Dual-Earner Families After Work and School," *Journal of Family Psychology* 23, no. 6 (2009): 798-807.

26 Gopnik, *The Philosophical Baby*, 129.［『哲学する赤ちゃん』］

27 Csikszentmihalyi, *Flow*, 52.［『フロー体験 喜びの現象学』］

28 Daniel Gilbert, 著者インタビューでの発言, 2011年3月22日.

29 Benjamin Spock, *Dr. Spock Talks with Mothers* (Boston: Houghton Mifflin, 1961), 121, quoted in Ann Hulbert, *Raising America: Experts, Parents, and a Century of Advice About Children* (New York: Vintage Books, 2004), 353.［『スポック博士の育児相談』ベンジャミン・スポック著, 久米穣訳, 講談社, 1979年］

30 Daniel Gilbert, 著者インタビューでの発言, 2011年3月22日.

31 Csikszentmihalyi, *Flow*, 58, 60, 158-59.［『フロー体験 喜びの現象学』］

32 Mihaly Csikszentmihalyi, 著者インタビューでの発言, 2011年7月25日.

33 Bureau of Labor Statistics, "Work at Home and in the Workplace, 2010," TED: The Editor's Desk (blog), June 24, 2011, http://www.bls.gov/opub/ted/2011/ted_20110624.htm.

34 インターネット利用とスキナーの実験の比較は以下を参照. Sam Anderson, "In Defense of Distraction," *New York Magazine* (May 17, 2009), http://nymag.com/news/features/56793/; Tom Stafford, "Why email is addictive (and what to do about it)," Mind Hacks (blog), http://mindhacks.com/2006/09/19/why-email-is-addictive-and-what-to-do-about-it/. スキナーの実験の全体については以下を参照. B. F. Skinner, "The Experimental Analysis of Behavior," American Scientist 45, no. 4 (1957): 343-71.

35 Linda Stone, 著者の取材より, 2013年8月11日.

36 Dalton Conley, *Elsewhere, U.S.A.* (New York: Pantheon Books, 2008), 13, 29.

37 Mary Czerwinski, 著者インタビューでの発言, 2011年6月8日.

38 David E. Meyer, 著者インタビューでの発言, 2011年6月10日.

39 Ibid.

40 Sheryl Sandberg, *Lean In: Women, Work, and the Will to Lead* (New York: Knopf, 2013).［『LEAN IN（リーン・イン）――女性, 仕事, リーダーへの意欲』シェリル・サンドバーグ著, 村井章子訳, 日本経済新聞出版社, 2013年］

41 Anne-Marie Slaughter, "Why Women Still Can't Have It All," *The Atlantic* (July-August 2012).

42 Andrew J. Cherlin, *The Marriage-Go-Round: The State of Marriage and the Family in America Today* (New York: Vintage Books, 2010), 44.

43 Stephanie Coontz, *The Way We Never Were: American Families and the Nostalgia Trap* (New York: Basic Books, 1992).［『家族という神話――アメリカン・ファミリーの夢と現実』ステファニー・クーンツ著, 岡村ひとみ訳, 筑摩書房, 1998年］

44 US Census Bureau, "Figures," at "American Community Survey Data on Marriage and Divorce," http://www.census.gov/hhes/socdemo/marriage/data/acs (accessed April 22, 2013).

45 Coontz, *The Way We Never Were*, 24.

46 Betty Friedan, *The Feminine Mystique* (New York: W. W. Norton, 2001), 243.［『新しい女性の創造』ベティ・フリーダン著, 三浦冨美子訳, 大和書房, 1986年］

47 Ibid.

48 Cherlin, *The Marriage-Go-Round*, 188.

49 Claire Dederer, *Poser: My Life in Twenty-three Yoga Poses* (New York: Farrar, Straus and Giroux, 2011), 283.

50 Coontz, *The Way We Never Were*, 51.［『家族という神話』］

51 Phillips, *Missing Out*, xi.

第2章

1 Barack H. Obama, *The Audacity of Hope* (New York: Vintage reprint edition, 2008), 531.［『合衆国再生――大いなる希望を抱いて』バラク・オバマ著, 棚橋志行訳, ダイヤモンド社, 2007年］

2 LeMasters, "Parenthood as Crisis," 353.

25 Kerstin Aumann, Ellen Galinsky, and Kenneth Matos, "The New Male Mystique," in Families and Work Institute (FWI), *National Study of the Changing Workforce* (New York: FWI, 2008), 2.

26 Judith Warner, *Perfect Madness: Motherhood in the Age of Anxiety* (New York: Riverhead Books, 2005), 20.

第1章

1 Melvin Konner, *The Tangled Wing: Biological Constraints on the Human Spirit* (New York: Henry Holt, 2002), 297.

2 Mary Owen, Minnesota Department of Education, 著者の取材より, 2013年4月9日.

3 Erma Bombeck, *Motherhood: The Second Oldest Profession* (New York: McGraw-Hill, 1983), 16.

4 John M. Roberts, "Don't Knock This Century. It Is Ending Well," *The Independent*, November 20, 1999.

5 Adam Phillips, *Missing Out: In Praise of the Unlived Life* (New York: Farrar, Straus and Giroux, 2013), xiii.

6 Skip Burzumato, Assistant Director, National Marriage Project, 著者の取材より, 2013年3月27日. Kay Hymowitz et al., "Knot Yet: The Benefits and Costs of Delayed Marriage in America," The National Marriage Project at the University of Virginia, 2013, 8, http://nationalmarriageproject.org/wp-content/uploads/2013/03/KnotYet-FinalForWeb.pdf.

7 Hymowitz et al., "Knot Yet."

8 David Dinges, 著者インタビューでの発言, 2011年11月18日.

9 Daniel Kahneman et al., "A Survey Method for Characterizing Daily Life Experience: The Day Reconstruction Method," *Science* 306, no. 5702 (2004): 1778.

10 Ibid., 1779; Norbert Schwarz, Charles Horton Cooley Collegiate Professor of Psychology, University of Michigan, 著者の取材より, 2011年9月15日.

11 National Sleep Foundation, "2004 Sleep in America Poll," March 1, 2004, http://www.sleepfoundation.org/sites/default/files/FINAL%20SOF%202004.pdf (accessed May 6, 2013).

12 Hawley E. Montgomery-Downs et al., "Normative Longitudinal Maternal Sleep: The First Four Postpartum Months," *American journal of Obstetrics and Gynecology* 203, no. 5 (2010): 465e.1-7.

13 Michael H. Bonnet, 著者インタビューでの発言, 2011年11月17日.

14 Roy F. Baumeister and John Tierney, *Willpower: Rediscovering the Greatest Human Strength* (New York: Penguin Books, 2012), 3, 33. [『WILLPOWER 意志力の科学』ロイ・バウマイスター, ジョン・ティアニー著, 渡会圭子訳, インターシフト, 2013年]

15 Ibid.

16 Adam Phillips, *Going Sane: Maps of Happiness* (New York: HarperCollins, 2005), 66.

17 Ibid., 78.

18 Ibid., 79.

19 Adam Phillips, *On Balance* (New York: Farrar, Straus and Giroux, 2010), 33.

20 Alison Gopnik, *The Philosophical Baby: What Children's Minds Tell Us About Truth, Love, and the Meaning of Life* (New York: Farrar, Straus and Giroux, 2009), 129. [『哲学する赤ちゃん』アリソン・ゴプニック著, 青木玲訳, 亜紀書房, 2010年]

21 Ibid., 13.

22 Daniel Gilbert, 著者インタビューでの発言, 2011年3月22日.

23 Mihaly Csikszentmihalyi, *Flow: The Psychology of Optimal Experience*, 1st paperback ed. (New York: Harper-Perennial, 1991). 本書における引用はすべてこの版より. [『フロー体験 喜びの現象学』M・チクセントミハイ著, 今村浩明訳, 世界思想社, 1996年]

24 Ibid., 49.

25 Ibid., 72.

序章

1 Alice S. Rossi, "Transition to Parenthood," *Journal of Marriage and Family* 30, no. 1 (1968): 35.

2 Ibid., 26.

3 E. E. LeMasters, "Parenthood as Crisis," *Marriage and Family Living* 19, no. 4 (1957): 352-55, 353.

4 Ibid., 353-54.

5 Ibid., 354.

6 Norval D. Glenn, "Psychological Well-being in the Postparental Stage: Some Evidence from National Surveys," *Journal of Marriage and Family* 37, no. 1 (1975): 105-10.

7 Paul D. Cleary and David Mechanic, "Sex Differences in Psychological Distress Among Married People," *Journal of Health and Social Behavior* 24 (-1983): 111-21; Sara McLanahan and Julia Adams, "Parenthood and Psychological Well-being," *Annual Review of Sociology* 13 (1983): 237-57.

8 David G. Blanchflower and Andrew J. Oswald, "International Happiness: A New View on the Measure of Performance," *Academy of Management Perspectives* 25, no. 1 (2011): 6-22; Robin W. Simon, "The Joys of Parenthood Reconsidered," *Contexts* 7, no. 2 (2008): 40-45; Kei M. Nomaguchi and Melissa A. Milkie, "Costs and Rewards of Children: The Effects of Becoming a Parent on Adults' Lives," *Journal of Marriage and Family* 65 (May 2003): 356-74.

9 Daniel Kahneman et al., "Toward National Well-being Accounts," *American Economic Review* 94, no. 2 (2004): 432.

10 キリングワースは日常生活における人々の感情を追跡するのにiPhoneのアプリを使っている．このプロジェクトについての詳細は以下を参照. http://www.trackyourhappiness.org; この調査データに基づいた出版物は以下． Matthew A. Killingsworth and Daniel T, Gilbert, "A Wandering Mind Is an Unhappy Mind," *Science* 330, no. 6006 (November 2010): 932.

11 Daniel A. Killingsworth, 著者インタビューでの発言, 2013年2月6日.

12 Arthur Stone, Distinguished Professor, Department of Psychiatry & Behavioral Science, Stony Brook University, 著者の取材より, 2013年5月30日.

13 最も包括的で先見的な研究は以下の論文である. Debra Umberson and Walter Gove, "Parenthood and Psychological Well-being: Theory, Measurement, and Stage in the Family Life Course," *Journal of Family Issues* 10, no. 4 (1989): 440-62.

14 William Doherty, 著者インタビューでの発言, 2011年1月26日.

15 Michael H. Bonnet, 著者インタビューでの発言, 2013年11月17日

16 Andrew J. Cherlin, *The Marriage Go-Round: The State of Marriage and the Family in America Today* (New York: Vintage Books, 2010), 139.

17 US Department of Commerce and Office of Management and Budget, *Women in America: Indicators of Social and Economic Well-being* (March 2011), 10.

18 Centers for Disease Control and Prevention, "Assisted Reproductive Technology," http://www.cdc.gov/art/ (accessed April 3, 2013); 出産データについては以下を参照. Brady E. Hamilton, Joyce A. Martin, and Stephanie J. Ventura, "Births: Preliminary Data for 2010," *National Vital Statistics Reports* 60, no. 2 (2011): 1.

19 Jerome Kagan, "Our Babies, Our Selves," *The New Republic* (September 5, 1994): 42.

20 Bureau of Labor Statistics, *Women in the Labor Force: A Databook*, report 1034 (December 2011), 18-19.

21 "Louis C.K. on Fathers Day," June 20, 2010, http://www.cbsnews.com/video/watch/?id=6600481n (accessed April 4, 2013)

22 Viviana Zelizer, *Pricing the Priceless Child* (New York: Basic Books, 1985), 14.

23 Cheryl Minton, Jerome Kagan, and Janet A. Levine, "Maternal Control and Obedience in the Two-Year-Old," *Child Development* 42, no. 6 (1971): 1880, 1885.

24 Brett Laursen, Katherine C. Coy, and W. Andrew Collins, "Reconsidering Changes in Parent-Child Conflict Across Adolescence: A Meta-analysis," *Child Development* 69, no. 3 (1998): 817-32.

『不滅』
ミラン・クンデラ著、菅野昭正訳、集英社、1999 年

『四つの愛』
C・S・ルイス著、佐柳文男訳、新教出版社、2011 年

『哲学と子ども——子どもとの対話から』
G・B・マシューズ著、倉光修、梨木香歩訳、新曜社、1997 年

『火薬をしめらせるな——文化人類学者のアメリカ論』
マーガレット・ミード著、國弘正雄、日野信行訳、南雲堂、1986 年

『新しい女性の創造』
ベティ・フリーダン著、三浦冨美子訳、大和書房、1986 年

『飛ぶのが怖い』
エリカ・ジョング著、柳瀬尚紀訳、新潮社、1976 年

『アナーキー・国家・ユートピア——国家の正当性とその限界』
ロバート・ノージック著、嶋津格訳、木鐸社、1995 年

『自殺論』
デュルケーム著、宮島喬訳、中央公論社、1985 年

『しあわせ仮説』
ジョナサン・ハイト著、藤澤隆史、藤澤玲子訳、新曜社、2011 年

『意味による癒し——ロゴセラピー入門』
ヴィクトール・E・フランクル著、山田邦男監訳、春秋社、2004 年

※日本語版における本文中の引用は下記の邦訳に依拠しています。
（一部、文脈に応じて独自に訳出しています）

『WILLPOWER　意志力の科学』
ロイ・バウマイスター、ジョン・ティアニー著、渡会圭子訳、インターシフト、2013 年

『哲学する赤ちゃん』
アリソン・ゴプニック著、青木玲訳、亜紀書房、2010 年

『フロー体験　喜びの現象学』
M・チクセントミハイ著、今村浩明訳、世界思想社、1996 年

『家族という神話――アメリカン・ファミリーの夢と現実』
ステファニー・クーンツ著、岡村ひとみ訳、筑摩書房、1998 年

『合衆国再生――大いなる希望を抱いて』
バラク・オバマ著、棚橋志行訳、ダイヤモンド社、2007 年

『セカンド・シフト　第二の勤務――アメリカ　共働き革命のいま』
アーリー・ホックシールド著、田中和子訳、朝日新聞社、1990 年

『孤独なボウリング――米国コミュニティの崩壊と再生』
ロバート・D・パットナム著、柴内康文訳、柏書房、2006 年

『スポック博士のしつけ教育』
ベンジャミン・スポック著、久米穣訳、講談社、1977 年

『この世の果ての家』
マイケル・カニンガム著、飛田野裕子訳、角川書店、2003 年

『ファスト＆スロー ――あなたの意志はどのように決まるか ?』
ダニエル・カーネマン著、村井章子訳、早川書房、2012 年

『イギリス人の患者』
マイケル・オンダーチェ著、土屋政雄訳、新潮社、1999 年

[著者紹介]

ジェニファー・シニア

Jennifer Senior

ジャーナリスト。『ニューヨーク・マガジン』で政治、社会科学、メンタルヘルス分野の記事を担当し、現在は『ニューヨーク・タイムズ』の書評記者を務める。「ニュースウーマンズ・クラブ」のトップ記事賞（1999年と2014年）、GLAAD賞（2002年）、「メンタルヘルス・メディア」のエリクソン賞（2011年）など受賞多数。

[訳者紹介]

高山真由美

Mayumi Takayama

東京生まれ。翻訳者。共訳書にヨリス・ライエンダイク『こうして世界は誤解する』、ソレル・キング『ジョージィの物語』（ともに英治出版）、訳書にポール・タフ『成功する子 失敗する子』（英治出版）、リサ・バランタイン『その罪のゆくえ』、リー・カーペンター『11日間』（ともに早川書房）など。

● 英治出版からのお知らせ
本書に関するご意見・ご感想を E-mail (editor@eijipress.co.jp) で受け付けています。
また、英治出版ではメールマガジン、ブログ、ツイッターなどで新刊情報やイベント情報を配信しております。ぜひ一度、アクセスしてみてください。

メールマガジン：会員登録はホームページにて
ブログ：www.eijipress.co.jp/blog
ツイッター ID：@eijipress
フェイスブック：www.facebook.com/eijipress

子育てのパラドックス
「親になること」は人生をどう変えるのか

発行日　2015年　12月25日　第1版　第1刷

著者　ジェニファー・シニア
訳者　高山真由美（たかやま・まゆみ）

発行人　原田英治
発行　英治出版株式会社
〒150-0022 東京都渋谷区恵比寿南 1-9-12 ピトレスクビル 4F
電話　03-5773-0193　FAX　03-5773-0194
http://www.eijipress.co.jp/
プロデューサー　下田理
スタッフ　原田涼子　高野達成　岩田大志　藤竹賢一郎　山下智也
鈴木美穂　田中三枝　山見玲加　安村侑希子　山本有子
上村悠也　足立敬　市川志穂　田中大輔
印刷・製本　中央精版印刷株式会社
校正　小林伸子
装丁　大森裕二

Copyright © 2015 Mayumi Takayama
ISBN978-4-86276-209-2　C0030　Printed in Japan
本書の無断複写（コピー）は、著作権法上の例外を除き、著作権侵害となります。
乱丁・落丁本は着払いにてお送りください。お取り替えいたします。